La culture générale
est un jeu

DANS LA SÉRIE *LES GRANDS LIBRIO*

Anglais, Librio n° 830
Expression française, Librio n° 832
Langue française, Librio n° 835
Mathématiques, Librio n° 836
Mythologie, Librio n° 877
XXe siècle, Librio n° 878
Espagnol, Librio n° 879

Collectif

La culture générale
est un jeu

Librio
Inédit

La collection *est un jeu* est dirigée par Pierre Jaskarzec.

© E.J.L., 2008 pour la présente édition

Sommaire

Introduction 9

PREMIÈRE PARTIE
Le français est un jeu
par Pierre Jaskarzec

Introduction 13

1. Restez correct ! – Orthographe 15
2. Les liaisons dangereuses – Prononciation et liaisons... 19
3. Drôle de genre ! – Le genre des mots 21
4. Faux frères – Les homonymes 24
5. Conjuguez vos efforts ! – Conjugaison 27
6. Permis de construire – Constructions grammaticales 31
7. Des pluriels bien singuliers – Le pluriel des noms et des adjectifs 34
8. La loi du nombre – Les nombres en toutes lettres 38
9. Invasions barbares – Les mots déformés et les impropriétés 41
10. L'important, c'est de participer – Les participes passés ... 45
11. Un peu d'élégance ! – Les mots recherchés 50
12. Façon de parler – Les expressions idiomatiques 54
13. L'accent circonchose – Accentuation 56
14. Un air de famille – Les mots que l'on confond 60
15. Melting-pot – Les mots d'ailleurs 63

DEUXIÈME PARTIE
La littérature est un jeu
par Ariel Kenig

Introduction 69

1. Je sais mieux faire l'amitié que l'amour – L'amitié en littérature 71
2. Dessine-moi un mouton – L'enfant en littérature 76

3. J'accuse... ! – L'engagement en littérature 80
4. Heureux qui comme Ulysse – La littérature et le voyage 85
5. Je est un autre – L'écriture de soi 89
6. Il n'y a pas d'amour heureux – L'amour en littérature 94
7. Le style, c'est l'oubli de tous les styles – L'écriture en littérature 99
8. Il n'y a pas de redoublants – La mort en littérature .. 103
9. L'écriture est la peinture de la voix – La littérature et les autres arts 108
10. La littérature est un jeu – Arnaques, pastiches et fantaisies 112

Troisième partie
La science est un jeu
par Régine Quéva

Introduction 119
1. Le ciel est par-dessus le toit – Astronomie et optique .. 123
2. Terre, air et mer – Météorologie et géologie 127
3. Matières et matériaux – La matière dans tous ses états 132
4. Madame la fée – Électricité, son, énergie 136
5. Le parti pris des choses – Les objets 141
6. Miroir, mon beau miroir – Biologie humaine 145
7. Bien dans son assiette – Alimentation et santé 149
8. Des millions d'amis – Biologie animale 153
9. Autour de nous – Biologie végétale, écologie 157
10. Remue-méninges – Culture générale 161

Quatrième partie
La mythologie est un jeu
par Catherine Groud

Introduction 171
1. Macédoine de dieux – Connaître les dieux des mythologies 173
2. Devenir un dieu – Les théogonies 182
3. Olympe, ton univers impitoyable ! – Les grandes dynasties 186
4. Vertiges de l'amour – Les amours des dieux 191
5. Familles décomposées – Les histoires de famille 198

6. Et l'homme fut ! – Créer des hommes 203
7. Il était un petit navire... – Les grandes odyssées 208
8. Les bêtes à bons dieux – Des animaux et des dieux ... 212
9. Paysages de dieux – Les lieux célèbres de la mythologie 218
10. Le crépuscule des dieux – Quand les dieux disparaissent 223

CINQUIÈME PARTIE
La philo est un jeu
par Christophe Verselle

Introduction 233
Qu'est-ce que la philosophie ? 235

1. Testez votre esprit philosophique 237
2. Tout le monde est philosophe 243
3. Votre première bibliothèque philosophique 250

Conclusion 257

SIXIÈME PARTIE
L'économie est un jeu
par Jézabel Couppey-Soubeyran

Introduction 261

1. L'argent ne fait pas le bonheur... mais il y contribue ! – Richesse et bien-être 263
2. La monnaie, c'est comme un éléphant... Monnaie et politique monétaire 268
3. Petit monde, vaste réseau – La mondialisation des échanges 273
4. Tous égaux, certains plus que d'autres ! – Pauvreté et inégalités 278

SEPTIÈME PARTIE
La géographie est un jeu
par Vincent Moriniaux

Introduction 285

1. Le bel Hexagone – Le territoire de la France 287
2. La France, c'est physique ! Le relief et le climat 291

3. Que la France se nomme diversité – Les paysages 298
4. La France, morceaux choisis – Le découpage administratif 304
5. Françaises, Français... La population 308
6. Des villes à la campagne ? Villes et campagnes 312
7. Aux champs, compagnons et compagnes ! L'agriculture 316
8. Travailleuses, travailleurs – L'industrie et l'aménagement du territoire 321
9. Vamos a la playa – Le tourisme et les transports 326
10. Une certaine idée de la France – La France dans le monde 330

HUITIÈME PARTIE
L'histoire de France est un jeu
par Jean-Michel Dequeker-Fergon

Introduction 339
1. Nos ancêtres les Gaulois – Les origines de la France ... 342
2. Le premier « grand Charles » – Des Carolingiens aux Capétiens 348
3. Le sceptre, l'épée et la croix – La construction capétienne 353
4. La France déchirée – Cent ans de guerre (XIV-XVe siècles) 358
5. Mirages et ravages – Les déchirures du XVIe siècle 362
6. Un siècle pourpre et or – L'affirmation absolutiste au XVIIe siècle 367
7. Philosopher et réformer – La France des Lumières 372
8. Liberté, Égalité, Fraternité – Une décennie révolutionnaire 377
9. L'épopée napoléonienne – Le Consulat et l'Empire 382
10. La liberté ou l'autorité – Monarchie, République ou Empire ? 388
11. Les pères de la République – L'enracinement d'un régime 392
12. Du feu, du sang et des larmes – D'une guerre mondiale à l'autre 397
13. Libération, refondation, expansion – La France contemporaine (de 1944 à nos jours) 403

Introduction

Comment « jouer » à *La culture générale est un jeu* ? Dans un premier temps, nous vous conseillons de lire quelques questions (et leurs réponses) à l'abri de tout regard indiscret. Ensuite, rassemblez votre famille ou vos amis et posez-leur les mêmes questions en feignant de les découvrir vous aussi. Puis, donnez la bonne solution en prenant un air détaché, sans triomphalisme, comme si elle vous venait le plus naturellement du monde. Vous passerez aussitôt pour un « honnête homme » selon l'idéal du XVIIe siècle : cultivé, mais sans pédantisme. Bien entendu, de nos jours les honnêtes hommes sont aussi des femmes...

Est-il possible de ne pas bien comprendre les réponses et d'être aussi peu savant avant et après la lecture de ce livre ? En principe non, nous avons tout fait pour que cela n'arrive pas. Chaque auteur a déployé les mêmes trésors de pédagogie : des explications claires, précises, qui évitent les détails superflus mais sans rien omettre d'important. Certes, nous avons tous nos territoires familiers et nos terres inconnues, nos points forts et nos lacunes... Sans doute préférons-nous tester nos connaissances dans les disciplines que nous connaissons le mieux. Mais n'oubliez pas qu'il s'agit ici de culture dite « générale ». Un esprit vraiment curieux doit donc se frotter à tous les domaines que nous avons réunis dans cet ouvrage (oui, même la géographie).

Le lecteur est-il évalué à la fin du livre ? Nullement. C'est l'un des partis pris de cette collection depuis le premier titre paru. Ni « nul » ni « champion », le lecteur est tout simplement invité à apprendre, rafraîchir ses connaissances, aiguiser sa curiosité. Par les temps qui courent, qui ne valorisent pas exagérément la quête de savoir (ô douceur de l'euphémisme !), cette simple démarche est déjà méritoire. Et si vous souhaitez en apprendre davantage, sachez que nous n'avons rassemblé ici que des extraits de chaque ouvrage paru. La culture « générale » est évidemment une illusion. En voici cependant quelques échantillons qui vous donneront envie, nous l'espérons, d'en savoir toujours plus...

Pierre JASKARZEC

Première partie
Le français est un jeu
(Extraits)

par Pierre Jaskarzec

Pierre Jaskarzec

Éditeur d'ouvrages de référence et de livres pour la jeunesse, Pierre Jaskarzec a publié en Librio deux ouvrages consacrés à la langue française : *Le français est un jeu* (n° 672) et *Le mot juste* (n° 772).

Introduction

« [...] Naturellement aux gens qu'étaient avec moi, je disais "c'est tout à fait ça" ou "ça me rappelle des trucs", même que mon beau-frère m'a appris que c'était pas français de dire "s'en rappeler". Tu savais ça, adjudant ?
— Bien sûr. À qui crois-tu que tu causes ?
— Tu vois, mon beau-frère t'apprendrait qu'il faut dire "que tu parles".
— Dis-moi, c'est un con, ton beau-frère.
— T'en fais pas pour lui, il est devenu industriel. [...] »

Le Dimanche de la vie, Raymond QUENEAU.

Le français est un jeu : sous ce titre prometteur se cache un ouvrage consacré aux « difficultés » dont notre langue est hérissée, c'est-à-dire aux mots, locutions, constructions qui sont pour l'usager une source d'hésitations, de confusions et d'erreurs...

Rassurez-vous, il y a un vrai jeu dans ce livre, un jeu de questions-réponses qu'on appelle en anglais – et hélas ! en français – un « quiz ». Le quiz est un jeu culturel amusant et un tantinet immoral : même quand on ne sait rien, on peut parfaitement avoir raison, pour peu qu'on ait de l'intuition, l'esprit de déduction... et de la chance ! Quel que soit votre degré de maîtrise de la langue, vous vous reporterez avec profit aux réponses données à la fin de chaque chapitre. Claires et concises, elles éclairent les difficultés du français en matière d'orthographe, de prononciation, de construction grammaticale, de propriété des mots et des expressions, mais aussi plus largement d'histoire linguistique. Les commentaires sont illustrés par des exemples empruntés au langage soutenu ou à des textes littéraires. C'est d'ailleurs là l'un des partis pris de ce petit livre : le plaisir des mots et celui de la littérature y sont étroitement liés. La littérature n'est-elle pas le lieu par excellence de la richesse lexicale et syntaxique ? celui où s'exercent le plus

I. LE FRANÇAIS EST UN JEU

pleinement l'art du mot juste, le respect sourcilleux des normes ou au contraire le jeu iconoclaste des « déformations » (voir nos nombreuses citations de Raymond Queneau auquel ce livre rend hommage...) ?

Pour lire *Le français est un jeu*, munissez-vous d'un crayon, car vous serez amené à cocher des cases, entourer certains mots, en rayer d'autres... Vous pouvez lire les jeux dans l'ordre que vous voulez, mais nous vous conseillons d'alterner les thématiques (orthographe, vocabulaire, etc.) afin d'éviter toute monotonie. Au sein d'un même chapitre, le niveau de difficulté est variable. De nombreuses questions correspondent à des erreurs du langage courant. Elles vous permettront de réviser des règles fondamentales d'ordre orthographique ou grammatical (le pluriel des noms et adjectifs, les accords des participes passés, l'orthographe des adjectifs numéraux, etc.). Certaines questions, assez pointues, sont plus particulièrement destinées aux amoureux de la langue toujours gourmands de mots rares et d'expressions savoureuses.

Au fur et à mesure que vous découvrirez ce livre, vous vous étonnerez peut-être de voir s'ébaucher des personnages : Simone et Raymond, Kévin et Élodie, Karim, Karl... Il nous a semblé que Pierre et Paul, qui hantent les grammaires et les manuels scolaires depuis des décennies, devaient prendre quelque repos. Et si vous aimez le principe du « jeu sous le jeu », vous vous amuserez peut-être à repérer les liens qui unissent ces frêles « personnages grammaticaux ».

Après avoir lu *Le français est un jeu*, vous pourrez soupirer d'aise, quel que soit votre score. Non seulement vous aurez progressé dans la connaissance et la maîtrise de la langue, mais en plus vous connaîtrez désormais le plaisir très vif de collectionner les fautes des présentateurs du journal télévisé. Peut-être même irez-vous jusqu'à vous exclamer, comme un personnage de Raymond Queneau (le capitaine Bourdeille dans *Le Dimanche de la vie*) : « Ce que je cause bien, tout de même ! »

Pierre JASKARZEC

1
Restez correct !
Orthographe

« Doukipudonktan ? » se demande tonton Gabriel en ouverture du célèbre roman de Raymond Queneau, *Zazie dans le métro*. La littérature française a ainsi gagné son plus célèbre exemple d'orthographe phonétique. Dans les phrases ci-dessous, certains mots sont écrits de manière fantaisiste, d'autres dans une orthographe conventionnelle. À vous d'identifier les mots correctement écrits... (Attention : plusieurs réponses sont parfois possibles pour une même question.)

1. Pendant le repas de noces, Simone a tenu des propos **sybillins** ❐ **sibyllins** ❐ **sibilains** ❐ sur le passé de tante Annie.

2. L'employé qui s'est trompé en préparant la liste de mariage s'est exclamé :
   autant pour moi ! ❐ **d'autant pour moi !** ❐ **au temps pour moi !** ❐

3. Nicole et Monique ont pleuré comme des **madeleines** ❐ **madelaines** ❐ **Madeleine** ❐ au mariage de Simone et Raymond.

4. Les **prémices** ❐ **prémisses** ❐ du printemps rendent Nicole toute frémissante ; le beau temps la ragaillardit.

5. Marc est sur le **gril** ❐ **grill** ❐ : ce soir, il emmène Elsa dans un bar à sushis pour lui déclarer sa flamme.

6. La salle **tout entière** ❐ **toute entière** ❐ s'est levée pour acclamer le secrétaire général du parti mis en examen pour complicité d'abus de biens sociaux.

7. Les mots comportant des *l* « mouillés » font souvent trébu-

cher les plus experts en orthographe. Barrez d'un trait les mots qui sont écrits fautivement.
Serpillère – joaillier – poulailler – volailler – vaniller – bétaillère – quincailler – conseillère – marguiller – groseillier.

Réponses

1. Sibyllins. Dans l'Antiquité, une *sibylle* était une devineresse qui transmettait les oracles divins. Des propos *sibyllins* sont mystérieux, obscurs.

À NOTER : le terme s'emploie plus rarement en parlant d'une personne. Exemple : *un poète sibyllin*.

2. Au temps pour moi ! Se dit lorsqu'on reconnaît que l'on s'est trompé. Cette expression, généralement écrite par erreur « autant pour moi », relève au sens propre du vocabulaire militaire. Au commandement *au temps !* le soldat reprend la position antérieure, revient « au temps » précédent et s'apprête à recommencer le mouvement.

3. Madeleine. L'origine de l'expression *pleurer comme une Madeleine* étant méconnue, le nom propre est souvent pris à tort pour le nom commun. La Madeleine en question est généralement assimilée au petit gâteau conchoïdal dont l'invention est attribuée à la cuisinière Madeleine Paumier. Les plus malins flairent à tort une allusion à la « madeleine de Proust ». En fait, les références pâtissières et littéraires doivent ici s'effacer devant l'allusion biblique. Une tradition fait en effet de Marie-Madeleine la pécheresse repentie qui a mouillé de ses larmes les pieds du Christ (Luc 7, 36).

4. Prémices. Dans l'Antiquité, les *prémices* étaient les premiers fruits ou les animaux premiers-nés qu'on offrait aux divinités. Au figuré, le mot signifie « début, commencement ». *Prémices* est un mot féminin, il s'écrit toujours au pluriel et est d'un registre littéraire. Exemples : *les prémices d'un amour*, *les prémices du printemps*, etc.

Il faut se garder de confondre ce terme avec son homonyme *prémisse*. Une *prémisse* désigne le point de départ d'un raisonnement, d'une démonstration. Exemple : *votre raisonnement ne tient pas, parce que la prémisse en est fausse.*

À NOTER : dans le domaine de la logique, les *prémisses* sont les deux propositions d'un syllogisme qui mènent à la conclusion. Exemple :
Tous les hommes sont mortels (prémisse majeure)
Or Raymond est un homme (prémisse mineure)
Donc Raymond est mortel (conclusion).

5. Gril. Un *gril* est un accessoire de cuisine constitué d'une grille métallique sur laquelle on fait cuire à feu vif de la viande ou du poisson. À l'origine, le *gril* était un instrument de torture qui servait au supplice du feu, d'où le sens figuré de l'expression familière *être sur le gril* : « être dans un état de grande impatience, de vive anxiété ». Le mot *grill*, souvent confondu avec son homonyme, est une abréviation de l'anglais *grill-room* et désigne un restaurant où l'on sert des grillades.

À NOTER : *être sur le gril* a pour équivalent dans un registre littéraire *être sur des charbons ardents*.

6. La salle tout entière. *Tout* est ici adverbe et est donc invariable.

RAPPEL DE LA RÈGLE : *tout*, adverbe, est invariable devant un adjectif. Cependant, *tout* est variable en genre et en nombre devant un adjectif féminin commençant par une consonne ou un *h* aspiré. On écrira donc : *elle est tout étonnée*, mais *elle est toute contente* et *elle est toute hâlée*.

À NOTER : la règle sur l'accord de *tout* devant un adjectif a été entérinée par l'Académie française au XVIIIe siècle. À l'époque classique, *tout* était généralement accordé quel que soit le cas. « Je suis toute ébaubie, et je tombe des nues ! » (Madame Pernelle dans *Tartuffe*, Molière, acte V, scène V.)

7. Il fallait rayer les mots qui figurent en gras : **serpillère** – joaillier – poulailler – volailler – **vaniller** – bétaillère – **quincailler** – conseillère – **marguiller** – groseillier.

À NOTER : **1.** *Serpillière* s'écrit avec un *i* après la double consonne. **2.** *Vanillier* (plante dont le fruit est la vanille) s'écrit avec un *i* après la consonne redoublée, au contraire de son homonyme *vanillé* (aromatisé ou parfumé à la vanille). **3.** On écrit *quincaillier*. **4.** On écrit *marguillier* (personne laïque chargée de la surveillance et de l'entretien d'une église).

2

Les liaisons dangereuses

Prononciation et liaisons

Les erreurs de prononciation ne sont pas réservées aux enfants. Leur fameux « J'aime pas les z-haricots » est plus répandu qu'on ne le croit. De même, on entend si souvent parler des « z-handicapés » qu'on se met à douter que le *h* initial soit bel et bien... aspiré. Radios et télévisions entretiennent généreusement de telles prononciations fautives et ont fait des liaisons les plus élémentaires une espèce menacée d'extinction. Votre mérite n'en sera que plus grand si vous identifiez la prononciation « normale » ou du moins traditionnelle des mots suivants :

1. Dylan, le petit frère de Kévin, a fière allure sur les chevaux de bois du **carrousel**.
   Carrousel se prononce *carroussel* ❒ *carrouzel* ❒

2. « Entrer en première l'an prochain sera pour Kévin une véritable **gageure** », a déclaré son professeur de français en conseil de classe.
   Gageure se prononce *gajeure* ❒ (comme *vengeur*) *gajure* ❒

3. « Il ne faut pas tirer de conclusions **trop hâtives** après un premier trimestre », a tempéré le professeur principal.
   On prononce en faisant la liaison : *tropatives* (*h* muet) ❒
   On prononce sans faire la liaison : *trop 'hâtives* (*h* aspiré) ❒

4. Karim est encore tout **abasourdi** par la terrible nouvelle qu'il vient d'apprendre à la radio.
   Abasourdi se prononce *abassourdi* ❒ *abazourdi* ❒

5. « Tous ces corps sont affreux », soupire le médecin scolaire qui voit défiler des adolescents **dégingandés** à longueur de journée.
   Dégingandés se prononce *déjingandés* ❒ *dégu-ingandés* ❒

I. LE FRANÇAIS EST UN JEU

Réponses

1. Carrousel se prononce *carrouzel*, *s* entre voyelles correspondant au son [z]. Le **carrousel** est un manège de chevaux de bois. Courant en Suisse et en Belgique, le mot s'emploie plus rarement en France.

2. Gageure se prononce *gajure*. Une **gageure** est un projet si difficile à réaliser qu'il s'apparente à un défi.

3. 'Hâtives. Dans *hâte* et ses dérivés, le *h* est aspiré. Attention aux *conclusions « tropatives »* qu'on entend parfois à la radio ou à la télévision.

4. Abasourdi se prononce *abazourdi*. Dans l'argot ancien, *basourdir* voulait dire *tuer*. La prononciation avec un [s] sourd s'explique sans doute par l'attraction d'*assourdir*.

À NOTER : bien que long, lourd et rarement employé, l'adjectif *abasourdissant* existe bel et bien. Exemple : *une nouvelle abasourdissante*.

5. Dégingandés se prononce *déjingandés*. On dit de quelqu'un qu'il est *dégingandé* quand il est de haute taille et qu'il a quelque chose de disloqué dans l'allure, la démarche.

3

Drôle de genre !

Le genre des mots

Dans *Zazie dans le métro* (RAYMOND QUENEAU), la douce Marceline, compagne de tonton Gabriel, se révèle être... Marcel à la fin du roman. Voilà un personnage d'un drôle de genre ! Les noms communs, eux aussi, hésitent parfois entre masculin et féminin, certains refusant même de choisir leur camp. Saurez-vous donner aux mots suivants... le bon genre ? (Attention : plusieurs réponses sont parfois acceptables pour une même question.)

1. Élodie cherche **un échappatoire** ❐ **une échappatoire** ❐ pour refuser l'invitation de Jonathan sans le blesser.

2. Tous les dimanches midi, **de délicieux effluves** ❐ **de délicieuses effluves** ❐ s'échappent de la cuisine de Simone.

3. Ce week-end dans leur fermette du Perche a été **une oasis** ❐ **un oasis** ❐ de calme et de repos pour Nicole et Jacques.

4. Chaque matin, Kévin soulève des **haltères** bien trop **lourdes** ❐ **lourds** ❐ pour lui.

5. Valentin Triponet voudrait bien que ses mémoires soient **publiées** ❐ **publiés** ❐ par un éditeur, mais il ne sait à qui les adresser.

6. Kévin et Élodie ont passé **tout l'après-midi** ❐ **toute l'après-midi** ❐ à commenter la dernière émission de « Star à tout prix ».

7. « **Les soldes** de cet hiver **suffiront-ils** ❐ **suffiront-elles** ❐ à relancer la consommation en France ? » se demande Nicole, inquiète.

8. « J'ai eu **de grands amours** ❐ **de grandes amours** ❐ dans ma vie », soupire rêveusement Simone à la veille de son remariage.

I. LE FRANÇAIS EST UN JEU

Réponses

1. Une échappatoire. Le mot est très souvent employé au masculin par erreur.

2. De délicieux effluves. Le mot est du genre masculin, mais l'usage le fait souvent féminin, sans doute à cause de la finale en *-e*. Si vous avez coché la mauvaise case, dites-vous que vous avez d'illustres prédécesseurs : Hugo, Flaubert... ont écrit *effluves* au féminin.
À NOTER : le mot est rare au singulier.

3. Une oasis. Ce mot grec d'origine égyptienne a été employé fautivement au masculin par certains auteurs.

4. Lourds. L'usage est hésitant, mais le mot est bien masculin.

5. Publiés. Les *mémoires* sont le récit qu'une personne fait d'événements dont elle a été le témoin et généralement l'un des acteurs.
Attention ! La tentation est forte de faire le mot féminin, par confusion avec l'homonyme *la mémoire*.
À NOTER : quand il désigne un titre d'œuvre, le mot prend impérativement une capitale. Exemple : *Les* Mémoires *de Saint-Simon*.

6. Tout l'après-midi *ou* **toute l'après-midi.** Le mot appartient aux deux genres, mais l'usage actuel tend à privilégier le masculin.
À NOTER : le mot est invariable en nombre. *Des après-midi*.

7. Suffiront-ils. Le mot est masculin, contrairement à son homonyme qui désigne la rémunération des militaires (*la solde* du soldat).

8. De grands amours ou **de grandes amours.** Le genre d'*amour* est incertain tout au long de son histoire. En ancien français et au XVIIe siècle, *amour* était souvent féminin, au singulier comme au pluriel. De nos jours, il est masculin dans l'usage courant et généralement féminin au pluriel dans le registre littéraire et poétique. En voici un exemple relevé chez le poète des *amours* malheureux... ou malheureuses :

3. Le genre des mots

« Ils regardent sur les routes les femmes qui passent
Ils les désirent mais moi j'ai de plus hautes amours
Et qui sont ma patrie ma famille et mon espérance
À moi soldat amoureux soldat de la douce France »
(*Poèmes à Lou*, Guillaume Apollinaire.)

De son côté, Raymond Queneau emploie ici le mot au féminin singulier, sans doute par imitation de la langue populaire :

« Non, ce n'était pas encore la grande amour. Ah ! la grande amour, ça vient, on ne sait pas quand, on ne sait pas comment, et qui mieux est, on ne sait pas pour qui. Du moins, à ce qu'il paraît. Alors ce ne sont plus que clairs de lune, gondoles, ivresses éthérées, âmes sœurs et fleurs bleues. »
(*Pierrot mon ami*, Raymond Queneau.)

4

Faux frères

Les homonymes

En français, on compte environ mille mots comportant des homonymes, c'est-à-dire des mots de prononciation identique, mais de sens différent. Source d'innombrables calembours et jeux de mots, l'homonymie est aussi grande pourvoyeuse de fautes d'orthographe. Grâce à ce jeu, vous saurez si une maison est *décrépie* ou *décrépite*, si vos vœux les plus chers seront *exaucés* ou *exhaussés*, mais surtout vous saurez enfin si après un bon repas vous avez fait *bonne chair*, *bonne chère*, ou *bonne chaire*.

1. « RETOUR D'AFFECTION – RÉUSSITE PROFESSIONNELLE – GUÉRISON RAPIDE. Je peux **exaucer tous vos souhaits** ❐ **exhausser tous vos souhaits** ❐ », promet la publicité du célèbre marabout.

2. « Rien de tel que le soleil et le vent pour vous **haler** ❐ **hâler** ❐ joliment le visage », a déclaré Nicole à sa belle-mère, Simone, au retour de ses vacances à La Baule.

3. « Moi, je la trouve plutôt **décrépie** ❐ **décrépite** ❐, la Nicole », a soufflé Monique à l'oreille de son mari.

4. « Je me sens de **plain-pied** ❐ de **plein pied** ❐ avec les personnes les plus simples », s'est félicitée Nicole auprès de son mari, après avoir plaisanté avec son employée de maison.

5. Les invités ont tous reconnu avoir fait **bonne chaire** ❐ **bonne chair** ❐ **bonne chère** ❐ au repas de noces de Simone et Raymond.

6. « Tu n'étais pas **censé** ❐ **sensé** ❐ réviser ton histoire-géo ? » s'est indignée Monique en découvrant Kévin affalé devant la T.V.

4. Les homonymes

Réponses

1. Exaucer. *Exaucer* quelqu'un, c'est le satisfaire en lui accordant ce qu'il demande. Le mot a d'abord été réservé à un contexte religieux. Exemple : *Sergueï a prié et Dieu l'a exaucé.* Puis il a pris le sens général de « répondre favorablement à une demande, un vœu, un souhait ». Exemple : *son souhait d'être muté à Châteauroux a été exaucé.*
L'homonyme *exhausser* signifie « augmenter la hauteur, surélever ». On *exhausse* une maison, un mur, etc. Au figuré, on peut aussi *exhausser* son âme, c'est-à-dire l'élever (registre littéraire... et quelque peu exalté).

2. Hâler. Un teint *hâlé* est coloré, bruni par l'air et le soleil. Son homonyme, *haler*, est un terme de marine qui signifie « tirer sur ». On *hale* un cordage, un câble. *Haler* un bateau, c'est le remorquer depuis le rivage au moyen d'un cordage.

3. Décrépite. On est *décrépit* lorsqu'on est très dégradé par le poids des ans. Le qualificatif n'est guère aimable, surtout en deçà d'un certain âge. *Décrépit* est souvent confondu avec son homonyme, *décrépi*, « qui a perdu son crépi ». Comme l'a fait observer le grammairien P. Dupré, « *un mur décrépi* a perdu son crépi : il est donc en mauvais état et évoque une idée d'abandon et de vieillesse ». D'où la confusion fréquente entre les deux termes...

4. De plain-pied. Au sens propre, *de plain-pied* signifie « au même niveau ». Exemple : *une terrasse de plain-pied avec un appartement*. Dans cette locution, *plain* est un adjectif (du latin *planus*) qui a le sens de « plat, uni, sans aspérités ». Au sens figuré, on est *de plain-pied* avec quelqu'un quand on se sent naturellement sur un pied d'égalité avec lui.

5. Bonne chère. *Chère* (du grec *kara*, « tête, visage ») est un synonyme littéraire de *nourriture*. Le mot est surtout vivant aujourd'hui dans l'expression figée *faire bonne chère*, qui a signifié primitivement « faire bon visage, bon accueil », puis « faire un bon repas » (sens attesté dès le XIVe siècle).

« Or, dit Pantagruel, faisons un peu bonne chère et buvons, je vous en prie, enfants, car il fait bon boire. » (*Pantagruel*, FRANÇOIS RABELAIS.)

6. Censé. Être *censé* faire quelque chose, c'est être supposé faire cette chose. Exemple : *papa est censé être en voyage d'affaires.*
Être *sensé*, c'est avoir du bon sens, être raisonnable. Exemple : *quelqu'un de sensé ne ferait jamais une chose aussi folle.*
À NOTER : il convient de distinguer également les deux adverbes dérivés : *censément* et *sensément*.

5

Conjuguez vos efforts !

Conjugaison

« — Je me vêts, répéta-t-il douloureusement. C'est français ça : je me vêts ? Je m'en vais, oui, mais : je me vêts ? Qu'est-ce que vous en pensez, ma toute belle ? — Eh bien, allez-vous-en. » (*Zazie dans le métro*, RAYMOND QUENEAU.)

Qui peut prétendre n'avoir jamais été embarrassé par la conjugaison de certains verbes[1] ? En répondant aux questions qui suivent, vous jonglerez avec les verbes irréguliers, résoudrez les pires difficultés du passé simple, et ferez sonner quelques imparfaits du subjonctif aux désinences légères...

1. « Raymond et moi, nous nous (*vêtir*, **présent de l'indicatif**) chaudement quand l'hiver s'annonce », déclare fièrement Simone.
   vêtissons ❏ vêtons ❏

2. « Avec l'âge, nous (*acquérir*, **présent de l'indicatif**) une certaine sagesse », reconnaît Simone en se resservant une part de tarte aux trois chocolats.
   acquérons ❏ acquierons ❏

3. Le buffet du vernissage ayant été pillé, Valentin (*conclure*, **passé simple**) qu'il avait fait le tour de l'exposition. Et il partit.
   conclut ❏ conclua ❏

4. « J'étais sûre que vous (*demander*, **conditionnel présent**) ma main », a confié Simone à Raymond.
   demandriez ❏ demanderiez ❏

---
[1]. Pour les tableaux complets des conjugaisons, voir Nathalie Baccus, *Conjugaison française*, Librio n° 470.

5. « Dans cette boutique, ils (*moudre*, **présent de l'indicatif**) le café sous vos yeux », s'émerveille Nicole.
moudent ❐ moulent ❐

6. « J'ai trouvé un excellent ouvrage qui (*résoudre*, **présent de l'indicatif**) tous les problèmes de conjugaison ! » s'enthousiasme Kévin.
résoud ❐ résout ❐

7. « Il eût fallu que tu (*s'enquérir*, **imparfait du subjonctif**) des jours d'ouverture », reprocha Nicole à son mari devant les portes closes du Musée océanique.
t'enquisses ❐ t'enquérisses ❐ t'enquiérasses ❐

8. « Moi, j'avais proposé que nous (*aller*, **imparfait du subjonctif**) au ciné », se défendit mollement Jacques.
allâmes ❐ allassions ❐ alliassions ❐

5. Conjugaison

Réponses

1. Vêtons. *Vêtir*, verbe du 3ᵉ groupe, ne se conjugue pas sur le modèle de *finir*, verbe du 2ᵉ groupe (c'est-à-dire que son participe présent ne se termine pas en *-issant*). On écrit donc : je me *vêts*, tu te *vêts*, il se *vêt*, nous nous *vêtons*, vous vous *vêtez*, ils se *vêtent*.
À NOTER : 1. *Dévêtir* et *revêtir* se conjuguent de la même manière.
2. Des auteurs de renom ont conjugué *vêtir* sur le modèle de *finir* et André Gide, qui trouvait « vêtissait » « plus beau et plus expressif » que *vêtait*, se réservait le droit de l'utiliser s'il venait « naturellement » sous sa plume...

2. Acquérons. *Acquérir* est également un verbe irrégulier (3ᵉ groupe). Il se conjugue comme suit au présent de l'indicatif : j'*acquiers*, tu *acquiers*, il *acquiert*, nous *acquérons*, vous *acquérez*, ils *acquièrent*.
À NOTER : *conquérir*, *s'enquérir*, *reconquérir* et *requérir* se conjuguent de la même manière.

3. Conclut. *Conclure*, verbe du 3ᵉ groupe, présente un certain nombre de difficultés. Aux trois premières personnes de l'indicatif, les formes sont identiques au présent et au passé simple : je *conclus*, tu *conclus*, il *conclut*. Par ailleurs, au futur et au conditionnel présent, on écrit je *conclurai*, je *conclurais*, et non pas je « concluerai », je « concluerais » (la faute est très fréquente).
Attention ! Au participe passé, on écrit *conclu*, *conclue* (et non « conclus », « concluse »).
À NOTER : *exclure* et *inclure* se conjuguent de la même manière, mais seul *inclure* prend un *s* final au participe passé. Exemple : *Ce voyagiste est le spécialiste du séjour « tout inclus »*.

4. Demanderiez. Le verbe *demander* (bien que régulier) fait parfois l'objet d'une conjugaison fautive au futur et au conditionnel. Je *demanderai* (et non je « demandrai »). Je *demanderais* (et non je « demandrais »).

5. Moulent. *Moudre* est un verbe du 3ᵉ groupe à la conjugaison délicate. Certains usagers en difficulté n'hésitent pas à offenser la grammaire. Exemple fautif : « Ma femme veut qu'on achète du bon café et qu'on le moud nous-mêmes. » Les formes correctes au présent de l'indicatif sont : je *mouds*, tu *mouds*, il *moud*, nous *moulons*, vous *moulez*, ils *moulent*. Au subjonctif : que je *moule*. Au futur : je *moudrai*. Au passé simple : je *moulus*. À l'imparfait : je *moulais*.

6. Résout. La conjugaison de ce verbe irrégulier est particulièrement difficile. Au présent de l'indicatif, les formes correctes sont les suivantes : je *résous*, tu *résous*, il *résout*, nous *résolvons*, vous *résolvez*, ils *résolvent*. Au subjonctif : que je *résolve*. Au futur : je *résoudrai*. Au passé simple : je *résolus*. À l'imparfait : je *résolvais*.
Attention ! Au participe passé : *résolu*.

À NOTER : la conjugaison de *résoudre* est si épineuse qu'un verbe plus récent, *solutionner*, lui fait désormais une sérieuse concurrence ; *solutionner* a l'avantage d'avoir une conjugaison régulière (verbe du 1er groupe), mais l'inconvénient de souffrir d'une mauvaise réputation auprès de certains grammairiens. Quoi qu'il en soit, dans une langue soignée, on préférera *résoudre* à *solutionner*.

7. T'enquisses. Les verbes en *quérir* (comme *acquérir, conquérir, reconquérir, requérir, s'enquérir*) sont d'une conjugaison délicate. À l'imparfait du subjonctif, les formes sont les suivantes : que je m'*enquisse*, que tu t'*enquisses*, qu'il s'*enquît*, que nous nous *enquissions*, que vous vous *enquissiez*, qu'ils s'*enquissent*.

8. Allassions. *Aller* se conjugue ainsi à l'imparfait du subjonctif : que j'*allasse*, que tu *allasses*, qu'il *allât*, que nous *allassions*, que vous *allassiez*, qu'ils *allassent*.

6
Permis de construire
Constructions grammaticales

« Veux-tu toute ta vie offenser la grammaire ? » demande durement Bélise à la pauvre servante Martine, dans *Les Femmes savantes* (MOLIÈRE). Prenez de bonnes résolutions : savoir distinguer un verbe transitif d'un verbe intransitif, utiliser la bonne préposition après un verbe, ne plus hésiter entre *bien que* et *malgré que*... Les dix questions qui suivent vous aideront à suivre ce programme ambitieux.

1. Tout le monde a été surpris d'entendre Simone **déblatérer contre** Gilberte ❐ **déblatérer après** Gilberte ❐ pendant la réunion de famille.

2. La priorité du préfet est de **pallier aux problèmes** ❐ **pallier les problèmes** ❐ d'hébergement des sinistrés.

3. « **Je me rappelle très bien de notre rencontre** » ❐ « **Je me rappelle très bien notre rencontre** » ❐, a confié Simone à Raymond, le soir de ses noces.

4. « Cette question du mariage gay participe avant tout **de la morale et non du droit** ❐ **à la morale et non au droit** ❐ », a affirmé Nicole à l'apéritif, histoire de donner son avis.

5. La présidente du tribunal a **vitupéré** ❐ **vitupéré contre** ❐ les conducteurs avinés qui mettent la vie d'autrui en danger.

6. « Faisons une promenade malgré qu'il pleuve. » La construction *malgré que* + subjonctif est-elle correcte ou fautive ?
    a. Elle est très incorrecte et doit être évitée dans tous les cas.
    b. Elle est critiquée par les puristes et est à éviter dans une langue « soignée ».
    c. Elle est parfaitement correcte et s'emploie couramment à la place de *bien que*.

I. LE FRANÇAIS EST UN JEU

Réponses

1. Déblatérer contre. On *déblatère contre* quelqu'un (ou quelque chose), plus rarement *sur* quelqu'un.

2. Pallier les problèmes. *Pallier* est un verbe transitif direct, c'est-à-dire qu'il se construit directement avec un complément d'objet. Comme terme de médecine, *pallier* a signifié autrefois « atténuer les symptômes sans guérir le mal pour autant » (ce sens est toujours vivant dans le nom *palliatif*). D'où le sens figuré et courant de « remédier provisoirement, atténuer faute de mieux ». Exemples : *pallier un problème, pallier des inconvénients*, etc. La construction fautive *pallier à* est devenue courante par analogie avec *parer à, remédier à*.

3. « Je me rappelle très bien notre rencontre » *Se rappeler* se construit avec un objet direct. On *se rappelle quelqu'un, quelque chose*. C'est par analogie avec *se souvenir de* que la construction *se rappeler de* s'est introduite dans la langue dès le XVIIIe siècle. Cette tournure courante est considérée comme fautive et le bon usage recommande de l'éviter.

4. Participe de la morale et non du droit. *Participer à*, c'est « prendre part à ». On participe à un match, un débat, une émission télévisée, etc. *Participer de* est un synonyme littéraire de *relever de*. Exemple : *cette infraction participe du droit pénal*. Dans « Les Sabines » (nouvelle extraite du *Passe-Muraille*), Marcel Aymé joue avec cette double construction en évoquant l'un de ses personnages, une jeune femme dotée du pouvoir de se multiplier physiquement... et par là même de multiplier ses amants :

« Quoique participant à (et participant de) cette mêlée voluptueuse, multiplicité impudique, fornicante, transpirante, gémissante, et y prenant plaisir [...], quoique donc, Sabine restait inapaisée et l'âme appétente. [...] »

5. Vitupéré. À l'origine, *vitupérer* (« blâmer vivement ») est un verbe transitif direct. Il convient donc d'écrire que l'on *vitupère* quelqu'un ou quelque chose. La construction *vitupérer contre* (par analogie avec *pester contre, protester contre, râler contre*, etc.) s'est introduite dans l'usage mais est à éviter dans une langue soignée.

6. Constructions grammaticales

6. b. Malgré que est une tournure critiquée par les puristes. Mais est-ce vraiment une faute de français ? Quand on se risque à l'employer, on a un peu le sentiment de mettre les doigts dans le pot de confiture sans commettre un bien grand crime pour autant.

Malgré que, dont l'origine est peut-être populaire, apparaît dans certains textes dès le XVIIe siècle. Littré et l'Académie française en condamnent l'emploi sans que leur jugement soit argumenté. Nullement intimidé, André Gide a pris la défense de cette locution maudite : « J'ai écrit avec Proust et Barrès, et ne rougirai pas d'écrire encore : malgré que, estimant que si l'expression était fautive hier, elle a cessé de l'être. » (*Incidences*, ANDRÉ GIDE.) Certes, certains grammairiens se rangent à l'avis de l'écrivain, mais reconnaissons-le : *malgré que* égratigne les oreilles sensibles et cette tournure est devenue rare dans le français d'aujourd'hui, « surveillé » ou littéraire. On remplacera avantageusement *malgré que* par d'autres locutions conjonctives, *bien que*, *quoique*, qui se construisent également avec le subjonctif.

7

Des pluriels bien singuliers

Le pluriel des noms et des adjectifs

Un cheval, des chevaux. Et pourquoi pas *des chevals*[1] ? L'orthographe française semble avoir été inventée pour en rendre l'apprentissage bien compliqué. Il y a les pluriels en *-oux* qu'on apprend par cœur à l'école, les mots gourmands qui ont deux pluriels différents, les mots invariables qui ne veulent rien faire comme tout le monde... Au bout du compte, l'occasion idéale de réviser certaines règles qui ont fait vos cauchemars d'écolier.

1. Dans la liste qui suit, rayez les noms au pluriel dont l'orthographe est fautive.
   Un landau, des landaux
   Un boyau, des boyaux
   Un aloyau, des aloyaux
   Un lieu, des lieux (le poisson)

2. Même principe pour les quatre noms qui suivent.
   Un bail, des bails
   Un chandail, des chandails
   Un soupirail, des soupirails
   Un poitrail, des poitrails

3. Les quatre mots qui suivent ont-ils deux pluriels possibles ? Rayez les éventuels imposteurs qui n'acceptent qu'un seul pluriel.
   Un festival → des festivals *ou* des festivaux
   Un idéal → des idéals *ou* des idéaux
   Un étal → des étals *ou* des étaux
   Un cal → des cals *ou* des caux

---

[1]. Sur la formation du pluriel des noms et adjectifs, voir Nathalie Baccus, *Orthographe française*, Librio n° 596.

7. Le pluriel des noms et des adjectifs

4. On apprend dès les « petites classes » que sept noms en *-ou* font leur pluriel en *-oux*. Dans la liste suivante, ajoutez la finale qui convient (*s* ou *x*) pour retrouver les sept noms en *-oux*.
Sapajou – bijou – joujou – kangourou – pou – chou – bisou – hibou – filou – chabichou – écrou – papou – matou – caillou – zoulou – genou.

• Certains noms peuvent avoir des pluriels différents selon le contexte. En voici quelques exemples. À vous de trouver la forme qui convient.

5. Tout est question de goût : Raymond aime les chemises **marron** ❐ **marrons** ❐ à col pelle à tarte tandis que Simone affectionne les chemisiers **rose** ❐ **roses** ❐ à motifs.

6. Dans quel cas faut-il accorder l'adjectif **demi** ?
« Nous ne nous accommoderons pas de **demies-mesures** ❐ **demi-mesures** ❐ **demie-mesures** ❐ en matière d'emploi », ont prévenu les syndicats, très fermes.

7. Grâce à la question *ci-dessous*, vous saurez enfin comment écrire *ci-joint* au pluriel dans vos courriers du type :
« Madame,
Vous trouverez **ci-joint** ❐ **ci-joints** ❐ les documents demandés dans votre lettre datée du 13 courant. »

I. LE FRANÇAIS EST UN JEU

Réponses

1. Il fallait rayer **des landaux** et **des lieux**. On écrit *un landau, des landaus ; un lieu, des lieus* (quand il s'agit du poisson).

RAPPEL DE LA RÈGLE : les noms terminés par *-au, -eau, -eu* font normalement leur pluriel en *-x*, mais certains mots ont un pluriel en *-s* : *des landaus, des sarraus, des bleus, des pneus, des émeus, des lieus*.

2. Il fallait rayer **des bails** et **des soupirails**. On écrit *des baux, des soupiraux*.

RAPPEL DE LA RÈGLE : les noms terminés par *-ail* font normalement leur pluriel en *-ails*. Cependant, onze mots font exception à la règle avec un pluriel en *-aux* : *aspirail, bail, corail, émail, fermail, gemmail, soupirail, travail, vantail, ventail, vitrail*.

3. Festival et **cal**. Ces deux substantifs n'admettent qu'un pluriel. On doit écrire des *festivals*, des *cals*.

RAPPEL DE LA RÈGLE : les noms terminés par *-al* font normalement leur pluriel en *-aux* ou en *-als*, mais certains mots font aussi bien leur pluriel en *-aux* qu'en *-als* : on écrit *des étals* ou *des étaux* (le pluriel en *-als* est nettement plus courant dans le français contemporain) ; *des idéals* ou *des idéaux* (le pluriel en *-aux* est plus courant) ; *des vals* ou *des vaux*.

4. On écrit sapajous – **bijoux** – **joujoux** – kangourous – **poux** – **choux** – bisous – **hiboux** – filous – chabichous – écrous – papous – matous – **cailloux** – zoulous – **genoux**.

5. Marron et **roses**. L'adjectif *marron* est invariable tandis que *rose* est variable en nombre.

RAPPEL DE LA RÈGLE : les adjectifs de couleur prennent normalement un *-s* au pluriel, sauf s'il s'agit de noms employés adjectivement. Exemples : *des chemises orange, marron, kaki,* etc.
Attention ! Bien que dérivés d'un nom, certains adjectifs prennent un *-s* au pluriel. Ils sont au nombre de six : *écarlate, fauve, incarnat, mauve, pourpre, rose*.

6. Demi-mesures. L'adjectif *demi* est invariable en nombre (et en genre) quand il précède le nom auquel il est rattaché par un trait d'union. Exemples : *deux demi-baguettes, des demi-cercles, des demi-vierges*, etc.

À NOTER : les adjectifs *mi*, *semi* et *nu* obéissent à la même règle. Exemples : *ils sont nu-pieds, les yeux mi-clos*, etc.

7. Ci-joint. Les participes *ci-joint* et *ci-inclus* ont une valeur invariable quand ils sont placés avant le nom et son déterminant. Lorsqu'ils sont placés après le nom, ils prennent une valeur d'adjectif et l'on fait logiquement l'accord. Exemple : *les formulaires ci-joints doivent être dûment remplis.*

8

La loi du nombre

Les nombres en toutes lettres

Écrire un nombre en toutes lettres n'est pas toujours facile. Le doute vient s'ajouter à la douleur quand il nous faut rédiger le montant d'un chèque. Dans quels cas faut-il un *s* à cent ? Et à mille ? Où mettre le trait d'union dans un nombre complexe ? Grâce aux huit questions qui suivent, vous allez réviser les règles principales sur l'orthographe des nombres... et faire l'admiration de votre banquier.

• Voici l'ouverture d'un récit d'Henry de Montherlant, *La Petite Infante de Castille*. Nous avons composé par erreur en chiffres le nombre qui y figure. À vous de l'écrire en toutes lettres, conformément au texte d'origine.

1. « Barcelone est une ville de **600 200** âmes, et elle n'a qu'un urinoir. On devine si à certaines heures il a charge d'âme. Mais je sens qu'il vaut mieux commencer d'une autre façon mon récit. »

    600 200 : ....

• À présent, transcrivez en toutes lettres les nombres contenus dans les phrases suivantes :

2. Nicole et Jacques ont acheté une fermette restaurée dans un petit village du Perche qui compte trente habitants la semaine et **200** le week-end.

    200 : ....

3. Le nouveau roman de Marc Roquevert compte **640** pages et est vendu au prix modique de 15,99 euros. La critique, unanime, a salué cette belle performance.

    640 : ....

8. Les nombres en toutes lettres

4. Dans l'émission « Les Jeudis littéraires », sur France Culture, Marc Roquevert a lu à l'antenne la page **200** de son roman.
   200 : ....

5. **82** exemplaires du roman de Marc Roquevert ont été vendus après la diffusion de l'émission. « Nous sommes en rupture de stock », a déclaré la responsable de la librairie Les Feuillets d'Hypnos, à Aix-en-Provence.
   82 : ....

6. La dernière émission de « Star à tout prix » n'a réuni que **4 300 000** téléspectateurs, causant une vive déception aux responsables de la chaîne.
   4 300 000 : ....

I. LE FRANÇAIS EST UN JEU

Réponses

1. Six cent mille deux cents. Vous avez fait une faute ? davantage ? Alors, lisez attentivement les réponses ci-dessous qui récapitulent les règles concernant l'orthographe des adjectifs numéraux. Les bons élèves se contenteront de réviser.

2. Deux cents. Commencez par retenir cette règle simple : *cent* est invariable sauf s'il est multiplié par un autre nombre. On écrira donc : *cent* pages, mais *deux cents* pages.

À NOTER : dans l'expression *des mille et des cents*, *cent* est employé comme nom et prend la marque du pluriel.

3. Six cent quarante. Complétons la règle énoncée ci-dessus : *cent* est invariable sauf s'il est multiplié par un autre nombre et à condition de n'être suivi d'aucun autre adjectif numéral. On écrira donc : *deux cents* personnes, mais *deux cent trente* personnes.

4. Deux cent. Si vous avez mis un *s* à cent, cela prouve au moins que vous connaissiez la règle énoncée ci-dessus. Il vous reste donc à distinguer un adjectif numéral « cardinal » (qui indique une quantité) d'un adjectif numéral « ordinal » (qui indique un ordre, un rang). *Cent* est toujours invariable lorsqu'il a une valeur ordinale. Exemple : *Charlemagne a été couronné empereur en l'an huit cent.*

5. Quatre-vingt-deux. Si vous avez bien compris la règle sur l'orthographe de *cent*, vous retiendrez facilement la règle sur l'orthographe de *vingt* : c'est la même. *Vingt* est invariable, sauf s'il est multiplié par un autre nombre, et à condition de n'être suivi d'aucun autre adjectif numéral. Il convient donc d'écrire : *vingt* personnes, *quatre-vingts* personnes, *quatre-vingt-trois* personnes.

6. Quatre millions trois cent mille. *Million* est un nom (comme *millier* ou *milliard*). Il prend donc normalement la marque du pluriel, contrairement à *mille*, adjectif numéral toujours invariable. On écrit *mille*, *deux mille*, etc.

À NOTER : *mille* peut aussi s'orthographier *mil* dans les dates, mais cette graphie est vieillie. Exemples : *l'an mil, l'an mil quatre cent.*

9

Invasions barbares

Les mots déformés et les impropriétés

« Attrapez la mère Ubu, coupez les oneilles. » (*Ubu roi*, ALFRED JARRY.)

Si vous prononcez *oneilles*, comme le père Ubu, *prossénétisme* ou *hormossessualité* comme la petite Zazie (*Zazie dans le métro*, RAYMOND QUENEAU), vous commettez des *barbarismes*. Le barbarisme est une « façon de parler incorrecte et vicieuse », comme on dit à l'Académie (qui ne plaisante guère avec le sujet). Vous trouverez quelques exemples de barbarismes dans le jeu qui suit : mots déformés, impropriétés, anglicismes gratinés... En digne défenseur de la langue française, vous les traquerez sans merci.

1. Le Très-Saint-Père a **commémoré** ☐ **célébré** ☐ à Lourdes le cent cinquantenaire du dogme de l'Immaculée Conception.

2. Des **aéropages** ☐ **aréopages** ☐ de théologiens catholiques et protestants débattent toujours du dogme de l'Immaculée Conception. Un accord est en vue.

3. Marc Roquevert a reçu le prix des Librairies de qualité pour le quatrième volet de sa **quadralogie** ☐ **quadrilogie** ☐ **tétralogie** ☐ *Petites Douleurs exquises*.

4. Le féminin de *malin* s'écrit :
   a. maline
   b. maligne

5. Quel est l'adjectif qui ne doit pas être employé au sens d'*important* ?
   a. conséquent
   b. considérable

I. LE FRANÇAIS EST UN JEU

6. Quelle est la forme correcte ?
   a. confusant
   b. confusionnant
   c. ni l'une ni l'autre

7. Monique est soulagée de savoir sa mère désormais à l'abri de tout problème **pécunier** ❐ **pécunière** ❐ **pécuniaire** ❐.

Réponses

1. Commémoré. *Commémorer* (du latin *commemorare*, « rappeler, évoquer »), c'est remettre en mémoire un événement par une cérémonie, des festivités, etc. On *commémore* une naissance, une mort, un mariage... mais on ne *commémore* pas un anniversaire, un centenaire ni même un cent cinquantenaire, on le *célèbre* ou on le *fête*.

2. Aréopages. Un *aréopage* est une assemblée de personnes particulièrement savantes et compétentes dans un domaine. Par confusion, le mot est parfois prononcé ou écrit « aéropage », barbarisme dû à l'attraction de l'élément grec *aéro*, présent dans de nombreux mots (*aéronautique*, *aéroport*, etc.).
À NOTER : l'*Aréopage* était le tribunal qui siégeait dans l'ancienne Athènes, sur la colline consacrée à Arès, dieu de la Guerre. Il jugeait du beau monde : incendiaires, empoisonneurs, assassins...

3. Tétralogie. L'élément grec *tétra*, « quatre », sert à former différents mots en français : *tétrapode*, *tétraplégie*, etc. Dans la Grèce antique, une *tétralogie* était un ensemble de quatre pièces que les poètes présentaient à des concours dramatiques. Dans le courant du XIXe siècle, le mot s'est mis à désigner tout ensemble de quatre œuvres (musicales, littéraires, etc.). *Tétralogie* reste aujourd'hui un terme suffisamment méconnu pour que l'usage courant lui substitue volontiers le barbarisme « quadrilogie ». Bien que ce mot soit absent des dictionnaires, on peine à le qualifier de « barbare » tant son allure est policée. Emprunté au latin, *quadri* signifie en effet « quatre », élément qui sert à former des mots irréprochables comme *quadrilatère*, *quadriphonie*, etc. Cependant, quelles que soient ses bonnes manières, *quadrilogie* n'a pas le caractère officiel de *tétralogie* ni ses lettres de noblesse.

4. b. *Malin* a pour féminin *maligne* (de même que *bénin* a pour féminin *bénigne*).
À NOTER : en français, une majorité d'adjectifs font leur féminin par la simple adjonction d'un *e* final (*joli* → *jolie*), mais cet ajout s'accompagne parfois d'autres phénomènes : redoublement de la consonne finale (*paysan* → *paysanne*), addition d'une consonne (*rigolo* → *rigolote*), changement de la consonne finale

(*naïf* → *naïve*). Le féminin *maligne* relève de ce dernier cas, concurrencé à l'oral par *maline* (d'origine populaire)[1].

5. a. *Conséquent*, mot attesté au XIVe siècle, signifie « qui agit de manière logique, cohérente ». Dans le cas contraire, on est *inconséquent*. Depuis le XVIIIe siècle, le mot est aussi employé au sens d'« important, considérable ». Dans son *Dictionnaire de la langue française* (1873), Littré s'alarme de cet emploi abusif : « *Conséquent* pour *considérable* est un barbarisme que beaucoup de gens commettent et contre lequel il faut mettre en garde. » On peut en effet juger ce glissement de sens gênant par les ambiguïtés qu'il introduit. Quand un journal évoque le « parcours conséquent d'un cinéaste », on hésite s'il faut comprendre que ce parcours frappe par sa cohérence ou si c'est son importance qui force le respect... Aussi, dans une langue soignée et précise, vaut-il mieux conserver à *conséquent* son sens d'origine.

6. c. « Confusant » et « confusionnant » sont tous deux incorrects. « Confusant » est un mot apprécié dans certains milieux (communication, marketing...). Exemple (à ne pas forcément suivre) : « Le packaging du produit a été jugé confusant en tests consommateurs. » Ignoré de tous les dictionnaires, « confusant » est emprunté à l'anglais *confusing*. Son petit frère « confusionnant » est plus rare. Il est lui aussi absent des dictionnaires, où l'on trouve néanmoins *confusionner*, « remplir de honte, de confusion » (apparu au XIXe siècle et rapidement disparu), et *confusionnel*, « qui a trait à la confusion mentale ».

7. Pécuniaire. Du latin *pecunia*, « argent », *pécuniaire* signifie « relatif à l'argent » (registre soutenu). Exemple : *avoir des soucis pécuniaires*. On reconnaît le suffixe *-aire* qui a servi à former d'autres mots comme *humanitaire*, *ordinaire*, *propriétaire*, etc. Par une probable analogie avec des formes comme *rancunier*, *rancunière*, on entend et on lit « pécunier », qui est un barbarisme.

---

1. Sur la formation du féminin des noms et adjectifs, voir Nathalie Baccus, *Orthographe française*, Librio n° 596.

10

L'important, c'est de participer

Les participes passés

« En toute la grammaire française, il n'y a rien de plus important, ni de plus ignoré », faisait observer Vaugelas au XVIIe siècle. Les règles d'accord du participe passé sont « raffinées » pour les uns, « complexes » pour les autres, un casse-tête pour tout le monde. Les grammairiens eux-mêmes semblent parfois perdre le fil de leurs savantes explications... Aussi le lecteur est-il pardonné à l'avance des piètres résultats qu'il pourrait obtenir à ce jeu. Avec les participes, *l'important c'est de participer*.

1. Dans ce passage de *Poil de Carotte*, nous avons « oublié » de composer un mot, participe passé d'*excepter*. À vous d'écrire ce mot avec l'orthographe qui convient.
   [Poil de Carotte s'exclame :]
   « "Personne ne m'aimera jamais, moi."
   Au même instant, Mme Lepic, qui n'est pas sourde, se dresse derrière le mur, un sourire aux lèvres, terrible.
   Et Poil de Carotte ajoute, éperdu :
   "................. maman." » (*Poil de Carotte*, JULES RENARD.)

2. « Dire que je les ai **cru** ❑ **crues** ❑, ces publicités sur la thalasso anti-peau d'orange », regrette Nicole.

3. « Tu as fait les soins que tu as **cru** ❑ **crus** ❑ devoir faire pour remodeler ta silhouette », intervient Jacques, son mari, très philosophe.

4. « Vous avez déformé la superbe déclaration que j'ai **fait** ❑ **faite** ❑ », a reproché le ministre à la journaliste, confuse.

5. « **Je les ai vu s'embrasser !** ❑ **Je les ai vus s'embrasser !** ❑ »,

I. LE FRANÇAIS EST UN JEU

crie à tue-tête le petit Dylan qui a surpris son frère et Élodie tendrement enlacés.

6. « Cette interview a été plus difficile que je ne l'avais **pensé** ❏ **pensée** ❏ », a confié le ministre à son conseiller en communication.

7. « Pourtant, des interviews, j'en ai **fait** ❏ **faites** ❏ beaucoup dans ma vie », reconnaît, amer, l'infortuné ministre.

8. « **Je l'ai échappé belle** » ❏, « **Je l'ai échappée belle** » ❏, se dit Kévin qui a failli être interrogé en français sur le lyrisme élégiaque chez Apollinaire.

9. Le ministre et les membres de son cabinet se sont **réuni** ❏ **réunis** ❏ pour gérer la situation de crise.

10. Le ministre et son principal conseiller se sont longuement **parlé** ❏ **parlés** ❏ sans que rien n'ait filtré de leur entretien. Finalement, c'est le conseiller qui a démissionné.

11. « Je me suis **refait** ❏ **refaite** ❏ une santé en thalasso à La Baule », a confié Nicole à son père au téléphone.

Réponses[1]

1. « **Excepté** maman. »
- Placé devant un nom, le participe passé *excepté* est employé comme préposition et est invariable.
- Placé après un nom, *excepté* s'accorde. Exemple : *tout le monde aura du dessert, Garance exceptée.*

RAPPEL DE LA RÈGLE : les participes passés *attendu, vu, excepté, étant donné, passé, mis à part, y compris* placés devant le nom sont employés comme prépositions et restent invariables. Attention ! L'accord est toléré pour *étant donné, passé, mis à part*.

2. Dire que je les ai **crues**, ces publicités.

ANALYSE : le COD (= *les*, mis pour *ces publicités*) est placé avant le participe passé qui s'accorde donc avec le COD.

RAPPEL DE LA RÈGLE :
- Le participe passé employé avec l'auxiliaire avoir s'accorde en genre et en nombre avec le complément d'objet direct (COD) si le COD est placé avant le participe.
- Si le COD est placé après le participe ou s'il n'y a pas de COD, le participe passé reste invariable. Exemple : *le ministre a **fait** une déclaration fracassante.*

3. Tu as fait les soins que tu as **cru** devoir faire.

ANALYSE : tu as cru quoi ? *Devoir faire.* Le COD est placé après le participe, donc il n'y a pas d'accord.
Attention ! Ne pas prendre *les soins* pour le COD (ce ne sont pas les soins qui sont crus).

RAPPEL DE LA RÈGLE : les participes passés *dit, dû, cru, pensé, permis, prévu, pu, su* et *voulu* restent invariables quand ils ont pour COD un infinitif ou une proposition (qui peuvent être sous-entendus). Exemple : *il a fait tous les efforts qu'il a **pu** pour améliorer ses résultats.* L'infinitif est sous-entendu (*pu faire*).
Attention ! Ne pas prendre *efforts* pour le COD du participe passé *pu*.

4. Vous avez déformé la superbe déclaration que j'ai **faite**.

ANALYSE : j'ai fait quoi ? *Que*, dont l'antécédent est *déclaration*. Le COD est placé avant le participe passé, donc on fait l'accord.

---
1. Pour une récapitulation complète des règles d'accord du participe passé, voir Nathalie Baccus, *Orthographe française*, Librio n° 596.

I. LE FRANÇAIS EST UN JEU

5. Je les ai **vus** s'embrasser.
ANALYSE : le COD *les* (= *Kévin et Élodie*) fait l'action exprimée par l'infinitif (*embrasser*), donc il y a accord.
RAPPEL DE LA RÈGLE :
- Le participe passé employé avec l'auxiliaire avoir et suivi d'un infinitif ne s'accorde avec le COD que si celui-ci fait l'action exprimée par l'infinitif.
  Exemple : *les musiciens que j'ai entendus jouer ont interprété du Michel Legrand*. Qu'est-ce que j'ai entendu ? *Que = les musiciens*. Le COD fait l'action exprimée par l'infinitif (*jouer*), donc il y a accord.
- Si le COD ne fait pas l'action, il n'y pas d'accord.
  Exemple : *les airs que j'ai entendu jouer par le pianiste étaient du Michel Legrand*. Le COD (*que = les airs*) ne fait pas l'action.

6. Cette interview a été plus difficile que je ne l'avais **pensé**.
ANALYSE : le COD *l'* est bien placé avant le participe passé, mais le pronom *l'* (forme élidée de *le*) signifie ici « cela ». Qu'est-ce que le ministre a pensé ? Pas *l'interview*, mais « cela » (que cette interview ne serait pas aussi difficile). Dans ce cas précis, on ne fait pas l'accord, car on n'accorde qu'avec un nom ou un pronom, pas avec une proposition.

7. Pourtant, des interviews, j'en ai **fait** beaucoup dans ma vie.
RAPPEL DE LA RÈGLE : le participe passé employé avec *en* est invariable. Bien que dans notre exemple le pronom *en* représente un nom au pluriel (*interviews*), il convient de laisser le participe invariable si l'on suit strictement la règle.

8. Je l'ai **échappé** belle.
Dans cette expression figée, le participe passé est toujours invariable.

9. Les membres du cabinet se sont **réunis**.
ANALYSE : Les membres du cabinet ont réuni qui ? *Se* (pronom réfléchi) = *les membres du cabinet*. Le COD est placé avant le participe passé, donc on fait l'accord.
RAPPEL DE LA RÈGLE : le participe passé d'un verbe pronominal de sens réfléchi ou réciproque s'accorde en genre et en nombre avec le COD, si le COD est placé avant le participe.

10. Ils se sont longuement **parlé**.
ANALYSE : ils se sont parlé = ils ont parlé l'un *à* l'autre. Le pronom réfléchi *se* n'est pas ici COD mais COI (complément d'objet indirect). Donc, on ne fait pas l'accord.

À NOTER : d'autres participes passés de verbes pronominaux comme *se mentir, se nuire, se plaire, se sourire, se succéder, se téléphoner* sont invariables puisque le pronom *se* n'est pas COD mais COI. Exemple : *les mauvaises nouvelle se sont succédé toute la journée.*

11. Je me suis **refait** une santé.

ANALYSE : le COD (= *une santé*) est placé après le participe passé qui reste donc invariable.

RAPPEL DE LA RÈGLE : le participe passé d'un verbe pronominal de sens réfléchi ne s'accorde pas avec le COD si celui-ci est placé après le participe. Exemple : *Garance s'est cassé la jambe.* Garance a cassé quoi ? *La jambe.* Le COD est placé après le participe passé, donc il n'y a pas d'accord.

Attention ! Les fautes d'accord sur ce cas sont très fréquentes.

" Un peu d'élégance !

Les mots recherchés

« La conversation de Charles était plate comme un trottoir de rue », lit-on dans *Madame Bovary* au sujet du brave médecin de campagne. Ne courez pas le risque de subir un tel jugement, apprenez par cœur les mots littéraires ou recherchés qui suivent et placez-les discrètement au cours d'une conversation, d'un air détaché, comme une élégance qui vous est naturelle. Vous verrez s'allumer dans l'œil de votre interlocuteur la lueur admirative de celui qui a compris à qui il a affaire : *quelqu'un qui sait causer*. Au fait, connaissez-vous le sens exact des mots suivants ?

1. Un **cuistre** est :
   a. quelqu'un de brutal et de grossier
   b. quelqu'un de ridiculement pédant
   c. un ustensile de cuisine

2. Faire preuve d'**équanimité**, c'est :
   a. se montrer indulgent
   b. être d'une humeur toujours égale
   c. être impartial

3. La **procrastination** est :
   a. une inflammation aiguë de l'intestin
   b. un délit qui consiste à porter un faux témoignage
   c. la tendance à tout remettre au lendemain

4. Une **argutie** désigne :
   a. un argument ou un raisonnement exagérément subtil
   b. une perte temporaire ou définitive du goût
   c. un oiseau exotique qui ressemble à un faisan

11. Les mots recherchés

5. Un **contempteur**, c'est :
   a. quelqu'un qui est toujours content de lui
   b. quelqu'un qui émet des critiques
   c. un appareil qui enregistre l'intensité du courant
6. Un écrivain qui est réputé pour son style est un :
   a. stylite
   b. styliste
   c. mégalographe
7. On dit de quelqu'un qu'il **ratiocine** lorsqu'il :
   a. se perd en raisonnements interminables
   b. excelle en calcul mental
   c. se livre à des calculs mesquins
8. **Callipyge** est un mot savant qui signifie :
   a. « aux lèvres charnues »
   b. « aux belles fesses »
   c. « à la cuisse bien galbée »
9. Un pays **policé** est :
   a. un pays où les habitants sont réputés pour leur politesse
   b. un pays où la population est étroitement surveillée
   c. un pays civilisé
10. Un individu qui **vaticine** est quelqu'un qui :
    a. prétend connaître l'avenir, se livre à des prophéties
    b. a une consommation excessive de psychotropes
    c. a une tendance marquée au mensonge et à la fabulation

I. LE FRANÇAIS EST UN JEU

Réponses

1. b. Un *cuistre* est une personne qui fait étalage d'un savoir... souvent mal assuré ! Dans un volume de ses *Carnets*, Henry de Montherlant évoque à propos de la langue « le bon français, qui est le français de la rue, et non le français bête, qui est le français des cuistres compassés ».

2. b. Du latin *œquus*, « égal », et *animus*, « âme ». L'*équanimité*, c'est l'égalité d'âme, d'humeur. On dira par exemple de quelqu'un qu'il traverse les vicissitudes de l'existence avec *équanimité*.

3. c. Peu de mots de la langue française sont aussi méconnus alors qu'ils correspondent à une réalité des plus communes. La *procrastination* est en effet la tendance à remettre au lendemain ce que l'on pourrait faire le jour même... Le mot est en français d'un registre littéraire, mais il est bien plus courant en anglais où l'on trouve notamment l'expression idiomatique : *Procrastination is the thief of time* (littéralement : « La procrastination est le voleur de temps ») que l'on peut traduire par : « Ne remettez pas au lendemain ce que vous pouvez faire le jour même. »
À NOTER : le mot a donné deux dérivés rares, *procrastiner* et *procrastinateur*.

4. a. Une *argutie* est un raisonnement qui paraît subtil mais qui sert surtout à masquer la faiblesse de l'argumentation.
Exemple : *le ministre n'a pas convaincu avec un discours plein d'arguties qui manquait d'arguments solides*. Le terme s'emploie souvent au pluriel et a une valeur péjorative.
À NOTER : le *t* se prononce *s*, comme dans *acrobatie* ou *minutie*.

5. b. Un *contempteur*, c'est quelqu'un qui critique, qui méprise. On parlera, par exemple, des *contempteurs* d'un parti politique, d'un mouvement artistique, etc.

6. b. Un écrivain qui a un grand souci du style, qui est reconnu pour ses qualités stylistiques, est un *styliste*. Le terme n'est donc nullement réservé aux métiers du textile et de la mode, mais il reste méconnu dans son contexte littéraire.

7. a. *Ratiociner*, du latin *ratio*, « calcul, compte », c'est se livrer à de longs raisonnements, se perdre en considérations interminables.

À NOTER : **1.** Dans *ratiociner*, le *t* se prononce *s*, comme dans *nation*. **2.** Le mot a donné plusieurs dérivés rares, parmi lesquels *ratiocination* et *ratiocineur*.

8. b. Du grec *kallos*, « beauté », et *pugê*, « fesse », *callipyge* signifie « aux belles fesses ». Les amateurs d'art peuvent admirer la statue de la Vénus Callipyge au Musée archéologique de Naples. Ceux qui aiment la précision veilleront à ne pas confondre *callipyge* avec un terme voisin, *stéatopyge*, qui désigne les individus pourvus de fesses volumineuses. Bien entendu, d'un certain point de vue, rien n'interdit d'être à la fois *callipyge* et *stéatopyge*, comme semble le penser un personnage d'une nouvelle de Marcel Aymé :
« — Quel âge qu'elle a, ta langoustine ?
— Cinquante-cinq ans, répondit Martin avec simplicité. [...] Tu lui en donnerais quarante-cinq aussi bien. Et bâtie, pardon, il faut voir. Des épaules. Des seins tant que tu veux. Et des fesses comme pour trois personnes. Ce que j'appelle une femme, quoi. » (« La Traversée de Paris », extrait du *Vin de Paris*, MARCEL AYMÉ.)

9. c. Un pays *policé* est un pays civilisé, où la civilisation a fait son œuvre (le contraire d'un État où règnent le désordre, la violence, la corruption généralisée, etc.). Il semble que le mot soit de plus en plus confondu avec *policier*. Rappelons qu'un régime est dit *policier* lorsque le rôle de la police y est très important, au détriment des libertés individuelles et collectives. La confusion entre ces deux paronymes (mots proches par le son mais différents par le sens) ne peut donc prêter qu'à d'absurdes quiproquos.

À NOTER : appliqué à une personne, le terme *policé* signifie qu'elle est bien éduquée, courtoise. Dans cet emploi, le mot tend à sortir de l'usage.

10. a. Quelqu'un *vaticine* lorsqu'il prétend annoncer l'avenir. Le mot est aujourd'hui nettement péjoratif, car on *vaticine* généralement avec emphase et exagération. Par exemple, on dira de telle personnalité politique qui prophétise l'inéluctable déclin de la France soit qu'elle a une vision pénétrante de l'avenir, soit qu'elle *vaticine*.

12

Façon de parler

Les expressions idiomatiques

Êtes-vous du genre à *sabler le champagne* ou à le *sabrer* ? Avez-vous découvert *le pot aux roses* ? Êtes-vous prêt à *épouser la veuve* ? Les expressions du français, parfois incongrues, souvent mystérieuses, sont toutes des « façons de parler » qui constituent l'un des plus beaux trésors de la langue. Connaissez-vous le sens et l'origine des expressions rassemblées dans ce jeu ? Une occasion de vérifier si vous êtes ou non un *fort en thème*...

1. Doit-on dire aujourd'hui :
   a. sabler le champagne
   b. sabrer le champagne

2. L'origine de l'expression **découvrir le pot aux roses** est-elle connue ?
   a. Oui, depuis le XIXe siècle. L'expression trouve son origine dans une coutume médiévale : dans certaines régions, la nuit de noces des jeunes époux n'avait lieu que si le marié dénichait un pot rempli de roses soigneusement caché par la mariée.
   b. Non, bien que certaines explications aient été proposées, on sait aujourd'hui qu'elles sont fantaisistes. Les origines de cette étrange expression demeurent obscures.

3. Quel est le sens de l'expression ancienne **épouser la veuve** ?
   a. assurer sa condition matérielle en épousant une veuve fortunée
   b. être pendu ou guillotiné
   c. se sacrifier pour une bonne cause

Réponses

1. a. *Sabler* a signifié au XVIIe siècle « couler un métal en fusion dans un moule fait de sable », mais aussi, par métaphore, « boire d'un trait ». Cette acception a survécu (mais sans l'idée de rapidité) dans l'expression *sabler le champagne* (XVIIIe siècle), « boire du champagne pour fêter un événement ». On se gardera de *sabrer le champagne*, c'est-à-dire trancher le goulot d'un coup de sabre, opération fort délicate qui eut, dit-on, quelques adeptes autrefois.

2. b. L'expression *découvrir le pot aux roses* (« découvrir ce qui est caché, secret ») est si mystérieuse que certains locuteurs n'hésitent pas à écrire, en toute innocence, qu'ils ont découvert le « poteau rose ».
La plupart des lexicographes contemporains considèrent que le *pot* en question n'est qu'un banal récipient que l'on « découvre », le mot signifiant tout à la fois « ôter le couvercle » et « dévoiler un secret ». Mais ce que le pot renferme éclaire en partie le sens de l'expression : des *roses*. La rose, symbole de la fraîcheur virginale, n'est-elle pas le plus bel emblème du mystère féminin ? Si les connotations galantes et érotiques de cette locution sont probables, ses origines demeurent dans l'ombre : nul ne sait en effet à quel usage était réservé autrefois ce pot rempli de roses...

3. b. *Épouser la veuve*, c'est être pendu ou guillotiné. Dans l'ancien argot des malfaiteurs, la *veuve* a désigné la potence (XVIIe siècle), puis la guillotine (XIXe siècle).

« Ils [les détenus] m'apprennent à parler argot, à rouscailler bigorne, comme ils disent. C'est toute une langue entée sur la langue générale comme une espèce d'excroissance hideuse, comme une verrue. Quelquefois une énergie singulière, un pittoresque effrayant : il y a du raisiné sur le trimar (du sang sur le chemin), épouser la veuve (être pendu), comme si la corde du gibet était veuve de tous les pendus. » (*Le Dernier Jour d'un condamné*, VICTOR HUGO.)

13

L'accent circonchose

Accentuation

« Merde, c'est d'un compliqué... Ah ! enfin, des mots que tout le monde connaît... vestalat... vésulien... vétilleux... euse... ça y est ! Le voilà ! et en haut d'une page encore. Vêtir. Y a même un accent circonchose. » (*Zazie dans le métro*, RAYMOND QUENEAU.)

Seul le dictionnaire permet parfois de s'assurer qu'un mot est coiffé d'un accent circonflexe, tant son emploi échappe à toute règle rigoureuse et cohérente. Découvrez les mystères de l'accent circonchose, ainsi que des autres accents et du tréma, à travers les huit questions qui suivent.

1. On écrit :
   a. événement ❐   évènement ❐   évènement *ou* événement ❐
   b. allègement ❐   allégement ❐   allègement *ou* allégement ❐

2. Mettez l'accent (aigu ou grave) sur les voyelles en gras... seulement si cela vous paraît nécessaire.

   r**e**bellion – **e**xquis**e**ment – cr**e**merie – r**e**hausser – f**e**erie – ça et l**a** – r**e**frener – d**e**-ci d**e**-l**a** – r**e**glementaire – puiss**e**-je vivre assez longtemps !

3. Mettez l'accent circonflexe sur les *o* qui en ont besoin.

   fant**o**me – fant**o**matique – sympt**o**me – sympt**o**matique – dr**o**le – dr**o**latique – cl**o**ne – c**o**ne – c**o**nique – ic**o**ne – ic**o**noclaste – c**o**tes-du-Rh**o**ne – c**o**teau – « **O** la femme à l'amour câlin et réchauffant » (Verlaine).

4. Certains des mots qui suivent ont reçu par erreur un accent circonflexe sur le *a*, le *i* ou le *u*. Barrez d'un trait les voyelles qui ne devraient pas être accentuées.

râler – râteau – râtisser – grâce – grâcieux – cîme – abîme – dîme – affût – raffût – hâve – hâvre.

5. Pour terminer, abandonnons l'accent pour le tréma. Placez ce signe (¨) sur la lettre qui convient dans chacun des mots qui suivent.

ambiguité – ambigue – exiguité – exigue – coincidence – amuir – cigue – maelstrom.

I. LE FRANÇAIS EST UN JEU

Réponses

1. a. Événement ou **évènement**.
b. Allégement ou **allègement**.
Ces deux mots s'écrivent traditionnellement *all*é*gement* et *év*é*nement*, avec un accent aigu. *All*è*gement* et *év*è*nement*, avec un accent grave, sont aujourd'hui admis par tous les dictionnaires, y compris le *Dictionnaire de l'Académie française*. On ne doit plus considérer comme fautives ces graphies qui présentent l'avantage d'être conformes à la prononciation (*e* « ouvert »).
À NOTER : on note la même évolution pour *allégrement*. L'orthographe avec l'accent aigu est la plus traditionnelle, mais la graphie avec l'accent grave *(all*è*grement)* est désormais admise.

2. Rébellion – exquisément – crémerie – rehausser – féerie – çà et là – refréner ou réfréner – de-ci de-là – réglementaire – puissé-je vivre assez longtemps !
À NOTER : **1.** *Crème* a un accent grave, mais ses dérivés s'écrivent avec un accent aigu (*crémerie, crémier, crémeux*, etc.) **2.** *Féerie* ne prend qu'un accent mais se prononce couramment *fé-é-rie*. **3.** *Çà et là* est une locution adverbiale. Les deux éléments prennent un accent pour les distinguer respectivement du pronom *ça* et de l'article *la*. **4.** On écrit traditionnellement *refréner*, mais les dictionnaires contemporains admettent également *réfréner*, dont la graphie est conforme à la prononciation. **5.** *Règle* et *règlement* ont un accent grave, mais les autres dérivés prennent un accent aigu (*régler, réglementaire, réglementation*, etc.) **6.** *Puissé-je* est la forme que prend la 1re personne de *pouvoir* dans le cas d'un « subjonctif optatif » (qui exprime un souhait).

3. Fantôme – fantomatique – symptôme – symptomatique – drôle – drolatique – clone – cône – conique – icône – iconoclaste – côtes-du-Rhône – coteau – « Ô la femme à l'amour câlin et réchauffant » (Verlaine).
À NOTER : **1.** *Fantôme* et *symptôme* perdent l'accent dans les adjectifs dérivés *fantomatique* et *symptomatique*. **2.** *Drôle* perd son accent dans son dérivé *drolatique* (« qui amuse par son originalité, son côté pittoresque »). **3.** *Cône* prend un accent circonflexe, mais pas son dérivé *conique*. **4.** *Icône* a un accent circonflexe, mais pas ses dérivés (*iconoclaste, iconographie,* etc.) **5.** *Côte* prend un accent circonflexe, mais pas le dérivé *coteau*.

6. L'interjection *ô* (dit « *ô* vocatif »), fréquente en poésie, est toujours accentuée.

4. Il fallait rayer les lettres qui figurent en gras et qui doivent s'écrire comme suit : râler – râteau – ratisser – grâce – gracieux – cime – abîme – dîme – affût – raffut – hâve – havre.
À NOTER : **1.** *Râteau* et ses dérivés (*râtelier, râteler*, etc.) prennent un accent circonflexe sur le *a*.
Attention ! *Ratisser* n'est pas dérivé de *râteau* et n'est pas accentué. **2.** *Grâce* et *disgrâce* prennent un accent circonflexe, mais pas leurs dérivés *gracieux, disgracieux, gracier, disgracier*. **3.** On apprenait autrefois dans les écoles : « La cime de l'arbre est tombée dans l'abîme », moyen mnémotechnique de retenir que *cime* s'écrit sans accent et qu'*abîme* en prend un.

5. Ambiguïté – ambiguë – exiguïté – exiguë – coïncidence – amuïr – ciguë – maelström.
À NOTER : **1.** Le tréma indique généralement que l'on ne doit pas prononcer deux lettres en un seul son. On hésite souvent sur son emplacement, surtout lorsqu'il surmonte un *e* muet, comme dans *ambiguë, ciguë, exiguë*. **2.** On écrit *amuïr* (« devenir muet », en parlant d'une lettre dans un mot), mais le tréma paraît bien inutile puisqu'on écrit *fuir*. **3.** *Maelström*, mot néerlandais, comporte un tréma sur le *o*. Les dictionnaires mentionnent aussi la graphie francisée *malstrom*, plus conforme à notre système orthographique.

14

Un air de famille

Les mots que l'on confond

La confusion entre certains mots prête parfois à sourire. *Enduire d'erreur* pour *induire en erreur*, *circoncire* pour *circonscrire*... Pourtant, les paronymes (mots dont la sonorité est proche) et les mots de sens voisin sont une source constante d'hésitations pour les usagers de la langue et méritent d'être considérés avec la plus grande attention. La clarté et la précision de l'expression orale et écrite dépendent en partie de la capacité de chacun à employer les mots à bon escient. Entre un écrivain *prolixe* et un écrivain *prolifique* (deux termes systématiquement confondus), il y a une différence notable de signification... et éventuellement de talent !

1. À la soirée bridge, Raymond nous a **rabattu** ❐ **rebattu** ❐ les oreilles de ses plaisanteries, les mêmes depuis dix ans.
2. Dimanche, Jacques accompagne sa mère chez Simone et **amène** ❐ **apporte** ❐ le gâteau.
3. Auteur de plusieurs centaines de romans, Georges Simenon est un auteur **prolixe** ❐ **prolifique** ❐.
4. Le premier secrétaire du parti, très contesté au sein même de son camp, redoute une **collusion** ❐ **collision** ❐ entre les secrétaires des fédérations départementales.
5. Le journaliste a **mis au jour** ❐ **mis à jour** ❐ d'importants dysfonctionnements dans le déroulement de l'enquête.
6. Les soldats du feu déploient tous leurs moyens pour **circonscrire** ❐ **circonvenir** ❐ l'incendie.

Réponses

1. Rebattu. On *rebat les oreilles à quelqu'un* (de quelque chose). En effet, des *oreilles rabattues* (donc repliées) ne permettent pas d'entendre grand-chose. *On nous rabaisse les oreilles* (entendu sur les ondes) est original mais n'améliore pas l'audition.

2. Apporte. On *amène* quelqu'un, mais on *apporte* quelque chose. La langue parlée fait rarement la différence entre *amener* et *apporter*. Dans tous les cas, évitez absolument de dire : « J'ai *apporté* grand-mère », qui est tout à fait inconvenant.

3. Prolifique. La confusion entre ces deux termes est quasi systématique et *prolixe* s'emploie souvent à tort là où c'est *prolifique* qui s'impose. Un auteur *prolifique* est très productif, son œuvre est abondante. Un auteur *prolixe* a quant à lui une fâcheuse tendance à délayer, à être trop long, redondant. Paul Léautaud, toujours aimable avec ses confrères, a donné dans *Passe-Temps* un exemple éclairant de *prolixité* littéraire :
« Une phrase des Goncourt dans *Les Frères Zemgano* : "Silencieuse, muette, elle ne disait pas un mot à son pauvre mari." On ne s'étonne plus si on faisait alors des livres aussi gros. »

4. Collusion. Ce terme signifie « entente secrète au détriment d'un tiers » et par extension « connivence ». Il est courant dans un contexte politique ou guerrier. *Collusion* est parfois confondu avec un quasi-homonyme, *collision*, qui désigne un choc entre deux corps (dont l'un au moins est en mouvement) et, au sens figuré, un conflit, une opposition.
Exemple : *l'accord n'a pu être signé à cause d'une collision d'intérêts*.

5. Mis au jour. On *met au jour* des vestiges, des ruines, c'est-à-dire qu'on les met à découvert. On *met à jour* sa correspondance, sa comptabilité, en les mettant en conformité avec le moment présent.

6. Circonscrire. Ce mot signifie « faire tenir dans certaines limites ». On *circonscrit* une épidémie, un incendie, c'est-à-dire ce qui menace de se propager (attention, un incendie *circonscrit* n'est pas *éteint*).
Au figuré, on *circonscrit* un sujet, un discours, un débat. Par exemple, un enseignant demandera à un étudiant de mieux

cerner, de mieux *circonscrire* le sujet de son exposé, de son mémoire, etc.
Circonvenir quelqu'un, c'est le manipuler pour obtenir quelque chose de lui. Exemple : *circonvenir un témoin, un juge*, etc.

15

Melting-pot

Les mots d'ailleurs

Caviar, cigare, sieste... Voilà des mots étrangers chaleureusement accueillis par les usagers français. D'autres emprunts, les anglicismes, aux manières tapageuses, sont jugés par certains envahissants. Quoi qu'il en soit, le français s'est nourri tout au long de son histoire de ces mots venus d'ailleurs. Du francique à l'anglo-américain, de l'italien à l'arabe, le melting-pot lexicographique qui suit vous permettra d'améliorer votre français... tout en vous initiant aux langues étrangères.

1. « Nos ancêtres les Gaulois » nous ont laissé en héritage quelques dizaines de mots, tandis que les terribles envahisseurs germaniques qui ont sévi au début de notre ère nous en ont légué plusieurs centaines. Dans la liste suivante, essayez de distinguer les mots gaulois des mots germaniques.
   guerre – chêne – flèche – druide – bourg – charrue.

2. Au cours de son histoire, le français a fait des « emprunts » à d'autres langues : espagnol, italien, allemand, néerlandais, etc. Les quatre mots suivants appartiennent à la même langue d'origine. Laquelle ?
   Concerto, **solfège**, **costume**, **escarpin** sont des mots :
   espagnols ❏ italiens ❏

3. Les mots empruntés à l'arabe sont assez nombreux en français, mais ont parfois transité par d'autres langues (espagnol, italien, etc.). Dans la liste suivante, tous les mots sont d'origine arabe, sauf un. À vous d'identifier l'intrus.
   chiffre – zénith – zéro – odalisque – toubib – élixir – bled – chouïa.

4. Certains anglicismes se sont si bien intégrés au système graphique du français qu'ils sont aujourd'hui méconnaissables. Parmi les mots suivants, repérez les deux anglicismes qui n'en ont plus l'air.

paquebot – aéroplane – redingote – jaquette – entrevue.

15. Les mots d'ailleurs

Réponses

1. Sont d'origine gauloise les mots suivants :
chêne – druide – charrue.
Sont d'origine germanique les mots suivants :
guerre – flèche – bourg.

À NOTER : au côté des mots latins (environ 80 % de notre lexique), les mots gaulois (essentiellement liés à la vie rurale) et germaniques (franciques pour la plupart) constituent ce que l'on appelle le « fonds primitif » du français. Ce fonds s'est constitué au fil des invasions, migrations, échanges commerciaux... L'âpreté de certains mots germaniques (*blesser, guerre, haïr*) est tempérée par des termes plus doux comme *guérir*, voire bienveillants comme *épargner*. De nombreux mots germaniques désignent également des végétaux, des animaux, des couleurs, etc.

2. Concerto, solfège, costume, escarpins sont des mots italiens.

À NOTER : 1. Le français comporte de nombreux mots italiens (environ 800), notamment dans le domaine de la musique (*concerto, opéra, piano, solfège*, etc.) ou de l'habillement (*caleçon, pantoufle*, etc.). La plupart de ces vocables ont été introduits en France au XVIe siècle, le prestige de l'Italie étant alors considérable. 2. L'espagnol a été également un pourvoyeur non négligeable de mots (environ 300), dont certains traduisent un certain art de vivre (*cigare, sieste*)...

3. Odalisque. Le mot n'est pas d'origine arabe, mais turque (*odalik*). Dans l'ancien Empire ottoman, une *odalisque* était une esclave au service des femmes du harem. Le mot *odalisque*, apparu en France au XVIIe siècle avec ce sens initial, a désigné dès le XVIIIe siècle une femme du harem (au lieu de sa servante). Ce « glissement sémantique » s'explique par l'habitude qu'ont prise certains peintres de baptiser *odalisques* la représentation de femmes orientales voluptueusement étendues sur un lit... (Voir par exemple *La Grande Odalisque*, Ingres, 1814.)

4. Les emprunts à l'anglais figurent en gras dans la liste suivante :
paquebot – aéroplane – **redingote** – jaquette – entrevue.

À NOTER : 1. *Paquebot* vient de l'anglais *packed-boat*, composé de *packet*, « paquet » (en l'occurrence paquet du courrier), et *boat*, « bateau » 2. *Redingote* est emprunté à l'anglais *riding-coat*, « vêtement de cavalier ». 3. *Interview* vient du français *entrevue*, et non l'inverse. En français, toute *entrevue* n'est pas une *interview*, mais pour éviter l'anglicisme les Québécois l'utilisent systématiquement à la place d'*interview*.

Deuxième partie
La littérature est un jeu
(Extraits)

par Ariel Kenig

Ariel Kenig

Il est auteur de romans et de pièces de théâtre. Il a déjà publié *Camping Atlantic*, *La Pause* et *Quitter la France* aux éditions Denoël. Il a également écrit un livre pour adolescents, *Mon œil*, en collaboration avec le photographe Éric Franceschi (éditions Thierry Magnier).

Introduction

> « *L'esprit du roman est l'esprit de complexité.*
> *Chaque roman dit au lecteur :*
> *"Les choses sont plus compliquées que tu ne le penses."* »
>
> Milan KUNDERA, *L'Art du roman*

Quoi lire ? se demandent les uns. Que faire lire ? se demandent les autres. Avant qu'un lecteur ne trouve un livre qui lui corresponde, quelques repères sont nécessaires... Mais l'histoire littéraire semble inaccessible, intouchable, et beaucoup se découragent à la tâche. Pourtant, n'y a-t-il rien de meilleur que de relever ce défi qu'est la littérature ?

La littérature est un jeu se propose de vous y aider. En une centaine de questions, de la plus générale à la plus pointue, mobilisez vos connaissances ou faites plus simplement preuve de logique (cela suffit parfois), puis reportez-vous aux réponses. Des commentaires synthétiques vous livreront des informations essentielles sur nos auteurs et leurs œuvres, mais également de nombreuses citations, des anecdotes méconnues et de larges extraits. En effet, rien ne remplace le texte. Même s'il semble absurde de le rappeler, n'oublions pas que la lecture commence... par la lecture. Aussi, là où bon nombre de manuels s'arrêtent en chemin, nous devions couvrir en un volume toute la littérature d'expression française, du Moyen Âge à l'extrême contemporain, de *Tristan et Iseut* à Michel Houellebecq... Bien que la postérité garantisse la qualité d'une œuvre, nous souhaitions prendre le risque éditorial d'insérer un aperçu de la production actuelle, souvent accessible et parfois de qualité.

II. LA LITTÉRATURE EST UN JEU

À l'intérieur de chaque chapitre, les questions autour d'un même thème suivent un déroulement chronologique. Cette combinaison a pour but de montrer comment chaque époque, chaque courant, regarde l'amour, la mort ou l'enfance d'un œil différent. Toutefois, trois chapitres complètent ces parcours historiques et chronologiques. L'un porte sur le style (un peu de technique ne fait jamais de mal) ; un autre sur les liens qu'entretiennent la littérature et les autres arts (car elle n'est pas isolée) ; et le dernier, enfin, où vous découvrirez quelques surprises...

Ni catalogue, ni abécédaire, ni anthologie, *La littérature est un jeu* recourt au quiz sans pour autant réduire les œuvres à de simples titres. Dans cet esprit, nous n'avons pu inclure tout le monde, et certains écrivains reviennent plus souvent que d'autres... Mais nul doute qu'un second volet est possible ! Si cet ouvrage vous pousse à lire, à chercher quelles œuvres se cachent derrière le nom de ceux qui n'apparaissent qu'une fois, nous ne pouvons que vous y encourager. Rendez-vous en librairie, demandez conseil en bibliothèque ou fiez-vous à votre intuition... Il n'existe pas de meilleure ou moins bonne route. Seuls la curiosité et l'esprit d'aventure comptent.

Dernier point, plus personnel. En tant qu'auteur, j'aimerais dire à ceux qui n'ont pas l'habitude de lire qu'il n'y a pas d'âge pour commencer, ni de honte à ne pas avoir beaucoup lu. Il est évidemment possible de vivre sans littérature, mais elle est un lieu inégalable. C'est pour cela qu'il est si bon, tôt ou tard, de s'y rendre.

Ariel KENIG

1
Je sais mieux faire l'amitié que l'amour

L'amitié en littérature

Depuis Aristote, la philosophie réserve une belle place à l'amitié. Mais en littérature, cette dernière apparaît souvent comme un parent pauvre de l'amour. L'amitié ne ferait-elle pas bon ménage avec la solitude de l'écrivain ? Rien n'est moins sûr, et quelques auteurs se sont penchés sur la question. Antichambre de l'amour ou franche camaraderie, côtoyant les thèmes du double ou de la fraternité, l'amitié se décline selon les époques et s'adapte aux besoins du récit... Pour vous en convaincre, rencontrez ses héros. Décryptez ses formes, ses valeurs et ses enjeux. Entre Flaubert, Gide ou Montaigne, vous finirez bien par trouver un bon pote !

1. « Que sont mes amis devenus
   Que j'avais de si près tenus
   Et tant aimés ? »

   À qui doit-on l'un des premiers grands poèmes français traitant de l'amitié ?
   ❏ Ronsard (1524-1585)
   ❏ Chrétien de Troyes (XIIe siècle)
   ❏ Rutebeuf (XIIIe siècle)

2. Par quelle formule célèbre Michel de Montaigne (1533-1592) définit-il son amitié avec Étienne de la Boétie, auteur du *Discours de la servitude volontaire* ?

   ❏ « Parce que c'était lui, parce que c'était moi. »
   ❏ « Parce que nous le valions bien. »
   ❏ « Parce que son amitié était pour moi une merveille plus belle que l'amour des femmes. »

II. LA LITTÉRATURE EST UN JEU

3. Dans la première scène du *Misanthrope* (1666) de Molière (1622-1673), pour quelle raison Alceste est-il furieux contre son ami Philinte ?
   ❏ Philinte vient de témoigner son amitié à un homme qu'il connaît à peine
   ❏ Philinte ne cesse de lui reprocher son avarice
   ❏ ils sont tous deux épris de la même femme, Célimène

4. *Les Trois Mousquetaires*, *Vingt Ans après* et *Le Vicomte de Bragelonne* d'Alexandre Dumas père (1802-1870) retracent les aventures de d'Artagnan, Athos, Porthos et Aramis. Au terme de la trilogie, lequel d'entre eux reste en vie ?

5. Dans le dernier roman (inachevé) de Gustave Flaubert (1821-1880), *Bouvard et Pécuchet* (1881), les héros éponymes se lient d'amitié avant de quitter Paris. Ils entreprennent alors l'exploitation d'une propriété normande. L'aventure tournant à la catastrophe, ils consacrent leur temps à étudier les sciences, les arts ou encore la magie. C'est un nouvel échec. Ils reprennent leur métier d'origine : quel était-il ?
   ❏ écrivain
   ❏ copiste
   ❏ philosophe

6. Dans quel roman d'André Gide l'amitié amoureuse occupe-t-elle une place centrale ?
   ❏ *Les Nourritures terrestres*
   ❏ *Les Faux-Monnayeurs*
   ❏ *L'Immoraliste*

7. Dans *À l'ami qui ne m'a pas sauvé la vie* (1990), Hervé Guibert évoque, entre espoir et désolation, son combat contre le sida. Un certain Muzil, ami de l'auteur, hante le texte. Qui se cache derrière ce pseudonyme ?
   ❏ Michel Foucault (1926-1984)
   ❏ Mathieu Lindon (né en 1955)
   ❏ Patrice Chéreau (né en 1944)

Réponses

1. Rutebeuf.
« L'amour est morte :
Ce sont mes amis que vent emporte,
Et il ventait devant ma porte... »
Thème rare dans la littérature du Moyen Âge, l'amitié est appelée ici *amour*. Poète aux origines incertaines, Rutebeuf (né vers 1285) est ce que l'on appelle un trouvère[1]. Sa *Complainte* annonce la figure du poète maudit.

2. « Parce que c'était lui, parce que c'était moi. »
Laissons l'auteur des *Essais* évoquer cette amitié :
« [*La Servitude volontaire*] me fut montrée, long espace [longtemps] avant que je l'eusse vu, et me donna la première connaissance de son nom, acheminant ainsi cette amitié que nous avons nourrie tant que Dieu a voulu, entre nous, si entière et si parfaite que certainement il ne s'en fit guère de pareilles, et entre nos hommes il ne s'en voit aucune trace en usage. Il faut tant de rencontres à la bâtir que c'est beaucoup si la fortune y arrive une fois en trois siècles » (I, 28).
Étienne de la Boétie meurt en 1563, à l'âge de 33 ans.
La troisième citation, quant à elle, reprend une célèbre lamentation de l'Ancien Testament dans laquelle David pleure la mort de Jonathan (2 Samuel 1, 26-27).

3. Philinte vient de témoigner son amitié à un homme qu'il connaît à peine.
Alceste dit à Philinte :
« Je vous vois accabler un homme de caresses,
Et témoigner pour lui les dernières tendresses ;
[...] Et quand je vous demande après quel est cet homme,
À peine pouvez-vous dire comme il se nomme ; »
Néanmoins, la jalousie d'Alceste n'est que l'expression d'un sentiment plus profond : la *misanthropie*, c'est-à-dire une « haine

---
1. Trouvère : au Moyen Âge, littéralement « celui qui trouve », il est un équivalent du troubadour. Il utilise la langue d'oïl, par opposition à la langue d'oc que l'on parle au sud de la Loire. On peut considérer ses « chansons de geste » comme une version archaïque du roman.

de l'être humain » (du grec *misein* « haïr » et *anthrôpos* « être humain »).

4. Aramis.
Tandis qu'Athos s'éteint à la suite du meurtre de son fils Raoul de Bragelonne, Porthos succombe au service de d'Artagnan, et ce dernier trouve la mort au siège de Maëstricht. Faut-il en tirer une morale ? Aramis, le plus intriguant, est le plus habitué aux complots...

5. Copiste.
Existe-t-il un métier plus adapté aux héros d'un roman aussi philosophique qu'encyclopédique ? « Entreprise écrasante et épouvantable », selon Flaubert, *Bouvard et Pécuchet* renvoie les savoirs dos à dos et critique la notion de vérité en tant que telle.

6. *Les Faux-Monnayeurs.*
« Premier roman » ou « seul roman » selon les dires de l'auteur déjà en vue, André Gide (1869-1951) a consacré cinq ans à la rédaction de ce livre, se méfiant des « beaux sentiments » car c'est avec eux « qu'on fait de la mauvaise littérature ». D'une narration complexe, *Les Faux-Monnayeurs* (1926) tournent autour de trois personnages principaux : les jeunes Bernard et Olivier, et l'écrivain Édouard, lequel consigne dans un journal intime les notes préparatoires d'un roman voué à s'intituler *Les Faux-Monnayeurs*. Une mise en abyme [1] qui se prolongea en 1926, quand Gide publia *Le Journal des Faux-Monnayeurs*, chronique personnelle et littéraire de son entreprise.

7. Michel Foucault (1926-1984).
Déçu par Roland Barthes, Hervé Guibert (1955-1991) se lia avec Michel Foucault. Quelque temps après le décès de ce dernier, il déclara : « Quand je pars en voyage, je prends toujours un livre de lui, pour qu'il m'accompagne. C'est une façon de rester avec lui. » Dans *À l'ami qui ne m'a pas sauvé la vie*, Guibert dévoile, entre autres, les circonstances de la mort du philosophe,

---

[1]. Mise en abyme : procédé littéraire consistant à insérer un motif dans un motif. On parle ainsi de théâtre dans le théâtre, de film dans le film ou de récit dans le récit.

emporté par le sida alors qu'il achevait le dernier volume de son *Histoire de la sexualité*.
Ami avec l'écrivain et journaliste littéraire Mathieu Lindon, Hervé Guibert coécrit également le scénario de *L'Homme blessé* (1983) de Patrice Chéreau.

2
Dessine-moi un mouton

L'enfant en littérature

En 1858, *Les Malheurs de Sophie* de la comtesse de Ségur inaugurent la « Bibliothèque rose illustrée », collection destinée à une jeunesse qui, d'une certaine manière, acquiert officiellement ses droits littéraires. Néanmoins, la place de l'enfant en littérature ne se limite pas aux romans écrits à son intention. Symboles de beauté, d'innocence ou de liberté, les gosses recèlent également une sacrée part d'ombre ! À vrai dire, la complexité de l'enfant est une aubaine romanesque, en même temps que le sujet semble inévitable... Car, si l'on en croit la formule de Julien Green, « l'enfant dicte et l'homme écrit ». Vous laisserez-vous dicter les bonnes réponses par l'enfant qui sommeille en vous ?

1. Jean-Jacques Rousseau relate, dans la première partie de ses *Confessions* (1782), un épisode de son enfance qui lui semblait jusqu'alors inavouable. Quel est-il ?
   ❏ il prenait plaisir à la fessée
   ❏ il prenait plaisir à insulter ses parents
   ❏ il prenait plaisir à mentir

2. Quel personnage des *Misérables* (1862) de Victor Hugo est-il devenu un nom commun ?
   ❏ Cosette
   ❏ Gavroche
   ❏ Fantine

3. À qui Jules Vallès dédia-t-il son roman *L'Enfant* (1878) ?
   ❏ À tous ceux qui crèvent d'ennui au collège
   ❏ À tous ceux qui sont loin de chez eux
   ❏ À tous ceux qui feront de cet *Enfant* le leur

2. L'enfant en littérature

4. *Du côté de chez Swann* (1913) inaugure l'œuvre en plusieurs tomes de Marcel Proust intitulée *À la recherche du temps perdu*. À Combray, le petit Marcel éprouve ses premières angoisses. Quel moment de la journée lui était particulièrement pénible ?
   - ❏ le réveil, quand son père le réprimandait de s'être couché trop tard
   - ❏ le goûter, quand il trempait une madeleine dans son thé
   - ❏ le coucher, quand sa mère lui refusait le baiser du soir

5. Quel écrivain mort prématurément fut surnommé « l'enfant avec une canne » ?
   - ❏ Arthur Rimbaud (1854-1891)
   - ❏ Jean-René Huguenin (1936-1962)
   - ❏ Raymond Radiguet (1903-1923)

6. À la fin des années 1980, Agota Kristof, née en Hongrie mais d'expression française, publie *Le Grand Cahier* et *La Preuve*. Sa *Trilogie des jumeaux* met en scène Claus et Lucas, deux jeunes frères abandonnés à eux-mêmes. Récompensé par le prix du Livre Inter 1992, quel titre manque à l'appel ?
   - ❏ *Le Troisième Tome*
   - ❏ *Le Troisième Jumeau*
   - ❏ *Le Troisième Mensonge*

II. LA LITTÉRATURE EST UN JEU

Réponses

1. Il prenait plaisir à la fessée.
« Voici le seul portrait d'homme, peint exactement d'après nature et dans toute sa vérité, qui existe et qui probablement existera jamais », annonce Jean-Jacques Rousseau (1712-1778) en ouverture de ses *Confessions*. Fidèle à son intention, il y évoque d'emblée sa découverte de la littérature, de l'amitié ou du sentiment d'injustice, mais également le trouble qu'il ressentait en pension, quand Mlle Lambercier le fessait. Bien avant Freud et la psychanalyse, le voilà qui explique : « [...] ce châtiment d'enfant, reçu à huit ans par la main d'une fille de trente, a décidé de mes goûts, de mes désirs, de mes passions, de moi pour le reste de ma vie [...] » !

2. Gavroche.
Fresque épique et sociale, *Les Misérables* de Victor Hugo (1802-1885) retracent la chute, puis la rédemption d'un homme rejeté par la société : Jean Valjean. Succès aidant, certains personnages virent leur prénom tomber rapidement dans le langage courant. Fantine, ne pouvant élever Cosette, la confie aux Thénardier qui la maltraiteront (d'où l'expression « Fais pas ta Cosette », signifiant par extension « Ne te montre pas plus malheureux que tu ne l'es »). Quant à Gavroche, c'est un gamin de Paris « joyeux parce qu'il était libre », qui trouvera la mort sur les barricades pendant l'insurrection de juin 1832. Aujourd'hui, un gavroche désigne un gosse intrépide, aussi insolent qu'attachant.

3. À tous ceux qui crèvent d'ennui au collège.
Et la dédicace continue ainsi : « ou qu'on fit pleurer dans la famille, qui, pendant leur enfance, furent tyrannisés par leurs maîtres ou rossés par leurs parents ». Le ton est donné ! Premier volet d'une trilogie comprenant *Le Bachelier* et *L'Insurgé*, Jules Vallès (1832-1885) campe dans *L'Enfant* le personnage de Jacques Vingtras, double de l'auteur battu par son père et mal-aimé de sa mère. Une certaine prudence en moins, le récit, sec et violent, n'est pas sans rappeler *Le Petit Chose* d'Alphonse Daudet (auquel Vallès fait explicitement allusion), ainsi qu'il annonce *Poil de Carotte*...

4. Le coucher, quand sa mère lui refusait le baiser du soir.

Contemporain de Proust (1871-1922), l'écrivain Jacques Rivière expliquait : « Proust et Freud inaugurent une nouvelle manière d'interroger leur conscience. [...] Ils guettent, au lieu des sentiments, leurs effets : ils ne veulent les comprendre que par leurs signes. » Œuvre « cathédrale », *À la recherche du temps perdu* reconstruit une époque par le biais de la mémoire sensorielle. Le passé résonne dans le présent, et c'est ainsi que Proust ressuscite l'enfant chétif qu'il était, inscrit dans une relation fusionnelle avec sa mère.

5. Raymond Radiguet (1903-1923).

La femme de chambre de Jean Cocteau (1889-1963) aurait ainsi annoncé Radiguet lorsqu'il se présenta rue d'Anjou, chez son futur mentor. Depuis, l'auteur du *Diable au corps* (où le narrateur profite de la guerre pour vivre une relation avec une femme plus âgée) est entré dans la légende. Il faut dire que ses origines modestes contrastent avec la flamboyance de son ascension. Lorsqu'il mourut de la typhoïde à 20 ans, Radiguet avait rencontré les plus grands, de Proust à Picasso. Sa disparition plongea Cocteau dans une peine immense (et dans l'opium). Ce dernier, que la critique surnomma à son tour « l'enfant gâté du siècle », écrit en 1952 : « Raymond aurait 50 ans. Mais c'est son visage de 20 ans que j'interroge, qui me hante et me conseille encore avec ce mélange qu'il formait d'élève indocile et de sage chinois. »

6. *Le Troisième Mensonge.*

« La maison de Grand-Mère est à cinq minutes de marche des dernières maisons de la Petite Ville. Après, il n'y a plus que la route poussiéreuse, bientôt coupée par une barrière. Il est interdit d'aller plus loin, un soldat y monte la garde. Il a une mitraillette, des jumelles et, quand il pleut, il s'abrite dans une guérite. Nous savons qu'au-delà de la barrière, cachée par les arbres, il y a une base militaire secrète et, derrière la base, la frontière et un autre pays. »

Dans leur *Grand Cahier* (1986), les jumeaux d'Agota Kristof consignent la chronique de leur vie quotidienne auprès de leur grand-mère, aussi cruelle qu'eux. Une violence froide et hypnotique pour une trilogie qui ne l'est pas moins.

3
J'accuse...!

L'engagement en littérature

La notion d'engagement naît avec le XXe siècle. Elle désigne l'attitude d'un intellectuel qui, par ses œuvres ou ses actes, prend part aux débats idéologiques, politiques ou sociaux de son époque. Toutefois, l'idée n'est pas neuve ! De Montaigne aux philosophes des Lumières, de nombreux écrivains s'inscrivent dans le registre politique, jusqu'à ce que l'affaire Dreyfus change définitivement le statut de l'auteur. Écrire, c'est prendre des responsabilités face au monde... Néanmoins, ceux qui renient cette charge-là, préférant « l'art pour l'art », s'engagent toutefois, mais au service d'une autre idée : celle du Beau. À vous de défendre votre cause !

1. Complétez cette phrase attribuée à François Marie Arouet, dit Voltaire (1694-1778) : « Je ne suis pas d'accord avec ce que vous dites, mais je me battrai jusqu'à la mort...
   ❐ pour que vous ayez le droit de le dire. »
   ❐ pour vous convaincre. »
   ❐ pour que vous y réfléchissiez. »

2. *Le Dernier Jour d'un condamné* (1829) de Victor Hugo est le journal fictif d'un homme condamné à mourir. À travers ce personnage, Hugo s'engage... Mais pour quelle cause ?
   ❐ l'abolition de la peine de mort
   ❐ l'accès aux soins des malades
   ❐ la prise en charge par l'État des va-nu-pieds

3. « L'art pour l'art » s'oppose à « l'art utile ». Contrairement à des auteurs dits engagés, des poètes ont affirmé la gratuité de leur production, lui déniant toute visée politique ou phi-

3. L'engagement en littérature

losophique. Ainsi, Leconte de Lisle, Théophile Gautier ou José Maria de Heredia ont formé le mouvement...
❏ du Montparnasse
❏ du Parnasse
❏ de la Nouvelle Athènes

4. En 1898, Émile Zola adresse une lettre ouverte au président de la République Félix Faure. Son « J'accuse...! » dénonce la condamnation expéditive du capitaine Alfred Dreyfus. Quel quotidien en fit sa une ?
❏ *Le Matin*
❏ *Aujourd'hui*
❏ *L'Aurore*

5. Terme apparu en 1935 dans sa revue *L'Étudiant noir*, le poète Aimé Césaire (connu pour son recueil *Cahier d'un retour au pays natal*) invente le concept de « négritude ». Selon lui, que désigne-t-il ?
❏ le rejet de l'assimilation culturelle
❏ le racisme anti-Blanc
❏ la servitude volontaire

6. Qui a écrit : « La littérature vous jette dans la bataille ; écrire, c'est une certaine façon de vouloir la liberté ; si vous avez commencé, de gré ou de force vous êtes engagé » ?
❏ André Breton (1896-1966)
❏ Jean-Paul Sartre (1905-1980)
❏ André Malraux (1901-1976)

7. En 2006, Virginie Despentes délaisse momentanément le roman et publie un essai néo-féministe. Comment s'intitule-t-il ?
❏ *King Kong théorie*
❏ *Jane théorie*
❏ *Monster théorie*

II. LA LITTÉRATURE EST UN JEU

Réponses

1. ... pour que vous ayez le droit de le dire. »
Philosophe, dramaturge et romancier, Voltaire (1694-1778) occupe tous les fronts. La haute société s'en amuse en même temps qu'elle subit les conséquences de son esprit libre. À la suite d'un séjour à la Bastille, il s'exile en Angleterre et prépare ses *Lettres philosophiques* sous l'influence de John Locke, précurseur du libéralisme. Remarqué pour son ironie, il passera à la postérité pour son aptitude à la vulgarisation. Ses contes philosophiques, comme *Zadig* (1748), *Candide* (1759) ou *Micromégas* (1752) en témoignent. Homme des Lumières, acteur et observateur de son temps, il illustre son engagement contre la religion ou le fanatisme en s'impliquant dans plusieurs « affaires ». Bien que la célèbre phrase « Je ne suis pas d'accord avec ce que vous dites, mais je me battrai jusqu'à la mort pour que vous ayez le droit de le dire » ne soit pas attestée, Voltaire n'en reste pas moins l'auteur d'un *Traité sur la tolérance* (1763).

2. L'abolition de la peine de mort.
Après Voltaire en 1777, mais avant Lamartine en 1838 ou Albert Camus au XXe siècle, la peine de mort fut pourfendue par de nombreux écrivains. En tant que poète épris de justice et de liberté, Hugo utilise le roman bref pour défendre son abolition :

« Ce journal de mes souffrances, heure par heure, minute par minute, supplice par supplice, si j'ai la force de le mener jusqu'au moment où il me sera *physiquement* impossible de continuer, cette histoire, nécessairement inachevée, mais aussi complète que possible, de mes sensations, ne portera-t-elle point avec elle un grand et profond enseignement ? N'y aura-t-il pas dans ce procès-verbal de la pensée agonisante, dans cette progression toujours croissante de douleurs, dans cette espèce d'autopsie intellectuelle d'un condamné, plus d'une leçon pour ceux qui condamnent ? Peut-être cette lecture leur rendra-t-elle la main moins légère, quand il s'agira quelque autre fois de jeter une tête qui pense, une tête d'homme, dans ce qu'ils appellent la balance de la justice ? Peut-être n'ont-ils jamais réfléchi, les malheureux, à cette lente succession de tortures que renferme la formule expéditive d'un arrêt de mort ? Se sont-ils jamais seulement arrêtés à cette idée poignante que dans l'homme

3. L'engagement en littérature

qu'ils retranchent il y a une intelligence, une intelligence qui avait compté sur la vie, une âme qui ne s'est point disposée pour la mort ? Non. »

3. Du Parnasse.
Dans la mythologie grecque, le mont Parnasse est consacré au dieu Apollon et ses neuf Muses. Autrement dit, dans les années 1860, les poètes parnassiens visent à réinstaller la poésie sur ce mont dont certains poètes romantiques du XIXe siècle (Lamartine en particulier) l'ont chassée... Il n'est plus question d'explorer les sentiments (et de s'y complaire ?) ou de s'engager dans la vie de la cité (pour s'y corrompre ?), mais uniquement de travailler sur la forme. Empruntant des métaphores sculpturales ou des références antiques pour célébrer la Beauté, le Parnasse ouvre la porte à Baudelaire, Verlaine ou Mallarmé.

4. *L'Aurore*.
En 1894, on reproche à un capitaine d'état-major, Alfred Dreyfus, d'avoir transmis des informations secrètes aux Allemands. Convaincu de son innocence, Émile Zola publie en 1897 un éditorial dans *Le Figaro* intitulé « Pour les Juifs », où il dénonce une montée de l'antisémitisme. L'affaire grossit, et son « J'accuse... ! » paraît avec éclat dans le journal de Clemenceau, *L'Aurore*. Après de longues années, les « dreyfusards » obtiendront gain de cause. Zola écrit : « [...] jamais drame humain ne m'a rempli d'émotion plus poignante. C'est le combat pour la vérité, et c'est le seul bon, le seul grand ». Les intellectuels du XXe siècle se souviendront de cet exemple.

5. Le rejet de l'assimilation culturelle.
On désigne par « assimilation culturelle » l'intégration complète d'une culture dans une autre sans prendre en compte les particularités de la première. La « négritude » est la revendication des données culturelles et identitaires propres aux peuples noirs, qui a produit un courant littéraire emmené par le poète martiniquais Aimé Césaire (né en 1913) ou le futur président sénégalais Léopold Sédar Senghor (1906-2001). Farouchement anticolonialistes, ils obtinrent progressivement l'appui d'intellectuels métropolitains, comme André Breton ou Jean-Paul Sartre.

II. LA LITTÉRATURE EST UN JEU

6. Jean-Paul Sartre.
Archétype de l'intellectuel engagé, Jean-Paul Sartre aura combattu la guerre, la colonisation, le gaullisme ou l'impérialisme américain en même temps qu'il jurera fidélité au Parti communiste français – ce qui le brouillera avec Albert Camus. Connu du grand public pour ses formules (« L'enfer, c'est les autres »), il marque la pensée de son époque à travers l'existentialisme athée qu'il popularise. « L'existence précède l'essence », à savoir : nous existons avant d'être. « On est ce qu'on veut » (*Huis clos*, 1944), ce que l'on décide de devenir. De là, nous sommes totalement responsables de notre liberté et de ce que nous en faisons. Sa philosophie retentit de par le monde. Excès de vanité ou rejet de l'institution ? Il refuse le prix Nobel de littérature en 1964. Maoïste convaincu, Mai 68 lui offre une nouvelle jeunesse. Parmi ses derniers legs, il fonde avec Serge July le quotidien *Libération* en 1973.

7. *King Kong théorie*.
Née en 1969, Virginie Despentes rencontre le succès dès son premier roman, *Baise-moi* (1994), dont l'adaptation cinématographique échappe de peu à la censure. Écrivain radical mais accessible, ses romans exposent luttes sociales et sexuelles qu'elle « théorise » dans *King Kong théorie*. Dans ce texte autobiographique, elle attaque « l'idéal de la femme blanche, séduisante mais pas pute, bien mariée mais pas effacée, travaillant mais sans trop réussir, pour ne pas écraser son homme, [...] celle à laquelle on devrait faire l'effort de ressembler, à part qu'elle a l'air de beaucoup s'emmerder pour pas grand-chose, de toute façon je ne l'ai jamais croisée, nulle part. Je crois bien qu'elle n'existe pas ».

4
Heureux qui comme Ulysse

La littérature et le voyage

Objet du texte ou toile de fond, l'étranger s'est banalisé dans la littérature en même temps qu'il devenait plus facile de voyager. Au fil des époques, les mythes ont laissé place à l'exploration, puis à la compilation de documents, puis au tourisme. Cependant, ne réduisons pas le voyage à une affaire d'aventuriers, d'historiens ou d'ethnologues : la littérature puise dans le monde de quoi alimenter ses fantasmes. Comme le rappelle Victor Hugo : « Lire, c'est voyager ; voyager, c'est lire. » Et l'on pourrait ajouter que le voyage, comme la lecture, permet d'en apprendre sur soi. Mettez un stylo dans vos bagages et partez à la rencontre de vous-même.

1. « Heureux qui, comme Ulysse, a fait un beau voyage,
   Ou comme celui-là qui conquit la toison,
   Et puis est retourné, plein d'usage et raison,
   Vivre entre ses parents le reste de son âge ! »

   À qui doit-on ces célèbres vers pleins de « regrets » ?
   ❏ Pierre de Ronsard (1524-1585)
   ❏ François Rabelais (vers 1483-vers 1553)
   ❏ Joachim du Bellay (1522-1560)

2. Quelles origines Montesquieu attribue-t-il à ses *Lettres* (1721) ?
   ❏ persanes
   ❏ ottomanes
   ❏ afghanes

II. LA LITTÉRATURE EST UN JEU

3. Dans sa jeunesse, Jean-Jacques Rousseau (1712-1778) avait l'habitude de voyager...
   - ❏ à pied
   - ❏ à cheval
   - ❏ en calèche

4. Quelle est la ville dont le diplomate et romancier Paul Morand (1888-1976) écrivit le nom au pluriel ?
   - ❏ Florence
   - ❏ Rome
   - ❏ Venise

5. Dans *Plateforme* (2001) de Michel Houellebecq, le narrateur Michel quitte la France après la mort de son père. Où se rend-il ?
   - ❏ en Corée du Nord
   - ❏ en Thaïlande
   - ❏ au Japon

4. La littérature et le voyage

Réponses

1. Joachim du Bellay.
Fondateur avec son ami Ronsard du groupe de la Pléiade [1], Du Bellay rédige sa *Défense et illustration de la langue française* (1549), manifeste littéraire qui prône l'enrichissement de la langue poétique par le recours aux archaïsmes, aux dialectes et même à des mots nouveaux. Il faut dire qu'il y a du travail... François Ier vient d'instituer le français comme langue officielle [2], il reste à en faire la langue littéraire par excellence. Envoyé comme secrétaire auprès d'un de ses cousins, cardinal à Rome, Du Bellay écrit ses *Regrets* (1558), recueil de sonnets [3] qu'il publiera à son retour en France. Empreints de nostalgie, ils se détournent de toute ambition philosophique. Le sentiment prime :

« Quand reverrai-je, hélas ! de mon petit village
Fumer la cheminée, et en quelle saison
Reverrai-je le clos de ma pauvre maison,
Qui m'est une province, et beaucoup davantage ? »

2. *Lettres persanes.*
Entre Ispahan et Paris, les voyageurs Usbek et Rica vont de surprises en surprises. Dans ce roman épistolaire, Montesquieu (1689-1755) renverse le point de vue habituel du carnet de route : c'est l'étranger qui nous regarde. L'auteur avait-il le choix ? Il ne traversera l'Europe qu'une fois élu à l'Académie française, en 1728... Toutefois, ses *Lettres persanes* justifient déjà son intérêt pour le voyage : s'approcher de l'autre, c'est se rapprocher de soi. L'idée est humaniste par excellence : il n'y a pas de mode de vie absolu, mais un relativisme culturel que l'on doit avant tout respecter. Voilà de quoi inspirer Diderot...

---

1. Le terme Pléiade est choisi en hommage à la Pléiade antique, qui désignait sept célèbres poètes grecs.
2. En 1539, l'ordonnance de Villers-Cotterêts rend obligatoire l'usage du français dans la vie juridique et administrative du royaume.
3. Un sonnet est un poème de quatorze vers composé de deux quatrains suivis de deux tercets.

3. À pied.

Puisque nous avons évoqué Rousseau et ses *Confessions* dans le chapitre 2 de cet ouvrage, laissons place au texte :

« La chose que je regrette le plus dans les détails de ma vie dont j'ai perdu la mémoire est de n'avoir pas fait des journaux de mes voyages. Jamais je n'ai tant pensé, tant existé, tant vécu, tant été moi, si j'ose ainsi dire, que dans ceux que j'ai faits seul et à pied. La marche a quelque chose qui anime et avive mes idées : je ne puis presque penser quand je reste en place ; il faut que mon corps soit en branle pour y mettre mon esprit » (livre IV).

Si son père avait poussé le vice du voyage jusqu'à Constantinople, Rousseau vécut principalement entre la Suisse, l'Italie et la France.

4. Venise.

En ce début de XXe siècle, celui qui se voulait le « globe-trotter de la littérature » voyagea de par le monde. À travers de courts textes, il rapporta ses impressions pleines d'inquiétude et de vitesse. N'est-il pas l'auteur de *L'Homme pressé* (1941) ? Bien que l'on écarte souvent cet auteur au passé vichyste, le style de Morand a bien vieilli. Dans *Venises*, il revient sur ses fréquents séjours sur la lagune et dresse par le biais de sa ville-confidente un autoportrait sans emphase.

« Le mérite de ces pages, c'est d'être vécues ; leur réunion, c'est une collection privée, sinon mon musée secret ; chacune présente un jour, une minute, un enthousiasme, un échec, une heure décisive ou une heure perdue. Cela pourra être revécu, récolté par d'autres, par moi jamais plus. »

5. En Thaïlande.

« Plus sa vie est infâme, plus l'homme y tient ; elle est alors une protestation, une vengeance de tous les instants. » Sous cet exergue de Balzac, Houellebecq déroule l'histoire de Michel qui se paye un voyage organisé en Thaïlande. C'est la découverte d'un monde exploité tant sur le plan économique que sexuel, mais c'est également la découverte d'Occidentaux pathétiques et pessimistes que cette phrase de Houellebecq résume assez bien : « Tout peut arriver dans la vie, et surtout rien. »

5
Je est un autre

L'écriture de soi

Romans, mémoires ou journaux intimes, il n'est pas de forme littéraire qui exclue l'autobiographie. En cela, elle ne constitue pas un genre strict, et ne s'oppose d'aucune manière à la fiction qui s'en nourrit volontiers. Ainsi, écrire sur soi pose de nombreuses questions. À quoi bon ? Comment s'y prendre ? Peut-on y échapper ? Est-ce un gage de sincérité ? Comment se protéger de tout nombrilisme ? Des *Confessions* de saint Augustin à l'Humanisme, de la psychanalyse à l'autofiction, le « je » s'installe lentement mais sûrement, jusqu'à hanter la littérature contemporaine. Pour reprendre la formule de Blaise Pascal, le moi serait-il vraiment haïssable ? À vous de répondre sans trop d'ego !

1. Quel événement déclencha l'écriture des *Confessions* de Jean-Jacques Rousseau (1712-1778) ?
   ❏ la publication d'un texte anonyme le dénigrant
   ❏ la mort de son père
   ❏ les fiançailles de Marie-Antoinette et du futur Louis XVI

2. À quel poète doit-on la formule « Je est un autre » ?
   ❏ Verlaine (1844-1896)
   ❏ Rimbaud (1854-1891)
   ❏ Baudelaire (1821-1867)

3. En 1960, sous quel nom paraît *La Promesse de l'aube*, roman en forme d'hommage à la mère de l'auteur ?
   ❏ Romain Gary
   ❏ Émile Ajar
   ❏ Romain Kacew

II. LA LITTÉRATURE EST UN JEU

4. Dans *Autobiographie*, Julien Green évoque sa première vocation. Avant d'être écrivain, à quoi se destinait-il ?
- ❒ au sport
- ❒ à la médecine
- ❒ à la religion

5. Le terme « autofiction » est une invention récente. Il apparaît pour la première fois...
- ❒ dans une interview d'Hervé Guibert
- ❒ sur une quatrième de couverture de Serge Doubrovsky
- ❒ dans un article du *Monde des livres*

Réponses

1. La publication d'un texte anonyme le dénigrant.
Publié anonymement par Voltaire en 1764, *Le Sentiment des citoyens* accuse l'auteur d'*Émile ou De l'éducation* d'avoir abandonné ses enfants. Sollicitant justice et reconnaissance, Rousseau emprunte son titre à saint Augustin pour ses *Confessions*.

« J'oublie aisément mes malheurs ; mais je ne puis oublier mes fautes, et j'oublie encore moins mes bons sentiments. Leur souvenir m'est trop cher pour s'effacer jamais de mon cœur. Je puis faire des omissions dans les faits, des transpositions, des erreurs de dates ; mais je ne puis me tromper sur ce que j'ai senti, ni sur ce que mes sentiments m'ont fait faire ; et voilà de quoi principalement il s'agit » (livre VII).

L'auteur, le narrateur et le personnage principal de l'œuvre ne font qu'un : les conditions d'un « pacte autobiographique » sont réunies. C'est une révolution littéraire. Entre l'écrivain et son œuvre, la frontière se brouille.

2. Rimbaud.
Le 15 mai 1871, dans une lettre à Paul Demeny, le poète Arthur Rimbaud (1854-1891) lance une de ses plus célèbres formules : « Je est un autre. » Apparemment contradictoire, la sentence explique la relation qu'entretient l'auteur des *Illuminations* avec l'écriture. Deux siècles après René Descartes, le « je » n'est plus entièrement responsable envers l'« autre ». Cela suppose que l'homme recèle un inconscient qu'il ne maîtrise pas : cet « autre » qu'il porte en lui-même, et que le « je » de Rimbaud se propose de guetter. « Cela m'est évident : j'assiste à l'éclosion de ma pensée : je la regarde, je l'écoute », poursuit-il. Selon cette définition, le « je » devient accessible à « tous les autres » qui peuvent, a priori, se reconnaître en lui. Ce n'est pas parce que l'on parle de soi que l'on ne parle pas d'autrui. Une conception du sujet à rapprocher de cette phrase de Montaigne : « Chaque homme porte la forme entière de l'humaine condition. »

3. Romain Gary.
Roman Kacew emprunta différents pseudonymes, dont ceux de Romain Gary et d'Émile Ajar. Écrivain et diplomate, l'auteur

était connu pour son goût du dédoublement, ce qui ne l'empêcha pas de lever le voile sur une partie de son passé dans sa *Promesse de l'aube*. Né en 1914 d'un père dont l'identité n'est pas établie, il quitte la Russie à 13 ans. Sa mère l'élève seule, plaçant en lui de grandes espérances. Elle se sacrifie pour que son fils devienne ambassadeur et écrivain. Son ambition pour lui est telle que devant le refus d'une promotion à l'école de l'air de Salon-de-Provence, Roman invente un mensonge pour ne pas la décevoir. Quand la Seconde Guerre mondiale éclate, il rejoint la « France libre ». Sa mère meurt entre-temps, mais une de ses amies se charge de transmettre au combattant, au fur et à mesure, des lettres d'encouragement. Compagnon de la Libération, il revient au pays, apprend la mort de sa mère et découvre la supercherie. L'écrivain accomplit néanmoins sa « promesse », menant de front une carrière diplomatique qui s'ouvre à lui et son activité littéraire. Il est récompensé du prix Goncourt en 1956 pour *Les Racines du ciel*. Romain Gary se suicide en 1980, à Paris.

4. À la religion.
Marqué par la mort précoce de sa mère, Julien Green (1900-1998), dont la famille est originaire du sud des États-Unis, découvre l'Amérique à 19 ans. À l'Université de Virginie, il s'éprend de Mark, un étudiant, et appréhende dès lors la difficulté de concilier les interdits moraux du catholicisme avec ses élans du cœur. Green n'ose révéler ses sentiments à Mark, et une grande partie de son œuvre sera marquée par le thème de l'impossible aveu (*Adrienne Mesurat*, 1927 ; *L'Autre Sommeil*, 1931). « Chacun de nous a eu son drame. J'ai eu le mien, là-bas, dans un des plus beaux décors du monde. On y comptait autant de colonnes grecques pour meubler dix mille tragédies. » De retour en France, il ne cessera d'écrire romans et pièces de théâtre, mais son nom est d'abord associé à son *Journal* en 18 tomes qu'il publia de 1938 à sa mort. Véritable confession, son *Autobiographie* en 4 tomes (1963-1974) expose plus clairement le conflit entre son homosexualité et sa foi, faisant ainsi le pont entre son *Journal*, plus factuel, et ses romans.

5. Sur une quatrième de couverture de Serge Doubrovsky.
Dans un essai intitulé *Défense de Narcisse*, l'écrivain Philippe Vilain consacre un chapitre à « L'autofiction selon Doubrovsky » :

5. L'écriture de soi

« Le concept d'autofiction, vulgarisé par les critiques littéraires qui l'utilisent pour désigner indifféremment les écrits factuels ou romanesques de nature autobiographique, apparaît pour la première fois en France en 1977 lors de la publication d'un livre de Serge Doubrovsky intitulé *Fils*. Imprimé en rouge, le texte de la quatrième de couverture amorce une définition d'un genre autobiographique nouveau : "Autobiographie ? Non, c'est un privilège réservé aux importants de ce monde, au soir de leur vie, et dans un beau style. Fiction, d'événements et de faits strictement réels ; si l'on veut, autofiction, d'avoir confié le langage d'une aventure à l'aventure du langage, hors sagesse et hors syntaxe du roman, traditionnel ou nouveau." »

Plus communément, l'autofiction désigne désormais le détournement de l'autobiographie par la fiction.

6
Il n'y a pas d'amour heureux
L'amour en littérature

Rencontre, séduction, sexe ou rupture, chaque étape de l'amour connaît sa littérature. Mais l'amour ne désigne pas qu'un chemin : le mot recouvre avant tout une notion complexe qui n'a pas toujours existé. Les Grecs, eux, employaient les termes *eros* (désir, plaisir de la chair), *philia* (amour absolu, amitié), *agapè* (amour divin, universel) et *storgê* (affection, amour familial). Évidemment, cette déclinaison présente un inconvénient : que faire lorsque les sentiments se mélangent ou se superposent ? Par définition, l'amour est trouble... Un motif suffisant, sans doute, pour que les écrivains ne cessent de l'explorer. Intéressez-vous donc à leurs découvertes et tracez votre propre carte du Tendre.

1. Que désigne l'expression « amour courtois » ?
   - ❏ un amour impossible
   - ❏ un amour bref et intense
   - ❏ un amour loyal et fidèle

2. « Mignonne, allons voir si la rose
   Qui ce matin avait déclose
   Sa robe de pourpre au soleil,
   A point perdu cette vêprée,
   Les plis de sa robe pourprée,
   Et son teint au vôtre pareil. »

   À qui Pierre de Ronsard (1524-1585) adresse-t-il ces vers ?
   - ❏ à Marie
   - ❏ à Hélène
   - ❏ à Cassandre

3. Retrouvez les noms propres manquant à ces vers de Jean Racine (1639-1699) :

   « Dans un mois, dans un an, comment souffrirons-nous[1],
   Seigneur, que tant de mers me séparent de vous ?
   Que le jour recommence et que le jour finisse,
   Sans que jamais.......... puisse voir..........,
   Sans que de tout le jour je puisse voir.......... !
   Mais quelle est mon erreur, et que de soins perdus[2] ! »

4. Qu'est-ce que le marivaudage ?
   ❏ une intrigue sentimentale
   ❏ un échange verbal amoureux
   ❏ un jeu sexuel

5. « Neuf heures trois quarts venaient de sonner à l'horloge du château, sans qu'il eût encore rien osé. Julien, indigné de sa lâcheté, se dit : Au moment précis où dix heures sonneront, j'exécuterai ce que, pendant toute la journée, je me suis promis de faire ce soir, ou je monterai chez moi me brûler la cervelle. » Dans cet épisode du *Rouge et le Noir* de Stendhal (1783-1842), quel acte Julien Sorel s'est-il promis d'exécuter ?
   ❏ embrasser Mme de Rênal sur la joue
   ❏ caresser l'épaule de Mme de Rênal
   ❏ serrer la main de Mme de Rênal

6. Quel écrivain fut à la fois l'épouse et la muse de Louis Aragon (1897-1982) ?
   ❏ Marguerite Yourcenar (1903-1987)
   ❏ Elsa Triolet (1896-1970)
   ❏ Nathalie Sarraute (1900-1999)

7. Quel roman de Milan Kundera (né en 1929) met en scène Jean-Marc et Chantal, un couple « en marge du monde » ?
   ❏ *L'Immortalité*
   ❏ *L'Identité*
   ❏ *L'Ignorance*

---
1. Souffrirons-nous : supporterons-nous.
2. Soins perdus : soucis inutiles.

II. LA LITTÉRATURE EST UN JEU

Réponses

1. Un amour loyal et fidèle.
Archétype de l'amour passion, *Tristan et Iseut* incarne le thème de l'amour comme fatalité. Tout au contraire, l'amour courtois repose sur le libre don et la réciprocité. Ce que les troubadours appelaient la *fin'amor*[1] (le parfait amour) définit une conception particulière de la relation entre un amant et sa dame. L'amour courtois calque ses valeurs sur celles de la féodalité : l'homme devient le « vassal » de sa dame, sa « suzeraine ». Le prétendant tient secret le nom de son élue ; la relation (toujours extraconjugale) demeure le plus souvent chaste, et marquée par une exigence de fidélité. Dans *Tristan et Iseut*, il faut attendre que les effets du philtre se soient dissipés pour que le récit se pare des couleurs de l'amour courtois. Mais ce sont surtout la poésie courtoise et le roman courtois qui vont illustrer au XIIe siècle cette conception d'un amour sublime qui va à l'encontre de la contrainte sociale.

2. À Cassandre.
Comme nous l'avons vu dans le chapitre 4, Ronsard appartient au groupe de la Pléiade. Il publie à partir de 1550 ses premiers recueils de poésie. Ce sont les *Odes* (1550), qui adaptent une forme lyrique ordinairement chantée. Il y magnifie sa muse, mais la met également en garde contre les outrages du temps. Autrement dit, il lui adresse un message épicurien.

« Donc, si vous me croyez, mignonne,
Tandis que votre âge fleuronne
En sa plus verte nouveauté,
Cueillez, cueillez votre jeunesse :
Comme à cette fleur, la vieillesse
Fera ternir votre beauté. »

3. « Que le jour recommence et que le jour finisse,
Sans que jamais **Titus** puisse voir **Bérénice**,
Sans que de tout le jour je puisse voir **Titus** ! »
(acte IV, scène v)

---
1. On écrit aussi *fine amor*.

Avec son *Tite et Bérénice*, Corneille n'a pas égalé Racine qui, avec *Bérénice* (1670), traite du même sujet la même année. Le schéma de la pièce est aussi simple que tragique : parce que Rome s'oppose à l'union de son empereur Titus à Bérénice, reine de Palestine, Titus se voit contraint de renvoyer Bérénice chez elle. Tous les deux s'aiment, mais la raison d'État prévaut. En soi, il n'y a pas d'intrigue. Selon ses propres mots, Racine crée le drame « à partir de rien ». Le dépouillement de l'action et la rigidité de la forme enferment personnages et spectateurs dans la même tragédie, tandis que l'intérêt narratif de la pièce repose sur cette seule question : Titus annoncera-t-il à celle qu'il aime cette si douloureuse séparation ? Réponse à l'acte IV, scène v, d'où sont extraits ces vers célébrissimes.

4. Un échange verbal amoureux.
Né en 1688, Marivaux écrit d'abord des romans parodiques (*L'Iliade travestie*, *Télémaque travesti*), mais c'est au théâtre qu'il se fera connaître. Son rapprochement avec les Comédiens-Italiens plutôt qu'avec les Comédiens-Français correspond aux exigences de son écriture. *Le Jeu de l'amour et du hasard* (1730) ou *Les Fausses Confidences* (1737) requièrent un jeu spontané, proche de la *commedia dell'arte*. Toutefois, Marivaux ne néglige pas pour autant l'analyse de sentiments profonds. C'est là qu'intervient le langage, vif et subtil, qui engendre et trahit les faux-semblants. Le marivaudage n'est pas qu'un art de la conversation, mais un moyen d'obtenir des aveux.

5. Serrer la main de Mme de Rênal.
Les romans de Stendhal (1783-1842) mêlent réalisme et romantisme. *Le Rouge et le Noir* (1830) est en l'exemple parfait. Sous-titré « chronique de 1830 », le texte porte les ambitions de l'auteur. Fils d'un charpentier, Julien Sorel préfère les livres à la scierie. Engagé comme précepteur, il succombe aux charmes de son employeuse, Mme de Rênal. Cette relation naissante est une aubaine littéraire : Stendhal en dévoile le sens caché. La séduction n'a rien d'anecdotique. C'est un défi contre « un ennemi avec lequel il [faut] se battre ». Dans ce cas précis, la tension dramatique naît de l'incertitude du héros à remporter la bataille. Julien saisira-t-il la main de Mme de Rênal ?

« Après un dernier moment d'attente et d'anxiété, pendant lequel l'excès de l'émotion mettait Julien comme hors de lui,

II. LA LITTÉRATURE EST UN JEU

dix heures sonnèrent à l'horloge qui était au-dessus de sa tête. Chaque coup de cette cloche fatale retentissait dans sa poitrine, et y causait comme un mouvement physique.
Enfin, comme le dernier coup de dix heures retentissait encore, il étendit la main et prit celle de Mme de Rênal, qui la retira aussitôt. Julien, sans trop savoir ce qu'il faisait, la saisit de nouveau. Quoique bien ému lui-même, il fut frappé de la froideur glaciale de la main qu'il prenait ; il la serrait avec une force convulsive ; on fit un dernier effort pour la lui ôter, mais enfin cette main lui resta.
Son âme fut inondée de bonheur, non qu'il aimât Mme de Rênal, mais un affreux supplice venait de cesser. »

6. Elsa Triolet (1896-1970).
Écrivain français d'origine russe, le nom d'Elsa Triolet est indissociable de celui de Louis Aragon, qui fit d'Elsa sa muse. Sa rencontre avec elle, en 1928, change le cours de son œuvre. D'abord acteur du surréalisme, le poète revient à des formes plus classiques. Sous l'Occupation, il rejoint la Résistance. Il publie alors des recueils d'inspiration plus lyrique (*Les Yeux d'Elsa*, 1942).

7. *L'Identité*.
« [...] Chantal est d'accord : l'amour en tant qu'exaltation de deux individus, l'amour comme fidélité, attachement passionné à une seule personne, non, cela n'existe pas. Et si cela existe, c'est seulement comme autopunition, cécité volontaire, fuite dans un monastère. Elle se dit que même s'il existe, l'amour ne doit pas exister, et cette idée ne la rend pas amère, au contraire, elle en ressent une félicité qui se répand dans son corps. Elle pense à la métaphore de la rose qui traverse tous les hommes et se dit qu'elle a vécu dans une réclusion d'amour et qu'elle est prête maintenant à obéir au mythe de la rose et à se confondre avec son parfum grisant. À ce point de ses réflexions, elle se souvient de Jean-Marc. Est-il resté à la maison ? Est-il sorti ? Elle se le demande sans aucune émotion : comme si elle se demandait s'il pleut à Rome ou s'il fait beau à New York. »

Dans *L'Identité*, paru en 1997, Milan Kundera tente une définition de l'amour. Celui-ci n'existe qu'à travers le regard de l'autre, ce miroir par lequel on éprouve le sentiment d'exister. La destinée de Chantal l'illustrera : sans ce repère, c'est l'égarement.

7
Le style, c'est l'oubli de tous les styles

L'écriture en littérature

Percutant, incisif ou tranchant, les adjectifs pour qualifier le style d'un auteur manquent souvent d'originalité. Idem pour le doux-amer ou le piquant, l'audacieux ou, pire, le quelconque. Sans style, écrire vaut-il la peine ? Certainement pas, mais à l'inverse, il est couramment admis, depuis Stendhal, que « le meilleur style est celui qui se fait oublier ». N'accusons donc personne, et contentons-nous de reconnaître la « patte » de chacun. Un peu d'effort, et vous saurez ainsi lire les yeux fermés.

1. Avec combien de mots environ Racine écrivit-il son théâtre ?
   - ❏ 1 500
   - ❏ 3 500
   - ❏ 5 500

2. À quoi le lyrisme fait-il référence ?
   - ❏ à Lyra, constellation de l'hémisphère boréal
   - ❏ au nom d'une catégorie d'oiseaux
   - ❏ à la lyre, instrument de musique

3. À qui doit-on *Calligrammes* ?
   - ❏ Paul Valéry (1871-1945)
   - ❏ Guillaume Apollinaire (1880-1918)
   - ❏ Jules Supervielle (1884-1960)

4. Tout inventaire n'est pas littéraire. Néanmoins, une expression veut que l'on parle quelquefois d'inventaire...
   - ❏ à la Perec
   - ❏ à la Prévert
   - ❏ à la Queneau

II. LA LITTÉRATURE EST UN JEU

5. De quels mots le terme Oulipo est-il l'acronyme[1] ?
   - ❒ Ouvrage de littérature potestative
   - ❒ Ouvrier de littérature potache
   - ❒ Ouvroir de littérature potentielle

6. En 1999, l'écrivain Dominique Noguez prit la défense de l'un de ses contemporains accusé de ne pas avoir de style. De qui s'agit-il ?
   - ❒ Michel Houellebecq (né en 1958)
   - ❒ Christine Angot (née en 1959)
   - ❒ Jean-Philippe Toussaint (né en 1957)

---

[1]. Acronyme : sigle que l'on prononce comme un mot ordinaire (par exemple « ovni »).

Réponses

1. 3 500.
Les ornements du baroque s'opposent au classicisme de Racine (1639-1699). Chez lui, le dépouillement garantit l'efficacité. Le dramaturge construit ses tragédies avec peu de moyens... Chez Corneille, où quelques accents baroques ressurgissent (*L'Illusion comique*), le chiffre monte à 4 000, ce qui reste toutefois dérisoire. À titre de comparaison, 3 500 est le nombre de mots suffisant en moyenne pour tenir une conversation courante tandis que le *Petit Robert* en contient 60 000.

2. À la lyre, instrument de musique.
Pendant l'Antiquité, la poésie lyrique était chantée ou déclamée sur une musique. En effet, le lyrisme renvoie à la lyre d'Orphée, instrument à cordes pincées, et l'expression *prendre sa lyre* signifie « se disposer à écrire des vers ». Mais le lyrisme s'étend également à la prose. Du Moyen Âge à nos jours, tous les genres littéraires ont emprunté cette tonalité. Généralement, le lyrisme est marqué par l'emploi de la première personne, une certaine abstraction et la recherche d'une certaine musicalité. Des caractéristiques parfaitement compatibles avec le Romantisme, période pendant laquelle il connaîtra son âge d'or.

3. Guillaume Apollinaire (1880-1918).
Le procédé date de l'Antiquité, mais au début du XXe siècle, le calligramme apparaît comme une nouveauté. Guillaume Apollinaire invente le terme en contractant les mots *calligraphie* (art de bien tracer l'écriture) et *idéogramme* (signe correspondant à une idée, comme les caractères chinois). Le but recherché est la fabrication d'un objet parfait, où forme et fond se confondent. De cette façon, ses *Calligrammes*, parus en 1918, « injectent » de la poésie dans les autres arts, et inversement.

4. Inventaire à la Prévert.

« Une pierre
deux maisons
trois ruines
quatre fossoyeurs
un jardin
des fleurs »

Construit par association d'idées, cet « Inventaire », extrait de *Paroles* (1946) de Jacques Prévert (1900-1977), a donné l'expression courante d'« inventaire à la Prévert » pour désigner toute énumération hétéroclite. Ce procédé, qui brouille les frontières entre écriture automatique et écriture travaillée, a été souvent exploité par Prévert dans sa poésie.

5. OUvroir de LIttérature POtentielle.
Cofondé en 1960 par Raymond Queneau (1903-1976), l'Oulipo est un groupe d'écrivains, de linguistes, de mathématiciens qui invente de nouvelles contraintes pour créer des formes littéraires inédites. On y retrouve quelques grands noms du XXe siècle, comme Georges Perec (1936-1982) ou Marcel Duchamp (1887-1968).

6. Michel Houellebecq.
« Je n'ai aucun brio, mon style est terne, mais j'ai mis des années et des années à n'avoir aucun brio et à ternir mon style. » Ce qu'écrit Georges Simenon à propos de son style conviendrait bien à l'auteur des *Particules élémentaires*. Face aux attaques de la critique, l'écrivain Dominique Noguez prend la défense de son ami « [...] d'abord parce que tout écrivain, même le plus exécrable, a un style – un style exécrable, justement. Et ensuite parce que certaines des choses qu'on a reprochées à Michel Houellebecq avec plus ou moins de véhémence ou de bonne foi [...] tenaient *précisément* à la manière dont elles étaient formulées, au style donc ».

8
Il n'y a pas de redoublants
La mort en littérature

Parmi les grands thèmes littéraires, la mort est par essence le plus indéfinissable, mais à la fois le plus inévitable... Comme les hommes, les personnages n'échappent généralement pas à leur mort, qu'elle soit décrite ou imagée, qu'elle soit dépendante de l'auteur ou du lecteur... Car nous sommes partie prenante de leur sort. Fermer un livre, n'est-ce pas tuer (ne serait-ce que momentanément) l'âme qui y sommeille ? Sans doute, bien que ce pouvoir ait ses limites. Face à la mort, la littérature nous accompagne. Alors, quand Marguerite Duras nous propose « ou la mort, ou le livre », choisissons les livres...

1. Quelle forme poétique emploie Pierre de Ronsard (1524-1585) pour faire l'éloge de la mort ?
   ❒ l'ode
   ❒ l'hymne
   ❒ l'élégie

2. Selon Michel de Montaigne (1533-1592), comment doit-on réagir face à l'idée de la mort ?
   ❒ il faut s'y accoutumer
   ❒ il faut tenter de l'oublier
   ❒ il faut la défier

3. À qui est dédiée l'*Oraison funèbre* de Jacques Bénigne Bossuet (1627-1704) ?
   ❒ Henriette-Anne d'Angleterre, belle-sœur de Louis XIV
   ❒ Anne d'Autriche, mère de Louis XIV
   ❒ Mme de Maintenon, maîtresse puis épouse secrète de Louis XIV

II. LA LITTÉRATURE EST UN JEU

4. Quel destin François-René de Chateaubriand (1768-1848) avait-il prévu pour ses *Mémoires d'outre-tombe* ?
  ❏ qu'ils paraissent 50 ans après sa mort
  ❏ qu'ils l'accompagnent dans son cercueil
  ❏ qu'ils soient imprimés en blanc sur du papier noir

5. Dans *Les Fleurs du Mal*, quel terme se rapportant à la viande animale utilise Charles Baudelaire (1821-1867) comme titre de l'un de ses poèmes évoquant la mort ?
  ❏ charogne
  ❏ chair
  ❏ carcasse

6. Dans *Le Roi se meurt* d'Eugène Ionesco (1909-1994), Béranger Ier affronte une situation compliquée. Laquelle ?
  ❏ il va bientôt mourir mais n'a pas d'héritier
  ❏ il va bientôt mourir mais les travaux de son château ne sont pas terminés
  ❏ il va bientôt mourir mais il n'a jamais pris le temps d'y penser

Réponses

1. L'hymne.
« Ce qui fut se refait ; tout coule comme une eau,
Et rien dessous le Ciel ne se voit de nouveau
Mais la forme se change en une autre nouvelle ;
Et ce changement-là, Vivre, au monde s'appelle,
Et Mourir, quand la forme en une autre s'en va. »

Comme forme poétique, l'hymne date de l'Antiquité, mais Ronsard, conformément à l'ambition des poètes de la Pléiade, la revisite. Par ce biais, il célèbre l'Histoire et ses figures, mais également la Justice ou la Mort. Parus en deux tomes (1555 et 1556), les *Hymnes* alternent poèmes décasyllabiques et poèmes en alexandrins.

2. Il faut s'y accoutumer.
Au détour de ses *Essais* (1580-1595), œuvre humaniste, Montaigne définit la philosophie comme une méthode pour « apprendre à mourir ». Il se moque de ceux qui, face à la mort, détournent le regard, sont dans la crainte ou l'indifférence. La mort concerne tout le monde, et de la même façon, car « les jeunes et les vieux laissent la vie de même condition[1] ». Montaigne, inspiré par le stoïcisme, nous conseille de nous y préparer sereinement. « Il est incertain où la mort nous attende, attendons-la partout. La préméditation de la mort est préméditation de la liberté. [...] Il n'y a rien de mal en la vie pour celui qui a bien compris que la privation de la vie n'est pas mal » (*Essais* I, 20).

3. Henriette-Anne d'Angleterre, belle-sœur de Louis XIV.
La carrière littéraire de Bossuet est intimement liée à sa carrière ecclésiastique. Prêtre puis évêque, on lui doit de nombreux sermons et une douzaine d'oraisons[2], dont celle d'Henriette-Anne d'Angleterre (1644-1670). « Ô nuit désastreuse ! ô nuit effroyable ! où retentit tout à coup, comme un éclat de tonnerre, cette étonnante nouvelle : Madame se meurt ! Madame est morte ! »

---
1. Dans le même état.
2. Une oraison est l'éloge solennel d'un mort.

Un extrait pour le moins cohérent avec son précédent *Sermon sur la mort* (1662) :

« C'est une étrange faiblesse de l'esprit humain que jamais la mort ne lui soit présente, quoiqu'elle se mette en vue de tous côtés, et en mille formes diverses. On n'entend dans les funérailles que des paroles d'étonnement de ce que ce mortel est mort. Chacun rappelle en son souvenir depuis quel temps il lui a parlé, et de quoi le défunt l'a entretenu ; et tout d'un coup il est mort. »

4. Qu'ils paraissent 50 ans après sa mort.
Marqué par la lecture de Rousseau, Chateaubriand entame en 1803 ses *Mémoires de ma vie*, qu'il rebaptisera plus tard *Mémoires d'outre-tombe* (1848-1850). De l'évocation de son enfance à sa conception de la société, l'autobiographie balaye tous les sujets. L'ambition de celui à qui l'on attribua la paternité du romantisme est immense : il érige un monument à sa propre gloire. Toutefois, le caractère posthume de cette œuvre fut malmené. Pour des raisons financières, il fut obligé d'en publier une partie de son vivant, prenant ainsi quelque avance sur sa mort.

5. Charogne.
Le terme « charogne » désigne le corps d'un animal en décomposition. Au détour des *Fleurs du Mal* (1857), « Une charogne » recourt au thème du *memento mori*[1].

« Rappelez-vous l'objet que nous vîmes, mon âme,
    Ce beau matin d'été si doux :
Au détour d'un sentier une charogne infâme
    Sur un lit semé de cailloux, [...]

Oui ! telle vous serez, ô la reine des grâces,
    Après les derniers sacrements,
Quand vous irez, sous l'herbe et les floraisons grasses,
    Moisir parmi les ossements.

Alors, ô ma beauté ! dites à la vermine
    Qui vous mangera de baisers,
Que j'ai gardé la forme et l'essence divine
    De mes amours décomposés ! »

---

[1]. Le *memento mori* est un avertissement rappelant à son destinataire qu'il doit mourir.

Par la poésie, l'objet d'amour, magnifié, sublimé, dépasse la mort et les lois humaines.

6. Il va bientôt mourir mais il n'a jamais pris le temps d'y penser.
Montaigne avait prévenu : pour apprendre à mourir, philosophons. Or, il semble que le Roi de Ionesco n'ait pas pris de notes. Pendant qu'il agonise, la reine Marguerite s'exclame : « C'est ta faute si tu es pris au dépourvu, tu aurais dû t'y préparer. Tu n'as jamais eu le temps. Tu étais condamné, il fallait y penser dès le premier jour, et puis, tous les jours, cinq minutes tous les jours. Ce n'était pas beaucoup. Cinq minutes tous les jours. Puis dix minutes, un quart d'heure, une demi-heure. C'est ainsi que l'on s'entraîne. » Après *La Cantatrice chauve*, *La Leçon* ou *Les Chaises*, le dramaturge d'origine roumaine exploite encore avec *Le Roi se meurt* (1962) sa marque de fabrique : un théâtre de l'absurde où résonnent des thèmes profonds. Dans son *Expérience du théâtre* (1958), Ionesco s'explique : « Éviter la psychologie ou plutôt lui donner une dimension métaphysique. Le théâtre est dans l'exagération extrême des sentiments, exagération qui disloque la plate réalité quotidienne. Dislocation aussi, désarticulation du langage. »

9
L'écriture est la peinture de la voix
La littérature et les autres arts

Ce serait faire injure à la littérature que de la limiter aux livres, de même qu'un écrivain ne se résume pas à son activité principale. Selon la phrase de Paul Claudel, « l'œuvre n'est pas le produit de l'artiste, l'artiste est l'instrument de l'œuvre ». Autrement dit, l'œuvre dépossède son auteur et peu importe, au fond, que son initiateur soit peintre, cinéaste ou comédien. Abordons alors quelques exemples. Vous vous en apercevrez vite : chaque art en nourrit un autre, de la même façon qu'une question en appelle toujours une autre...

1. Quelle nouvelle de Guy de Maupassant est adaptée au cinéma par Jean Renoir en 1936 ?
   - ❏ *Un dimanche à la campagne*
   - ❏ *Une partie de campagne*
   - ❏ *Le Déjeuner sur l'herbe*

2. Quelle écrivaine a fait scandale en se produisant sur scène au Moulin-Rouge ?
   - ❏ Marguerite Yourcenar (1903-1987)
   - ❏ Colette (1873-1954)
   - ❏ Marguerite Duras (1914-1996)

3. Poète, le passionné de peinture Guillaume Apollinaire (1880-1918) était aussi...
   - ❏ galeriste
   - ❏ collectionneur
   - ❏ critique d'art

9. La littérature et les autres arts

4. Au-delà de ses activités d'écriture, Antonin Artaud était...
   - ❏ comédien
   - ❏ dessinateur
   - ❏ metteur en scène

5. Reliez ces adaptations cinématographiques des romans d'Emmanuel Carrère à leur réalisateur.

   La Classe de neige   Claude Miller
   La Moustache   Nicole Garcia
   L'Adversaire   Emmanuel Carrère

II. LA LITTÉRATURE EST UN JEU

Réponses

1. *Une partie de campagne.*
Le naturalisme de Maupassant a très tôt séduit le cinéma. « J'aime Maupassant et [...] il me semble que dans une petite histoire comme *Une partie de campagne*, il y a tout, il y a des tas de problèmes, une partie du monde est résumée là-dedans. Il est évident qu'il y a peu d'histoires d'amour aussi touchantes... » disait Jean Renoir (1894-1979). Fils du peintre Auguste, le cinéaste réaliste se fait un prénom pendant l'entre-deux-guerres. En 1936, Renoir tourne la nouvelle de Maupassant [1]. La famille Dufour passe le dimanche à la campagne. La jeune Henriette, promise à l'employé de son père, tombe sous le charme d'un canotier... Une aventure sans lendemain à laquelle Henriette, une fois mariée, repensera toute sa vie.

2. Colette.
En 1907, pendant sa période music-hall, Colette se produit au théâtre dans des spectacles de mime. Au Moulin-Rouge, elle fait scandale dans *Rêve d'Égypte*, en jouant le rôle d'une momie ressuscitée par le baiser fiévreux d'un archéologue joué par sa maîtresse, Mathilde de Morny... Par sa vie comme par son œuvre, Colette participera à l'émancipation féminine et à la libéralisation des mœurs. Ses récits d'inspiration autobiographique explorent la psychologie amoureuse et dénoncent souvent l'égoïsme masculin (*Le Blé en herbe*).

3. Critique d'art.
En dépit d'une courte vie, Apollinaire eut le temps de s'intéresser de près à un autre domaine que la poésie. Quasi autodidacte en la matière, il flaire les avant-gardes picturales de son temps et décrypte Picasso dès 1905 : « Tout l'enchante et son talent incontestable me paraît au service d'une fantaisie qui mêle justement le délicieux et l'horrible, l'abject et le délicat. » S'ensuivront nombre de comptes rendus pour des revues et d'articles pour la presse. Cézanne, Chagall, Kandinsky, Dufy, Matisse, Léger, Ingres, Braque (« qui fut avec Picasso l'un des initiateurs de la nouvelle époque »), presque personne ne lui échappe. Jus-

---

1. Le film ne sortira qu'en 1946, sous le titre, privé de son article, de *Partie de campagne*.

qu'à sa mort en 1918, il se sera fait le relais d'un tournant majeur de l'histoire de l'art.

4. Comédien. Dessinateur. Metteur en scène.
Difficile de cerner l'œuvre d'Antonin Artaud tant elle traverse à la fois la poésie, le théâtre ou le simple dessin sur papier. Né à Marseille en 1896, il débarque à Paris en 1920 où il fait la rencontre des surréalistes et des hommes de théâtre Charles Dullin ou Roger Vitrac avec qui il travaille. Jeu, mise en scène, conception des costumes et décors, rien ne lui échappe. L'énergie qu'il déploie est à la mesure du mal dont il souffre depuis l'enfance. Des troubles nerveux qui le conduiront à l'asile. Interné, il consigne textes et dessins dans ce qui formera ses *Cahiers de Rodez*. « Là où d'autres proposent des œuvres je ne prétends pas autre chose que de montrer mon esprit. La vie est de brûler des questions. Je ne conçois pas d'œuvre comme détachée de la vie. » Entre recueils de poèmes (*L'Ombilic des limbes*, *Le Pèse-Nerfs*), essais sur le théâtre (*Le Théâtre et son double*) et correspondances, Artaud laisse à sa mort, en 1948, une œuvre protéiforme, brûlante et gigantesque.

5. *La Classe de neige* **de Claude Miller** (1998).
Nicolas s'apprête à passer une semaine en classe de neige. Il est accompagné par son père en voiture, ce qui le distingue d'emblée des autres enfants, venus en car. Pour conjurer ses angoisses et ses peurs, Nicolas aura pour seule arme son imagination...

L'Adversaire **de Nicole Garcia** (2002).
Inspiré d'un fait divers, *L'Adversaire* raconte l'histoire de Jean-Marc Faure (alias Jean-Claude Romand), prétendu médecin qui est pris dans l'engrenage d'une double vie. Le récit imagine « ce qui tournait dans sa tête au long des heures vides, sans projet ni témoin, qu'il était supposé passer à son travail et passait en réalité sur des parkings d'autoroute ou dans les forêts du Jura » (Emmanuel Carrère).

La Moustache **d'Emmanuel Carrère** (2005).
Un jour, Marc décide de se raser la moustache. Juste comme ça, pour voir ce que ça fait. Mais sa femme Agnès ne le remarque pas. Ses amis non plus. L'a-t-il vraiment rasée ? Le dérèglement puis la folie envahissent le quotidien d'un homme.

10
La littérature est un jeu

Arnaques, pastiches et fantaisies

Nous voilà quasiment au terme de notre aventure. Avant que nous ne nous quittions pour d'autres lectures, attardons-nous quelques minutes encore sur l'humour de nos littérateurs. Jusqu'alors, il nous semblait opportun d'appréhender les lettres sans complexe, mais découvrons ensemble que la littérature elle-même comporte sa part de jeu. Du cadavre exquis aux grandes impostures, levons une dernière fois le voile sur la littérature.

1. Alcofribas Nasier, Bison Ravi, Rauque Anonyme, Rose de Pindare, Crayencourt. Quels écrivains se cachent derrière ces anagrammes[1] ? (Si vous séchez, sachez que les œuvres ci-dessous ont été respectivement écrites par les auteurs ci-dessus : *Gargantua*, *L'Automne à Pékin*, *Pierrot mon ami*, *Amours*, *Mémoires d'Hadrien*.)

2. Qu'est-ce que la stéganographie ?
   ❒ l'art de dissimuler un message
   ❒ l'art d'écrire sans les mains
   ❒ l'art de ne pas écrire

3. Le questionnaire de Proust est un test...
   ❒ de personnalité
   ❒ de culture générale
   ❒ de connaissance de l'œuvre proustienne

---
1. On obtient une anagramme en changeant l'ordre des lettres dans un mot pour obtenir un mot différent (nom commun ou nom propre). L'anagramme n'est considérée comme parfaite que si l'on retrouve exactement les mêmes lettres d'un mot à l'autre.

10. Arnaques, pastiches et fantaisies

4. Combien de lettres contient *Le Grand Palindrome* de Georges Perec ?
   - ❏ 5 566
   - ❏ 55 666
   - ❏ 555 666

5. Par quel moyen Romain Gary (1914-1980) obtient-il une seconde fois le prix Goncourt en 1975 ?
   - ❏ son éditeur soudoie le jury
   - ❏ Romain Gary utilise un pseudonyme
   - ❏ son cousin Paul Pavlovitch se fait passer pour l'auteur du roman que Gary a écrit

6. Maintenant, révisons. À qui doit-on les titres des chapitres de cet ouvrage ? Reliez chaque phrase à son auteur.

Je sais mieux faire l'amitié que l'amour	Saint-Exupéry
Il n'y a pas d'amour heureux	Zola
J'accuse... !	Aragon
Dessine-moi un mouton	Jules Renard
Je est un autre	Cocteau
L'écriture est la peinture de la voix	Voltaire
Le style, c'est l'oubli de tous les styles	Du Bellay
Il n'y a pas de redoublants	Rimbaud
Heureux qui comme Ulysse	Ionesco

II. LA LITTÉRATURE EST UN JEU

Réponses

1. Alcofribas Nasier → François Rabelais (vers 1483-vers 1553).
Il publie *Pantagruel* (1532) et *Gargantua* (1534) sous ce pseudonyme pour se mettre à l'abri des foudres de la Sorbonne, alors faculté de théologie... qui condamnera ses œuvres[1].

Bison Ravi → Boris Vian (1920-1959).
Boris Vian est un habitué des pseudonymes. Le plus connu est celui de Vernon Sullivan, nom sous lequel il publie notamment *J'irai cracher sur vos tombes*.

Rauque Anonyme → Raymond Queneau (1903-1976).
Quoi de plus naturel pour le cofondateur de l'Oulipo que de jouer avec son nom ? Toutefois, remarquez que l'anagramme n'est que partielle. À vous de trouver la lettre manquante.

Rose de Pindare → Pierre de Ronsard (1524-1585).
Le nom ne lui est pas inconnu : Pindare est le nom d'un poète grec du Ve siècle avant J.-C. dont Ronsard s'est notamment inspiré pour ses *Odes* (1550).

Crayencourt → Yourcenar (1903-1987).
Là aussi, l'anagramme n'est pas parfaite, mais elle cache le nom patronymique de Marguerite Yourcenar, née Marguerite de Crayencourt.

2. L'art de dissimuler un message.
Le mot stéganographie est issu du grec *steganos* « qui sert à couvrir » et *graphein* « écrire ». Les origines de la stéganographie sont millénaires. Hérodote rapporte l'histoire d'un esclave dont on rasa le crâne, inscrivit un message dessus, et attendit la repousse des cheveux avant de l'envoyer à son destinataire... Autres méthodes : l'encre invisible ou l'acrostiche[2]. Un exemple célèbre (dont il existe plusieurs formes) est attribué à Alfred de Musset (1810-1857) qui envoie à George Sand (1804-1876) le

---

1. En 1533, *Pantagruel* est censuré par la Sorbonne pour obscénité.
2. Un acrostiche est un poème dont les initiales de chaque vers, lues verticalement, forment un mot (généralement le nom de l'auteur ou celui du dédicataire).

10. Arnaques, pastiches et fantaisies

billet suivant, où les premiers mots de chaque vers forment une question :

« *Quand* je vous jure, hélas, un éternel hommage
Voulez-vous qu'un instant je change de langage
Que ne puis-je, avec vous, goûter le vrai bonheur
Je vous aime, ô ma belle, et ma plume en délire
Couche sur le papier ce que je n'ose dire
Avec soin, de mes vers, lisez le premier mot
Vous saurez quel remède apporter à mes maux. »

Et George Sand de répondre :

« *Cette* grande faveur que votre ardeur réclame
Nuit peut-être à l'honneur mais répond à ma flamme. »

3. Un test... **de personnalité.**

À la fin du XIXe siècle, l'adolescent Marcel Proust répond au questionnaire d'un livre anglais appartenant à la fille du futur président Félix Faure. Quelques années plus tard, il évince quelques questions, en ajoute d'autres, et adapte ainsi cette formule qui fera le tour du monde. Essayez-vous à quelques questions et comparez vos réponses à celles de Proust :

a) Le principal trait de mon caractère
b) La qualité que je désire chez un homme
c) La qualité que je désire chez une femme
d) Ce que j'apprécie le plus chez mes amis
e) Mon principal défaut
f) Mon occupation préférée
g) Mon rêve de bonheur

a) Le besoin d'être aimé et, pour préciser, le besoin d'être caressé et gâté bien plus que le besoin d'être admiré.
b) Des charmes féminins.
c) Des vertus d'homme et la franchise dans la camaraderie.
d) D'être tendre pour moi, si leur personne est assez exquise pour donner un grand prix à leur tendresse.
e) Ne pas savoir, ne pas pouvoir « vouloir ».
f) Aimer.
g) J'ai peur qu'il ne soit pas assez élevé, je n'ose pas le dire, j'ai peur de le détruire en le disant.

4. 5 566.

« Trace l'inégal palindrome. Neige. Bagatelle, dira Hercule. Le brut repentir, cet écrit né Perec. L'arc lu pèse trop, lis à vice

II. LA LITTÉRATURE EST UN JEU

versa. » Ainsi débute ce *Grand Palindrome* écrit en 1969. Le nombre 5 566 est lui aussi obtenu par la multiplication palindromique suivante : 11 x 23 x 2 x 11. Le jeu, oulipien par excellence, résulte d'un texte que l'on peut lire dans les deux sens. À titre de vérification, reportons-nous à la fin du texte de Perec : « [Désire ce trép] as rêvé : Ci va ! S'il porte, sépulcral, ce repentir, cet écrit ne perturbe le lucre : Haridelle, ta gabegie ne mord ni la plage ni l'écart. »

5. Romain Gary utilise un pseudonyme. Son cousin Paul Pavlovitch se fait passer pour l'auteur du roman que Gary a écrit.
En théorie, on ne peut recevoir le prix Goncourt qu'une seule fois. Déjà récompensé en 1956 pour *Les Racines du ciel*, Romain Gary utilise le pseudonyme d'Émile Ajar pour publier *Gros-Câlin* en 1974 puis *La Vie devant soi* l'année suivante. D'abord mystérieux, l'Émile en question apparaît pour la première fois sous les traits de Paul Pavlovitch... qui recevra le Goncourt en 1975. Pavlovitch endosse parfaitement le rôle, l'arnaque fonctionne, Ajar continuera à publier avec succès, et la vérité ne sera dévoilée qu'après le suicide de l'« inconnu » Gary...

6.
« Je sais mieux faire l'amitié que l'amour » est une parole rapportée de Jean Cocteau.
« Il n'y a pas d'amour heureux » est le titre d'un poème extrait du recueil *La Diane française* (1946) de Louis Aragon.
« J'accuse... ! » est un article d'Émile Zola pour le journal *L'Aurore*. Voir le chapitre 3.
« Dessine-moi un mouton » est une parole du *Petit Prince* (1943) de Saint-Exupéry.
« Je est un autre » est tiré d'une lettre de Rimbaud. Voir le chapitre 5.
« L'écriture est la peinture de la voix » est extrait du *Dictionnaire philosophique* de Voltaire.
« Le style, c'est l'oubli de tous les styles » est une phrase de Jules Renard que l'on retrouve dans son *Journal* (7 avril 1891).
Dans *Le Roi se meurt* d'Eugène Ionesco, Marguerite s'adresse au roi de la façon suivante (à propos de sa mort) : « Tu passeras l'examen. Il n'y a pas de redoublants. »
« Heureux qui comme Ulysse » est le début d'un poème de Du Bellay. Voir le chapitre 4.

Troisième partie
La science est un jeu
(Extraits)

par Régine Quéva

Régine Quéva

Passionnée par les sciences, et particulièrement par l'astronomie, elle a animé de nombreux camps scientifiques pour les enfants et les adolescents. Après avoir été institutrice pendant dix ans, puis éditrice dans le domaine scolaire, elle se consacre désormais à l'écriture (plus de quatre-vingts livres édités), notamment de manuels et d'ouvrages parascolaires.

Introduction

> Toto – *Je voudrais te demander : Les sous-marins atomiques, comment ils peuvent fonctionner dans l'eau ? Parce que, il paraît que d'un côté, il n'y a pas de moteur Diesel, il n'y a pas de moteur électrique... On en parlait justement encore à la récréation... Comment ils peuvent fonctionner dans l'eau, dis papa, les sous-marins atomiques ?*
> Le père – *Hum... hum... Mon vieux... C'est étudié pour !*
>
> Fernand Raynaud, *Heureux !*

Face à la science, nous voilà tous des enfants qui posent sans cesse des questions sur le monde. Car, comme le souligne Bachelard, « quoi qu'on en dise, dans la vie scientifique, les problèmes ne se posent pas d'eux-mêmes. C'est précisément ce sens du problème qui donne la marque du véritable esprit scientifique. Pour un esprit scientifique, toute connaissance est une réponse à une question. S'il n'y a pas eu de question, il ne peut y avoir de connaissance scientifique. Rien ne va de soi. Rien n'est donné. Tout est construit. »

C'est donc tout naturellement que la science commence par une observation du réel et se poursuit par des questions, logiques ou non, évidentes ou non, parfois même dérangeantes.

La plupart des questions choisies pour cet ouvrage font écho à nos interrogations : « Où va la mer quand elle se retire ? » « Comment un avion peut-il tenir en l'air ? » ou encore « Pourquoi a-t-on le hoquet ? ». Vous rencontrerez parfois des questions qui ont pu paraître insolubles par le passé et qui, au fil du temps, ont trouvé des essais de réponse. Vous en lirez aussi quelques-unes qui suscitent

III. LA SCIENCE EST UN JEU

aujourd'hui encore des controverses, et d'autres sans réponse fiable à ce jour.

Après chaque question, vous aurez à choisir des propositions de réponses probables, justes, ou complètement fantaisistes selon les cas. Car chercher la réponse à une question, c'est mettre en jeu « nos représentations », c'est-à-dire notre capacité à imaginer la réponse possible.

Nous avons voulu, dans ce petit livre, présenter différentes représentations du corps humain, de la sphère céleste, du monde animal et végétal, du fonctionnement des objets... bref de tout ce qui nous entoure, car la science n'a ni limites, « ni patrie », comme aimait à le dire Pasteur.

Après l'observation et le questionnement, vient, pour les scientifiques, le temps des hypothèses et celui de l'expérimentation qui confirme ou infirme les essais de réponse.

Dans quelques-uns de nos chapitres, vous serez invité à reproduire de petites expériences avec, sous la main, du matériel domestique. Rien ne remplace jamais l'expérience et la beauté de cet instant merveilleux, qui nous permet de voir et de comprendre.

Au fil du texte, vous reconnaîtrez des vers connus, des clins d'œil à des chansons ou à des pièces de théâtre : aimer la science, c'est aussi aimer la poésie de la vie. Scientifiques et poètes se tiennent parfois la main, liés par l'imagination et la création. Belle planète, elle a fait rêver Paul Valéry et Victor Hugo, Jules Verne et Edgar Poe, elle a même réussi à passionner Bobby Lapointe. Mais elle nous rappelle régulièrement à ses zones d'ombre, à ses lieux d'impuissance où elle nous emporte. Quiconque pense avoir la science infuse néglige le réel : seules les tisanes et le thé infusent !

Amusez-vous, lisez, enivrez-vous sans cesse de questions « pour ne pas être les esclaves martyrisés du temps[1] ». Et si nous espérons apporter une lumière à cette science parfois

---

1. « Pour ne pas sentir l'horrible fardeau du Temps qui brise vos épaules et vous penche vers la terre, il faut vous enivrer sans trêve. Mais de quoi ? De vin, de poésie ou de vertu, à votre guise. Mais enivrez-vous. » Extrait des *Petits Poèmes en prose*, de Charles Baudelaire.

« obscure, peut-être parce que la vérité est sombre », comme l'a écrit Victor Hugo[1], nous avons choisi d'être « Debout, mais incliné du côté du mystère[2] ».

Régine QUÉVA

---

1. In *Océan*, Victor Hugo.
2. In *Contemplations*, Victor Hugo.

1
Le ciel est par-dessus le toit

Astronomie et optique

Par-dessus le toit, le ciel, et par-dessus le ciel, l'espace, le cosmos, le lointain et le mystérieux. Le fascinant aussi devant lequel nous sommes tous des petits Poucet rêveurs logés à la Grande Ourse[1]. Que nous dit « le-ciel-qui-tout-englobe », comme le nommait Ptolémée ? Que les étoiles sont lointaines, qu'elles sont colorées, que tout tourne à grande vitesse et à folle allure, et bien d'autres choses encore que vous lirez ici-bas.

1. **Quelle étoile est la plus proche de la Terre ?**
   ❏ le Soleil
   ❏ la Lune
   ❏ l'étoile du Berger
   ❏ Véga
   ❏ Proxima du Centaure

2. **Pourquoi a-t-on plus chaud en été qu'en hiver ?**
   ❏ parce que la Terre est plus proche du Soleil en été
   ❏ parce que la Terre est inclinée sur son axe de rotation
   ❏ parce qu'il y a deux hémisphères
   ❏ parce que l'orbite de la Terre est ovale

3. **De quelle couleur sont les étoiles ?**
   ❏ blanche
   ❏ cela dépend du ciel
   ❏ cela dépend de leur distance
   ❏ cela dépend de leur type
   ❏ elles n'ont pas de couleur

---

[1]. « Petit-Poucet rêveur, j'égrenais dans ma course / Des rimes. Mon auberge était à la Grande-Ourse. / Mes étoiles au ciel avaient un doux frou-frou. » Extrait de « Ma bohème », in *Poésies*, Arthur Rimbaud.

III. LA SCIENCE EST UN JEU

4. **Une météorite peut-elle vraiment heurter la Terre ?**
   ❏ oui, comme cela s'est déjà produit dans l'histoire
   ❏ théoriquement oui, mais ce n'est encore jamais arrivé
   ❏ non, c'est absolument impossible

5. **Si nous étions sur la Lune, comment verrions-nous un « clair de terre » ?**
   ❏ plus brillant que le clair de lune sur la Terre
   ❏ moins brillant que le clair de lune sur la Terre
   ❏ pareil au clair de lune sur la Terre

Réponses

1. Le Soleil.
Notre astre du jour est une « banale » étoile comme nous en voyons des milliers la nuit. Cette étoile blanche est parvenue à la moitié de sa vie (10 milliards d'années) et, comme toutes les étoiles, nous fournit à chaque seconde de l'énergie par des réactions nucléaires. Les étoiles sont des bombes à hydrogène. Situé à 150 millions de kilomètres de la Terre, le Soleil nous donne son énergie, sa lumière, et rend la vie possible. Sans lui, rien ne luit !

2. Parce que la Terre est inclinée sur son axe de rotation.
La Terre est une sphère qui tourne sur elle-même autour d'un axe. Cet axe de rotation est légèrement incliné par rapport à la « verticale » (23°) définie par rapport à son plan de rotation autour du Soleil : la Terre est « penchée ». Puisque cette inclinaison reste toujours la même tout au long de la trajectoire de la planète, la Terre tourne autour du Soleil en étant – pendant un certain temps – « penchée en avant » (au pôle Nord) vers le Soleil et « penchée en arrière » pendant un autre temps. Quand l'hémisphère nord de la Terre est « penché en avant », le pôle Nord est éclairé : cet hémisphère reçoit plus de rayons lumineux qu'à d'autres moments de l'année (donc plus de chaleur), les jours sont plus longs. Quand la Terre est à l'autre bout de sa trajectoire, c'est l'inverse. « Les astres inclinent » (selon la formule de saint Thomas d'Aquin) et vingt-trois petits degrés ont donné quatre merveilleuses saisons.

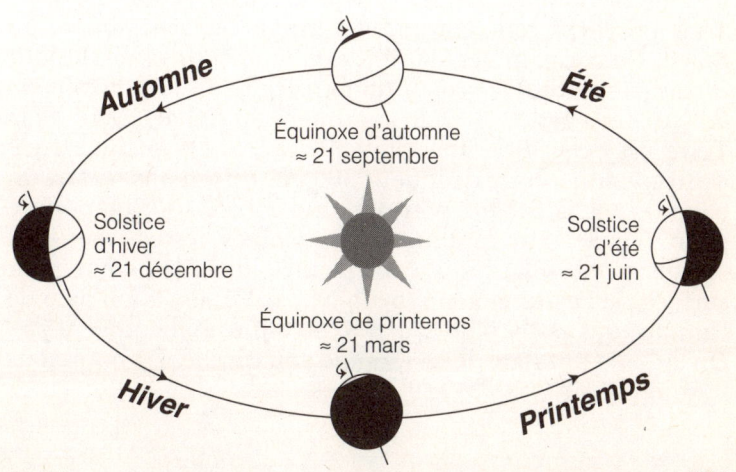

3. Cela dépend de leur type.

En analysant la lumière émise par une étoile (son spectre), les astronomes en déduisent sa composition, sa température, sa taille... Les étoiles sont classées par lettres sur un diagramme (le diagramme Hertzsprung-Russel) qui définit ainsi le type de l'étoile. Les étoiles chaudes sont de couleur bleue, dans le ciel nocturne (comme les jeunes étoiles de la Pléiade). Les étoiles rouges sont plus froides (Bételgeuse, Antarès, Arcturus...). On trouve également des étoiles blanches (Régulus), jaunes (Altaïr) ou orangées (Capella). Bref, quand on est la tête dans les étoiles, on en voit de toutes les couleurs.

4. Oui, comme cela s'est déjà produit dans l'histoire.

Des grosses météorites sont déjà tombées sur la Terre il y a 65 millions d'années (au Mexique), 50 000 ans (en Arizona), en 1908 (en Sibérie) et beaucoup plus récemment en 1992 et 2003 (aux États-Unis). Les météorites (appelées météores dans le ciel) sont des fragments d'astéroïdes (petites planètes) et résultent des collisions entre planètes, lors de la formation du système solaire.
Les chutes sans gravité de petites météorites sont régulières. Les risques majeurs sont en revanche beaucoup plus réduits : un risque tous les 300 000 ans, causé par des météorites de 1 km de diamètre (impact équivalent à un million de bombes atomiques).
La question est juste de savoir quand est tombée la dernière...

5. Plus brillant que le clair de lune sur la Terre.

Tous les corps reflètent plus ou moins bien la lumière du Soleil. Ce pourcentage de réflexion (l'albédo) va de 0 (pour un corps sombre) à 1 (pour un miroir). La Lune a un albédo de 0,07 (elle reflète 7 % de la lumière du Soleil), celui de la Terre est de 0,39 (5 fois plus que la Lune). Aucun risque d'attraper un « coup de lune » (500 000 fois moins fort qu'un coup de soleil, 0,2 lux pour la Lune contre 100 000 pour le plein Soleil). Sur la Lune, les « pleines terres » seraient 40 fois plus brillantes que les pleines lunes (en combinant surface de l'astre et son albédo). C'est Vénus, la planète de l'amour, qui est la plus brillante de toutes (albédo de 0,72). Quand elle luit dans le ciel, on ne voit qu'elle. De quoi nous faire réfléchir...

2
Terre, air et mer
Météorologie et géologie

Sous les nuages, ces merveilleux nuages [1], la terre, ferme et fertile, s'arrête là où la mer s'avance et se retire. Mais savez-vous pourquoi la mer fuit ? Et sait-on pourquoi l'océan, « ce grand célibataire [2] », est le plus souvent bleu et pourquoi la mer est salée ? Est-ce que – comme le dit Fernand Raynaud – tout est « étudié pour », comme les éponges qui empêchent la mer de déborder ?

1. **Où va la mer quand elle se retire ?**
    - ❏ de l'autre côté de la Terre, à l'opposé (à 180° par rapport au lieu où l'on se trouve)
    - ❏ de l'autre côté de l'océan, à angle droit (à 90° par rapport au lieu où l'on se trouve)
    - ❏ elle s'évapore
    - ❏ elle « enfle » au milieu de l'océan ou de la mer

2. **Combien pèse un nuage ?**
    - ❏ environ 1 tonne pour un petit
    - ❏ environ 25 tonnes pour un petit
    - ❏ environ 1 000 tonnes pour un petit
    - ❏ les nuages même gros ne pèsent rien
    - ❏ on ne sait pas, on n'a jamais pesé de nuage

3. **Pourquoi la mer est-elle bleue ?**
    - ❏ parce qu'elle reflète le bleu du ciel
    - ❏ parce qu'elle absorbe toutes les couleurs sauf le bleu
    - ❏ parce que l'eau est bleue

---

1. « J'aime les nuages, les merveilleux nuages qui passent », extrait des *Petits Poèmes en prose*, de Charles Baudelaire.
2. « Vieil océan, ô grand célibataire », extrait des *Chants de Maldoror*, de Lautréamont.

III. LA SCIENCE EST UN JEU

4. **Il fait plus froid au pôle Sud qu'au pôle Nord :**
   ❐ à cause des glaciers
   ❐ à cause des icebergs
   ❐ à cause de l'altitude
   ❐ à cause de la latitude

5. **D'où vient le sel de l'eau de mer ?**
   ❐ des nuages
   ❐ de la croûte terrestre
   ❐ des volcans sous-marins
   ❐ de l'oxygène présent dans l'eau de mer

6. **Les arcs-en-ciel sont connus de tous. Mais est-il vrai que l'on peut observer des « cercles-en-ciel » ?**
   ❐ oui, dans certaines circonstances
   ❐ non, le phénomène n'existe même pas

2. Météorologie et géologie

Réponses

1. De l'autre côté de l'océan, à angle droit (à 90° par rapport au lieu où l'on se trouve).

Globalement, on peut dire que lorsqu'il y a une marée basse quelque part, il y a une marée haute ailleurs. En 24 heures, à un point donné de la Terre, on se trouve en face de la Lune et à son opposé 12 heures plus tard. Or l'eau est attirée par la masse de la Lune. Les marées hautes se produisent donc quand, sur une plage, nous sommes « en face » de la Lune (ou à son opposé) : c'est-à-dire dans son alignement. La Terre tournant sur elle-même en 24 heures, six heures plus tard, la plage se trouve à « angle droit » par rapport à la Lune, un autre endroit de la mer est attiré par la masse lunaire. On peut alors faire main basse sur les coquillages, la pêche à pied est ouverte ! Six heures après, la Terre ayant continué sa rotation, notre plage se trouve de nouveau « en face » de la Lune (ou à son opposé), la marée remonte, les pêcheurs aussi. En Bretagne comme ailleurs, de deux choses l'une : marée haute ou crustacés.

2. Environ 25 tonnes pour un petit.

Certes, un nuage ne tient pas sur une balance, mais on peut estimer son poids (après avoir estimé sa masse) en évaluant son volume et donc sa quantité d'eau et de glace (un nuage ne contient que le millionième de son poids en eau). Un petit nuage, par exemple, peut représenter un volume de 20 à 30 millions de m^3 (environ 20 millions de piscines de jardin vides) et ne contient – en eau – que le volume d'une seule de ces piscines (25 m^3 d'eau). Quand il pleut, mieux vaut ne pas être dans les nuages.

3. Parce qu'elle absorbe toutes les couleurs sauf le bleu.

La lumière blanche est composée de sept couleurs, qui sont chacune visibles selon une bande particulière de longueur d'onde. Un peu comme si chaque couleur émettait sur une fréquence. L'œil perçoit toutes les « fréquences » des couleurs, mais les textures des matières (les tissus, les objets, les matériaux...) absorbent certaines fréquences (elles ne les rediffusent pas, donc les filtrent). Celle qui n'est pas filtrée reste visible, la couleur est alors diffusée, éparpillée dans toutes les directions. C'est pourquoi un objet est rouge, vert ou bleu.

III. LA SCIENCE EST UN JEU

Les molécules d'eau (spécialement leur atome d'oxygène) absorbent toutes les longueurs d'ondes, sauf les plus courtes, celles du bleu. L'eau de mer vire au vert si elle contient du plancton, reste bleu clair en faible profondeur et devient bleu très sombre, voire noire dans les abysses. Plus l'on descend, plus les couleurs dans l'eau sont absorbées...

4. À cause de l'altitude.
Le pôle Sud est plus élevé que le pôle Nord qui, lui, est bien « à plat » sur la banquise, où il fait tout de même – 30 °C. Pour aller au pôle Sud, il faut grimper à 2 800 m d'altitude, là où la température descend à – 60 °C. Comparativement, c'est l'été au bord de l'Arctique, de quoi faire tourner des ballons sur son nez.

5. De la croûte terrestre.
Présent dans l'eau depuis plus d'un milliard d'années, le sel (chlorure de sodium) provient des roches de la croûte terrestre. Contrairement à d'autres éléments chimiques (le fer par exemple), le sodium a une durée de vie de dizaines de millions d'années. Le chlorure de sodium, principal sel contenu dans les sels marins est – en outre – le plus soluble. En contact avec les roches salées de la croûte terrestre sur une énorme surface, l'eau des mers et des océans présente donc naturellement une salinité de l'ordre de 33 à 37 g de sel/kg d'eau. On sait pourquoi la mer est salée, mais on ne sait toujours pas pourquoi la croûte terrestre est salée plutôt que sucrée.

6. Oui, dans certaines circonstances (ils sont visibles d'un avion ou d'une montagne).
Un arc-en-ciel est un cercle « coupé » par la ligne d'horizon. Cette belle illusion d'optique se forme dans trois conditions : tourner le dos au soleil, regarder dans une zone où il pleut et, enfin, former un certain angle entre les gouttes d'eau et le soleil. Dans chaque goutte, la lumière est déviée (réfraction), elle subit un changement de direction (réflexion) puis est de nouveau réfractée. Toutes les couleurs sont ainsi déviées, du rouge à l'extérieur (selon un angle de 42,5° soleil-goutte-œil) jusqu'au bleu à l'intérieur de l'arc (41°). L'effet arche est dû au parallélisme des rayons du soleil, qui produisent le même effet d'angle décalé jusqu'en bas. La lumière est plusieurs fois réfléchie dans les gouttes, donc plusieurs arcs se forment, mais ils ne sont pas toujours visibles. L'an-

gle de déviation des couleurs – pour le deuxième arc – change (50-53°), les couleurs apparaissent alors inversées (le rouge est à l'intérieur). Une arche d'alliance argentée est visible parfois de nuit, sous la lumière polarisée de la lune. Bienheureux qui la voit.

3
Matières et matériaux

La matière dans tous ses états

Faut-il que pour nous brûlent tant d'étoiles
Et que tant de pluie arrive du ciel,
Et que tant de jours sèchent au soleil
Quand un peu de vent éteint notre voix. [1]

Comment ne pas rester songeur devant ces vers de Supervielle qui reprennent si poétiquement les trois états de la matière (solide, liquide, gazeux) ?

En découvrant dans ce chapitre la forme des gouttes de pluie, la datation du carbone 14 et les vrais risques des sables mouvants, vous serez certainement étonné(e), et peut-être gagné(e) par la rêverie...

1. **Pourquoi les traces de doigt restent-elles sur une vitre embuée ?**
   ❐ c'est à cause de la chaleur
   ❐ c'est à cause de la vitre
   ❐ c'est à cause des doigts
   ❐ c'est à cause de l'humidité

2. **Un kilo de plumes et un kilo de plomb ont en commun :**
   ❐ la même masse
   ❐ la même densité
   ❐ le même volume

3. **D'où vient le « glouglou » quand on vide une bouteille ?**
   (Attention, plusieurs réponses sont possibles.)

---
1. Extrait du recueil *Gravitations*, de Jules Supervielle (Gallimard, 1966).

3. La matière dans tous ses états

❏ de la nature de la bouteille (verre, plastique, etc.)
❏ du contenu de la bouteille
❏ de l'angle d'inclinaison de la bouteille

4. **Comment date-t-on avec le carbone 14 ?**
   ❏ grâce à la Terre
   ❏ grâce à l'eau
   ❏ grâce à l'atmosphère
   ❏ grâce à un rayon laser

5. **Quelle forme ont les gouttes de pluie ?**
   ❏ effilée en haut et sphérique en bas (comme les gouttes du robinet)
   ❏ sphérique (comme les grêlons)
   ❏ ovale
   ❏ une forme de haricot (creux en bas)

6. **Que risque-t-on dans les sables mouvants ?**
   ❏ de s'y enfoncer
   ❏ de s'y noyer
   ❏ d'être aspiré par le fond
   ❏ rien du tout

III. LA SCIENCE EST UN JEU

Réponses

1. C'est à cause des doigts (et plus particulièrement de la graisse présente sur la peau).
En passant ses doigts sur une vitre, ceux-ci créent un film qui laisse des traces. Ce film transparent n'est plus visible quand la buée disparaît et redevient visible dès que l'atmosphère se charge à nouveau d'humidité. Une trace laissée par un chiffon peut aussi produire le même effet en rassemblant les gouttes d'eau sous forme d'une pellicule.
Pour faire disparaître définitivement ces films ou ces pellicules : un chiffon et du détergent !

2. La même masse.
Contrairement au poids, la masse d'un corps reste identique quel que soit l'endroit où il se trouve (air, espace, altitude...). Les deux kilos n'ont pas la même densité (rapport de leur masse avec celle de l'eau pure), ni le même volume. Un âne chargé de plomb sera plus à l'aise – même au passage du gué d'une rivière – que celui chargé de plumes.

3. De la nature de la bouteille et **de l'angle d'inclinaison de la bouteille.**
Un effet de « glouglou » ne s'entend pratiquement jamais dans une bouteille en plastique. L'air extérieur faisant pression pour que le liquide sorte, la bouteille se déforme. Dans une bouteille en verre, de l'air doit entrer pour « pousser » le liquide. Le bruit de « glouglou » se produit quand l'air et le liquide passent chacun leur tour. On peut également entendre une bouteille glouglouter quand la façon de la tenir (son angle d'inclinaison) fait siphon.
En sciences rien ne remplace l'expérience, à vous de vérifier.

4. Grâce à l'atmosphère.
L'atmosphère de la Terre est composée d'azote (78 %), d'oxygène (21 %) et de différents gaz (1 %). Parmi ceux-ci, le dioxyde de carbone (CO_2) comporte des atomes de carbone 12 (6 protons, 6 neutrons) et de carbone 14 (6 protons, 8 neutrons). Cette infime proportion de carbone 14 (un atome de carbone 14 pour 750 milliards de carbone 12) est présente dans chaque être vivant, par les échanges gazeux de sa respiration. Cette quantité – identique à tous – meurt avec le corps et avec le temps : la moitié des atomes disparaît

134

en 5 730 ans. Il suffit alors de calculer la quantité restante (la proportion par mg entre le carbone 12 et le carbone 14) pour connaître assez précisément l'année de la mort de l'être vivant. Moins il reste de carbone 14, plus la mort est ancienne. Le carbone laisse toujours des traces.

5. Une forme de haricot (creux en bas).
Les gouttes d'eau n'ont une forme de larme que quand elles tombent du robinet. En tombant du ciel, les gouttes de pluie (de la taille d'une cerise) sont divisées en gouttelettes de pluie, à cause de la friction de l'air qui va également peu à peu les aplatir. Durant leur descente – qui peut durer 2 km – leur vitesse va augmenter en proportion de leur taille. Les gouttes de pluie de la taille d'un petit pois (1 cm de diamètre) arrivent au sol à une vitesse de 30 km/h ! De quoi avoir peur que le ciel ne nous tombe sur la tête.

6. De s'y enfoncer.
Certains matériaux ont la propriété d'être à la fois solides et liquides (la thixotropie) et peuvent changer d'état selon l'énergie qu'ils reçoivent. Les amateurs de bricolage connaissent cet état particulier du ciment (du mortier ou du béton) qui se liquéfie au moindre coup de truelle. Certains sables sont composés d'un peu d'argile et de nombreuses particules d'eau (60 %) qui rendent la poche de sable d'apparence solide.
À la moindre « impulsion » et au moindre geste, l'argile devient liquide : on s'enfonce. Les pieds restent coincés dans le sable tombé au fond à faible profondeur ; en soulever un demande autant de force que de soulever une voiture (Daniel Bonn, ENS, 2005). Des physiciens ont montré qu'un humain ou un animal ne peut que s'y enfoncer partiellement : on finit par y flotter (tête en l'air et pieds coincés). Pour en sortir, de petits mouvements très lents sont recommandés ; une position à l'horizontale sur les sables évite de s'y enfoncer. Prudence donc dans la très belle baie du Mont-Saint-Michel qui, malgré ses dangereux sables, reste émouvant.

4
Madame la fée

Électricité, son, énergie

Qu'il ait été un don du géant Prométhée ou qu'il soit né du frottement des pierres avec du bois, le feu éclaire les hommes depuis l'obscur et le froid de la nuit des temps. Quand l'azur nous abandonne [1], nous faisons encore des feux pour vivre mieux, et sa chaude lumière éclaire les ténèbres. « Les lois de la nature étaient cachées dans la nuit. Dieu dit "Que Newton soit !" et la lumière fut. » Cette phrase de l'écrivain britannique Alexander Pope constitue l'introduction idéale à ce chapitre qui éclairera vos lanternes sur les questions d'énergie.

1. Pourquoi a-t-on les yeux rouges sur les photos ?
   ❐ à cause de la distance
   ❐ à cause de la qualité de l'appareil photo
   ❐ à cause de la quantité de lumière
   ❐ à cause de la couleur de nos yeux

2. Quel cristal nous donne l'heure ?
   ❐ la diode
   ❐ le quartz
   ❐ le silicium
   ❐ le transistor

3. D'où vient le « bang » quand un avion franchit le mur du son ?
   ❐ de la chaleur de l'avion
   ❐ de l'altitude de l'avion

---
1. « Je fis un feu, l'azur m'ayant abandonné », extrait de « Pour vivre ici », in *Le Livre ouvert*, Paul Eluard (Gallimard, 1974).

4. Électricité, son, énergie

❏ de la forme de l'avion
❏ de l'air comprimé par les vibrations

4. **Comment les lucioles produisent-elles leur lumière ?**
❏ c'est chimique
❏ par une petite pile
❏ grâce au Soleil
❏ les lucioles ne produisent pas de lumière

5. **Y a-t-il du bruit dans l'espace ?**
❏ non, aucun bruit
❏ oui, un fond sonore
❏ oui, le bruit est amplifié
❏ ça dépend de l'endroit

6. **Qu'est-ce qui fait danser les serpents ?**
❏ la musique
❏ les vibrations de l'air
❏ les couleurs
❏ les formes
❏ un fil invisible

7. **Y a-t-il de l'énergie dans le vide ?**
❏ non, c'est impossible
❏ oui, il y a un peu d'énergie
❏ oui, il y a beaucoup d'énergie

8. **Quels rayons ultraviolets sont les plus dangereux pour la santé ?**
❏ les ultraviolets A
❏ les ultraviolets B
❏ les ultraviolets C
❏ tous

III. LA SCIENCE EST UN JEU

Réponses

1. À cause de la quantité de lumière (produite par le flash). Comme le diaphragme des appareils photo, la partie colorée de l'œil (l'iris) « s'ouvre » ou « se ferme » (se dilate ou se contracte) pour permettre au « trou » situé au centre de l'œil (la pupille) de laisser passer plus ou moins de lumière. Dans l'obscurité, l'iris s'ouvre par réflexe, pour laisser entrer plus de lumière. Or, l'éclair du flash surprend l'iris qui n'a pas le temps de se refermer. Les rayons lumineux éclairent alors le fond de l'œil (la rétine) composé de vaisseaux sanguins. C'est finalement l'image du fond de l'œil que l'on voit sur les photos : le fond de l'œil est rouge.

2. Le quartz.
Ce cristal possède une structure cristalline qui vibre 32 768 fois par seconde (32 768 hertz). Cette propriété (la piézoélectricité) permet aux cristaux de transmettre leurs vibrations à des systèmes entiers (circuits imprimés). On s'oriente désormais sur leur capacité à propager les photons lumineux dans une direction précise. Ces cristaux « photoniques » filtrent et dirigent la lumière sans perdre d'énergie. Une légende prétend que 13 crânes faits de cristal existeraient dans le monde. L'un d'eux, trouvé en 1924, et analysé par Hewlett-Packard, devrait selon eux « ne pas pouvoir exister », car mécaniquement et physiquement impossible à fabriquer. D'autres sont apparus (dont l'un se trouve au British Museum) soulevant toujours des tempêtes dans les crânes. Le mystère du cristal demeure, de quoi perdre la boule...

3. De l'air comprimé par les vibrations.
En se déplaçant dans l'air, un objet crée des vibrations, qui forment des ondes sonores. Dans l'air, le son va à 1 225 km/h (à 15 °C). Quand un avion vole en dessous de cette vitesse, les ondes sonores se trouvent devant lui. On entend alors le bruit de l'avion avant de le voir. Quand l'avion avance à la même vitesse que le son, les vibrations créées « s'accumulent » sur son nez. L'air y est comprimé et l'avion doit accélérer pour franchir ce « mur ». Quand il l'a dépassé, l'air comprimé est derrière lui et de nouvelles vibrations acoustiques (comprimées) vont les rejoindre, créant ainsi une masse d'air chaud. Or, la vitesse du son augmente avec la chaleur. Cette nouvelle masse chaude va donc produire une

onde de choc (conique) que l'on entend après le passage de l'avion. Tant que l'avion va plus vite que son son, cette onde conique se reproduit et se poursuit dans son sillage. Bang, bang...

4. C'est chimique.
L'abdomen de toutes les lucioles (appelées aussi « vers luisants ») contient une enzyme (une molécule appelée « luciférase ») qui, en s'oxydant, produit naturellement de la lumière. Plus visibles la nuit, les lucioles luisent aussi de jour. Certaines d'entre elles profitent de cette électricité gratuite pour avertir leurs prédateurs de leur goût amer. Mais il semble que les femelles, dépourvues d'ailes, utilisent ce stratagème en grimpant en haut des herbes, pour signaler leur présence aux mâles. Munis de gros yeux, ces derniers peuvent ainsi, en volant, les repérer sans mal. Imaginez à quoi ressemblerait une ville la nuit, si les humains avaient cette faculté...

5. Non, aucun bruit.
Le son est une onde acoustique, produite par une vibration, dans un milieu fluide ou solide. Comme une vague dans l'eau, la vibration du son est portée par les molécules (de gaz, d'eau...). Or, dans l'espace, les molécules sont toutes regroupées dans les étoiles, amas, planètes... C'est le fameux vide interstellaire : les ondes acoustiques ne peuvent pas y circuler faute de matière. Impossible donc dans l'espace d'entendre un Bang même s'il est Big.

6. Les vibrations de l'air.
Les serpents sont sourds : ils ne possèdent pas d'oreille externe, ni de tympan. En revanche, ils sont extrêmement sensibles aux vibrations du sol et de l'air : un musicien immobile n'a aucune chance de voir « danser » son serpent. Il tape légèrement le sol du pied et bouge pour créer des vibrations dans l'air et ainsi faire « danser » son serpent. À l'aide de leur langue, les serpents goûtent des particules de l'air qu'ils transmettent à leur organe de l'odorat, situé dans leur palais. Grâce à un organe situé entre la narine et l'œil, certains reptiles peuvent détecter des infrarouges et chasser dans le noir. Pourrait-on alors les voir danser en silence,

comme les belles d'abandon quand elles marchent en cadence [1] ?

7. Oui, il y a un peu d'énergie.

Le vide possède une forme d'énergie qui, dans certaines conditions, peut créer du mouvement. À la fin du XIXe siècle, Nikola Tesla étudiait déjà cette énergie libre (propre et inépuisable). Des expérimentations récentes (CNRS, Gifnet) ont mis en pratique une théorie quantique (établie par Hendrick Casimir, en 1948) selon laquelle – dans le vide – deux plaques verticales s'attirent et émettent « spontanément » des atomes. Le vide ne serait donc pas si vide, et pourrait être rempli de ce qu'on appelle désormais le « quatrième état de la matière » : le plasma. Il reste à donner sa place au plasma.

8. Tous (pour la peau et les yeux essentiellement).

Le Soleil émet des rayons qui parviennent sur Terre sous différentes formes : les couleurs (émises entre 400 et 780 nanomètres) ne sont qu'une « mince fenêtre visible » parmi les rayons que nous recevons. Après la couleur rouge (dans les basses fréquences), on peut capter les infrarouges, puis les ondes radio. Avant la couleur bleu-violet se situent les rayons ultraviolets, les rayons X et les rayons gamma (dans les hautes fréquences). Les ultraviolets sont classés en A, B et C en fonction de leur fréquence. Seuls les rayons A et une partie des rayons B (responsables du bronzage) passent au travers de la couche d'ozone et nous parviennent. Ces dangereux rayons invisibles sont indispensables en petite quantité (synthèse de la vitamine D) et très nocifs en grande quantité pour les yeux et la peau (2 à 3 millions de cancers cutanés par an dans le monde, OMS, 2006). Derrière une vitre, les rayons A risquent d'endommager votre peau, sans vous faire bronzer. Au soleil, des protections sont toujours indispensables, surtout contre les UV B, B comme brûlure.

---

1. « À te voir marcher en cadence, / Belle d'abandon, / On dirait un serpent qui danse / Au bout d'un bâton. » Extrait de « Le Serpent qui danse », in *Les Fleurs du mal*, Charles Baudelaire.

5
Le parti pris des choses
Les objets

Si, comme disait Pascal, notre nature est dans le mouvement, quelle nature se cache dans le mouvement des objets et des choses inanimées ? Les choses nous prennent si l'on n'y prend pas garde, vouloir les comprendre c'est peut-être s'en détacher et trouver en elles des « raisons de vivre heureux », comme l'a écrit Francis Ponge[1]. Cultivez votre esprit « pour rafraîchir les choses » et découvrez l'équilibre du vélo et celui de l'avion, la flottaison d'un bateau et l'avenir de quelques-uns de nos objets.

1. Peut-on faire avancer un paquebot d'une seule main ?
   ❒ oui, s'il n'y a ni vent ni courant
   ❒ non, c'est une plaisanterie de marin

2. Pourquoi les balles de golf ne sont-elles pas lisses ?
   ❒ pour des raisons chimiques
   ❒ pour des raisons aérodynamiques
   ❒ pour des raisons économiques
   ❒ pour l'esthétique

3. Avec quelles formes géométriques obtient-on une sphère ?
   ❒ avec des hexagones uniquement
   ❒ avec des pentagones uniquement
   ❒ avec des hexagones et des pentagones

4. Comment un vélo tient-il en équilibre dans les virages ?
   ❒ par l'accélération centrifuge
   ❒ par l'accélération centripète

---
1. Voir *Le Parti pris des choses*, Francis Ponge (Gallimard, 1967).

III. LA SCIENCE EST UN JEU

5. Pourquoi la tartine beurrée tombe-t-elle toujours du mauvais côté ?
  ❏ c'est « pas de chance » (loi de Murphy)
  ❏ c'est la loi du moindre effort (loi de Laborit)
  ❏ c'est de l'incompétence (principe de Peter)

6. Comment un bateau peut-il flotter ?
  ❏ parce que sa forme le permet
  ❏ parce que son matériau le permet
  ❏ parce que son poids le permet
  ❏ parce que sa coque est creuse

5. Les objets

Réponses

1. Oui, s'il n'y a ni vent ni courant.
Un objet dans un fluide subit – entre autres – des forces de frottement fluide qui sont proportionnelles à la vitesse de l'objet (et à l'âge du capitaine très certainement). Si la vitesse est faible, voire nulle, la force qui en résulte est nulle : donc il est possible de pousser d'une seule main un bateau à l'arrêt. L'expérience est facile à réaliser : attention toutefois à ne pas pousser trop fort et à lâcher assez vite le bastingage.

2. Pour des raisons aérodynamiques.
Les balles de golf étaient autrefois en cuir retourné, coutures à l'intérieur, pour être plus lisses. Mais les vieilles balles trouées allaient plus loin que les neuves. L'explication fut donnée par un ingénieur – anglais, forcément : une balle lisse propulsée crée une zone de turbulence à l'arrière. La dépression ainsi formée freine l'avancée de la balle, en la « tirant » vers l'arrière. Une balle alvéolée crée, elle, une turbulence située « autour » de la balle avec une dépression moins forte et plus proche de la balle. Elle sera donc moins freinée et ira deux à trois fois plus loin que la balle lisse.

3. Avec des hexagones et des pentagones.
Pour être complètement sphériques, les ballons (de football, par exemple) sont composés de pentagones (figures à cinq côtés) assemblés à des hexagones (figures à six côtés). Trente-deux figures en tout (12 pentagones et 20 hexagones), avec un clin d'œil au nombre onze pour les ballons de football (5 + 6 côtés). Désormais, les nouveaux ballons de football ne comportent plus que quatorze morceaux, devenant ainsi plus précis dans leur trajectoire et plus résistants aux déformations. Abandonner le nombre onze dans le ballon de football perturbera-t-il l'esprit d'équipe ?

4. Par l'accélération centrifuge.
Nous connaissons tous cette force qui nous « pousse » vers le côté opposé au virage quand nous sommes dans un véhicule à vive allure (dans un manège, par exemple). Cet effet centrifuge (qui nous amène à « fuir le centre ») peut avoir une intensité aussi forte que notre propre poids. C'est la raison pour laquelle, à vélo, nous « compensons » cette force

en nous penchant du côté du virage. Les motards, eux, doivent légèrement contre-braquer pour tirer profit de la force centrifuge. Quant aux automobilistes qui se penchent dans les virages, il vaut mieux qu'ils arrêtent de conduire.

5. C'est « pas de chance » (loi de Murphy) (et la gravité qui attire le côté le plus lourd de la tartine...).

Edward A. Murphy, capitaine de l'US Air Force, est – malgré lui, après des tests ratés – à l'origine de cette véritable « loi » qui régit notre vie quotidienne. Pourquoi prenons-nous toujours la file d'attente la plus lente ? Pourquoi trouvons-nous ce que nous cherchons là où nous nous y attendions le moins ? Pourquoi un enfant choisit-il le jeu le plus dangereux ou le plus sale ? La raison en est que « si une possibilité existe pour que quelque chose se passe mal, alors cela peut arriver ». Connue aussi sous le nom de « loi de l'emmerdement maximum », cette loi devient pour les pessimistes la fameuse « loi des séries » et source de gags pour les gais lurons. Dans le cinéma, cela s'appelle le syndrome François Pignon[1] !

6. Parce que sa coque est creuse.

Prenez un petit récipient lourd (verre, métal, porcelaine...). Posez-le dans une bassine d'eau : il flotte. Remplissez-le petit à petit (d'eau ou d'autre chose) et observez. Prenez-vous pour Archimède en découvrant la poussée que subit votre bateau au fur et à mesure du remplissage. Tant que l'eau pousse votre bateau, il flotte. Dès que le poids du bateau pousse plus fort que l'eau, il coule. Et voilà pourquoi les coques de noix sont creuses et que les marins craignent les voies d'eau.

---

1. Voir *Le Dîner de cons*, de Francis Weber, et les autres films du cycle François Pignon.

6
Miroir, mon beau miroir
Biologie humaine

Narcisse face à son image tomba tant en pâmoison qu'il en oublia de manger et de boire, et prit racine près de l'eau. Il aurait pu tout autant admirer éternellement cette si belle mécanique terrestre qu'est le corps humain. Il se serait sans doute interrogé, comme nous tous, sur le trajet des aliments dans le corps, sur le hoquet et sur le goût de l'amer qu'ont les larmes. Dans ce chapitre, vous apprendrez tout ce que vous avez toujours voulu savoir sur le corps sans jamais oser le demander.

1. Pourquoi a-t-on le hoquet ?
   - ❐ à cause de la croissance
   - ❐ à cause de la digestion
   - ❐ à cause de la qualité de l'air
   - ❐ à cause du manque d'oxygène

2. Combien de bactéries avons-nous dans notre corps ?
   - ❐ aucune si l'on est en bonne santé
   - ❐ des centaines
   - ❐ des milliers
   - ❐ des millions
   - ❐ des milliards

3. Pourquoi les larmes sont-elles salées ?
   - ❐ à cause du sel présent dans la sueur
   - ❐ à cause du sel présent dans le corps
   - ❐ à cause de la bile

4. Depuis le XIXe siècle, l'expression « sexe fort » désigne les hommes. Il y a en effet des domaines dans lesquels

III. LA SCIENCE EST UN JEU

la supériorité masculine est scientifiquement prouvée. Vrai ou faux ?
❐ vrai
❐ faux

5. Trouvez le bon trajet d'un aliment dans notre corps en numérotant les organes dans l'ordre. Attention, il y a trois intrus !
Œsophage → pancréas → intestin → estomac → bouche → trachée → foie.

Réponses

1. À cause de la digestion (le plus souvent).
Une partie de notre abdomen, sous les poumons, est enveloppée par un muscle (le diaphragme) qui se contracte ou se relâche – comme le ferait un ballon de baudruche – à chaque respiration. Situé sous le diaphragme, l'estomac s'agite parfois lors de la digestion. Le diaphragme reçoit alors des « coups » transmis aux poumons. Le « trop-plein » d'air ainsi créé doit être expulsé, alors que les cordes vocales se resserrent (la glotte se referme). Les vibrations émises sont à l'origine du bruit et du nom. Il vaut mieux manger tranquillement, lentement et sans avaler d'air pour éviter le « hic ».

2. Des milliards.
Le corps humain est comme une petite planète d'un volume de 50 l environ, recouverte d'une enveloppe de peau de 2 m². Sur cette planète colorée vivent des milliers de microbes et de bactéries. À l'intérieur, des milliards de minuscules habitants grouillent et s'affairent dans tous les sens. On dit même qu'il y a plus de bactéries dans notre corps que de cellules ! Plus d'une centaine d'espèces différentes se côtoient. Ils sont si petits que regroupés, ces micro-organismes tiendraient dans un grand bol. La plupart des bactéries sont utiles à la santé, elles servent de défense naturelle, aident à la fabrication des vitamines ou à la digestion par exemple (notre « flore » intestinale est plus exactement une faune). Plus la peine d'avoir le bourdon, la solitude ça n'existe pas !

3. À cause du sel présent dans le corps.
Notre corps a un besoin vital de sel : c'est grâce à lui que les cellules se maintiennent dans leur milieu ; il favorise la transmission du flux nerveux... Le chlorure de sodium est présent – à l'état naturel – dans les aliments (2 g par jour suffisent). L'eau, principal composant du corps (45 l d'eau pour une personne de 70 kg !), transporte les substances contenues dans les aliments. Elles rejoignent ensuite le sang, après la digestion (l'eau traverse les parois de l'intestin grêle et du côlon). Le plasma du sang (55 % de son volume) est composé en grande partie de ce que nous mangeons : eau, glucides, lipides et sels minéraux (5 g/l de sang). Ainsi, le sang est salé. Les glandes lacrymales sont alimentées par le sang, elles transmettent donc aux larmes ce léger goût de sel.

4. Faux.

De tout temps, des tentatives ont eu lieu pour démontrer scientifiquement des idées fausses ancrées dans des cerveaux convaincus. Supériorité d'un sexe sur l'autre, d'une race sur l'autre, d'un choix sexuel sur l'autre, voire d'une religion sur l'autre. Aujourd'hui, les recherches en neurobiologie, grâce notamment à l'image à résonance magnétique (IRM), éclairent les esprits. Proportionnel à la taille de l'individu, le volume du cerveau n'a rien à voir avec l'intelligence (celui d'Einstein était d'ailleurs 10 % inférieur à la moyenne). L'IRM montre que les deux hémisphères (droit et gauche) ne sont pas – soi-disant – spécialisés. Les chiffres, en revanche, parlent mieux que les hommes et les femmes : 100 milliards de neurones et 1 million de milliards de synapses possibles, comme autant de voitures qui pourraient choisir leurs directions (1 pour 10 000). 90 % des synapses se forment jusqu'à 20 ans, le cerveau garde cette plasticité jusqu'à 40 ans environ.

Quant à la force des muscles, elle dépend de leur utilisation, de leur bonne santé, de l'angulation, de la vitesse de contraction...

5. Bouche → œsophage → estomac → intestin.

Au cours de leur trajet dans le corps humain, les aliments sont peu à peu transformés, en passant dans un « tube unique continu » de 10 m de long, composé de plusieurs organes différents. Les parties digérées traversent la paroi de l'intestin pour passer dans le sang, les parties non digérées sont rejetées sous forme solide (les selles). Le sang nourrit les organes, avant de transporter leurs déchets filtrés par les reins, puis rejetés sous forme liquide (l'urine).

7
Bien dans son assiette

Alimentation et santé

Si la chanson dit que « le travail c'est la santé », on sait que trop peu de fer dans les aliments ne permet pas de la conserver. Mais sait-on comment faire pour éviter que « l'albatros patauge dans l'ice cream[1] » et que « tout empâtés, patauds, par les pâtés les gâteaux » on reste jolis, on reste beaux ? Qui veut voyager loin ménage sa monture, et pour faire de vieux os, rien ne vaut de bonnes informations que vous lirez dans ce chapitre.

1. Les pommes de terre peuvent tuer.
   - ❏ vrai
   - ❏ faux
   - ❏ ça dépend des variétés

2. Dans quel aliment y a-t-il le plus de fer ?
   - ❏ le boudin noir
   - ❏ les lentilles
   - ❏ les épinards
   - ❏ les moules

3. Faire du sport fait maigrir. Vrai ou faux ?
   - ❏ vrai
   - ❏ faux

4. Certains colorants alimentaires sont dangereux pour la santé. Vrai ou faux ?
   - ❏ vrai
   - ❏ faux

---
1. Extrait de la chanson *Papa Mambo*, texte d'Alain Souchon.

III. LA SCIENCE EST UN JEU

5. Le chocolat est un antidépresseur. Vrai ou faux ?
❐ vrai
❐ faux

7. Alimentation et santé

Réponses

1. Vrai (si elles sont consommées crues).
Crue, la pomme de terre contient une substance très toxique (la solanine) dont la concentration augmente si la pomme de terre est exposée à la lumière (elle est multipliée par quatre toutes les 24 heures à 16 °C). Les tubercules doivent donc être toujours conservés dans des endroits secs, frais et sombres. Cette substance est facilement repérable grâce à la couleur verte de la peau. À vos couteaux et à vos poubelles si vous en repérez !
Consommée à haute dose, la solanine peut provoquer douleurs, palpitations, délires et paralysie. Heureusement, son goût très amer nous en dissuade. L'empoisonnement peut tout de même entraîner la mort. Purée !

2. Les moules.
Teneur (environ) pour 100 g :
(Cuit) moules : 24 mg ; boudin noir : 20 mg
(Cru) lentilles : 5 mg ; épinards : 4 mg
Contrairement à une idée reçue qui court depuis le début du XXe siècle, ce ne sont pas les épinards qui contiennent le plus de fer. Il semble qu'une faute de frappe (une virgule mal placée) ait été à l'origine de cette méprise, ce qui fit les beaux jours d'un certain héros de dessin animé, matelot de son état. Comme le dit désormais le bon sens populaire : « Il y a plus de fer dans la boîte que dans les épinards ! » Il est bon de savoir que le fer est un sel minéral indispensable à l'organisme.
Enfin, pour ceux et celles qui n'en ont rien à faire, sachez toutefois qu'une carence en fer provoque de l'anémie.

3. Faux.
S'il est reconnu pour ses vertus physiologiques et sociales, le sport n'est pas, en tout cas à lui seul, un facteur d'amaigrissement. Maigrir signifie le plus souvent perdre des graisses (les lipides). Or, l'organisme ne « consume » ses graisses que 40 minutes environ après l'effort. Dans un premier temps, le sportif perd essentiellement de l'eau (sous forme de sueur), puis des glucides (énergie stockée sous forme de sucre). La bonne séance hebdomadaire de sport ne fait perdre que 200 ou 300 calories environ. Pour brûler les graisses, il faut courir, marcher, nager ou skier au moins 40 minutes

régulièrement. Un sportif assidu ne stocke plus ses graisses et les brûle en premier dans ses activités sportives (il les stocke de nouveau dès qu'il cesse le sport). Son cerveau produira plus de dopamine et d'endorphine (substances libérées par les neurones, quand ils sont stimulés par le plaisir, notamment pendant l'orgasme). Au risque de devenir dépendant du sport et d'entretenir le « syndrome d'Adonis »...

4. Faux.
En France, une liste officielle établie par le ministère de la Santé réglemente l'utilisation des additifs dans la nourriture humaine et animale. Leur présence est contrôlée par la Direction générale de la concurrence, de la consommation et de la répression des fraudes. Les colorants peuvent avoir une origine naturelle (jaune par le curcuma par exemple) ou de synthèse (avec la chlorophylle...). Une rumeur persistante a établi une liste d'additifs suspects, dont le E330, acide citrique présent dans tous les agrumes, et le E300, autre nom de notre bonne vieille vitamine C. Pas de quoi en faire un plat.

5. Faux.
Le chocolat contient plus de 300 substances, parmi lesquelles l'anandamide. Les effets de cette molécule sont comparés à ceux du cannabis, mais il faudrait consommer 25 kg de chocolat pour obtenir un effet euphorisant identique à celui d'un joint de chanvre ! Quant au tryptophane, substance qui active l'hormone du sommeil et qui pourrait arrêter une dépression, le chocolat en comporte moins que les œufs ou le maïs. Riche en minéraux, en magnésium, en vitamines, en fer, en cuivre..., le chocolat est tellement aimé qu'il active une partie du système nerveux central que l'on appelle le « circuit de la récompense ». Bref, son carré de chocolat, on ne l'a pas volé !

8
Des millions d'amis
Biologie animale

Si, comme Victor Hugo, vous aimez l'araignée parce qu'on la hait[1], victime de la sombre nuit, ou les hiboux, rangés sous les ifs noirs qui les abritent[2], vous apprendrez dans ce chapitre sur la couleur des oiseaux, le cou de girafe et la mante religieuse. Et qui sait ? Les chats sont peut-être, comme l'a écrit l'auteur des *Fleurs du mal*, aimés des savants austères[3], qui comme eux sont frileux et sédentaires. Cherchent-ils encore qui de l'œuf ou de la poule... ?

1. **Tous les miels sont issus de fleurs. Vrai ou faux ?**
   ❏ vrai
   ❏ faux

2. **Pourquoi les ours polaires sont-ils blancs ?**
   ❏ pour se fondre dans le paysage
   ❏ par reflet de la glace sur leurs poils
   ❏ pour perdre moins de chaleur

---
1. « J'aime l'araignée et j'aime l'ortie / Parce qu'on les hait / Et que rien n'exauce et que tout châtie / Leur morne souhait. » Extrait des *Contemplations*.
2. « Sous les ifs noirs qui les abritent, / Les hiboux se tiennent rangés, / Ainsi que des dieux étrangers, / Dardant leur œil rouge. Ils méditent. » Extrait de « Les Hiboux », in *Les Fleurs du mal*, Charles Baudelaire.
3. « Les amoureux fervents et les savants austères / Aiment également, dans leur mûre saison / Les chats puissants et doux, orgueil de la maison, / Qui comme eux sont frileux et comme eux sédentaires. » Extrait de « Les Chats », in *Les Fleurs du mal*, Charles Baudelaire.

III. LA SCIENCE EST UN JEU

3. **Combien de pattes ont les mille-pattes ?**
   - ❐ 1 000
   - ❐ 999
   - ❐ 32
   - ❐ ça dépend des espèces

4. **Où sont les mouches en hiver ?**
   - ❐ elles hibernent
   - ❐ elles migrent
   - ❐ elles n'existent pas
   - ❐ elles se transforment

5. **Qu'est-ce qui énerve les taureaux ?**
   - ❐ le rouge
   - ❐ le jaune
   - ❐ l'ombre
   - ❐ les mouvements

6. **Pourquoi la girafe a-t-elle un aussi long cou ?**
   - ❐ pour courir plus vite
   - ❐ pour s'équilibrer
   - ❐ pour s'adapter à son milieu
   - ❐ pour qu'on l'admire

8. Biologie animale

Réponses

1. Faux.
Le sapin n'ayant pas de fleurs à butiner, son miel provient des pucerons qui sécrètent un liquide, riche en sucres et en acides aminés : le miellat. Déposé sur les branches, il est récolté par les abeilles et les fourmis. Pudiquement appelé « rosée de miel » dans les pays anglo-saxons, il est plus sombre et plus liquide que les autres miels. En raison de sa cristallisation (la façon dont durcit le glucose), ce miel peut rester liquide longtemps (un à deux ans). La couche dure qui se forme parfois dans certains pots est due au peu d'eau présente dans le miel. Dans tous les cas, c'est un excellent aliment, naturellement antibiotique.

2. Pour perdre moins de chaleur.
Selon sa couleur un objet absorbe plus ou moins de lumière (jusqu'à 90 % s'il est noir). Plus un corps reçoit de lumière, plus il est chaud, et plus un corps est chaud, plus il rayonne. Or, en rayonnant, il perd de l'énergie. La couleur blanche – qui n'absorbe pas beaucoup de lumière – permet ainsi au corps de l'ours polaire de garder son indispensable énergie. Voilà comment rester au chaud dans les plus grands froids !

3. Ça dépend des espèces.
Tous les mille-pattes sont regroupés dans la classe des myriapodes qui comporte plus de 12 000 espèces connues. Le scolopendre, par exemple, possède, lui, 13 paires de pattes (appelées « segments »), donc un total de 26.
Le iule, lui, quand il ne s'enroule pas en spirale, court la nuit sur l'humus à l'aide de ses 60 à 140 pattes (selon les espèces). Vous pouvez vérifier que leur nombre de pattes est inférieur à 1 000 en les attrapant. Mais bas les pattes : ils « mordent » pour se défendre en produisant des substances toxiques pour la peau (et non dangereuses).

4. Elles hibernent.
Selon les espèces, les mouches hibernent sous forme de larves (pondues par les adultes avant l'hiver) ou en se mettant au chaud, dans les murs des habitations par exemple. Comme tous les insectes, les mouches ont le sang froid, elles sont sensibles à la température et ne survivent pas en dessous d'un certain seuil. Elles pondent des larves (les asticots)

qui peuvent, pour certaines espèces, vivre plus d'un an dans la terre et refaire surface quand les conditions climatiques le permettent. Même en été, les mouches évitent certaines conditions : la pluie et le vent (au-delà de 15 km/h) leur blessent les ailes. Pour éviter de prendre la mouche, vivez en hiver, sous la pluie ou à plus de 15 km/h.

5. Les mouvements (et les cris très certainement).
S'ils en voient de toutes les couleurs durant une corrida, les taureaux ne voient pas les couleurs proprement dites, comme de nombreux animaux. Ils ne distinguent les formes que de manière floue (ce qui est propre aux herbivores). Seuls les insectes et quelques autres animaux (tortue, goujon, cheval, chien, chat...) voient en partie les couleurs. Sensibles ou non aux couleurs, les taureaux au milieu de l'arène ont tout de même de bonnes raisons de voir rouge !

6. Pour s'adapter à son milieu.
Au fil des siècles, le cou de la girafe s'est allongé, permettant ainsi à l'espèce de survivre en atteignant – sur les hautes branches – les feuilles dont elle se nourrit. Il est probable que l'allongement du cou soit le résultat de la sélection naturelle (théorie de Darwin) qui aurait affecté le génome de la girafe (théorie moderne de l'évolution). La théorie de l'évolution repose sur l'adaptation d'une espèce à son milieu : les individus qui, par leur naissance, possèdent un avantage dans leur milieu survivent, se développent et se reproduisent. Comme le dit la chanson :

Dans la grande chaîne de la vie,
Pour qu'il y ait un meilleur temps
Il faut toujours quelques perdants,
De la sagesse ici-bas c'est le prix.

(*Quand les hommes vivront d'amour*,
Raymond LÉVESQUE)

9
Autour de nous

Biologie végétale, écologie

Que connaît-on au juste de la Nature ? Que sait-on du vent, bon ou mauvais, qui nous emporte, et de cette nature amoureuse, qui dort dans les grands bois sourds, comme l'aime à dire Victor Hugo[1] ? Si les époux peuvent séjourner sous l'ombre de Baucis devenu tilleul et de Philémon devenu chêne[2], sait-on pourquoi leurs feuilles tombent chaque automne ? Et comment font-ils, ces géants de bois, pour communiquer ? Découvrez les réponses à ces quelques questions, et à bien d'autres, dans ce chapitre.

1. **Faut-il éviter de dormir dans une pièce avec des plantes vertes ?**
   ❒ oui
   ❒ non

2. **Le recyclage du papier est-il vraiment écologique ?**
   ❒ oui, de plus en plus
   ❒ non, à cause de tous les rejets lors du recyclage

3. **Comment les arbres peuvent-ils communiquer ?**
   ❒ par les airs
   ❒ par les racines
   ❒ par les feuilles
   ❒ ils ne peuvent pas communiquer

---
1. « Une eau courait, fraîche et creuse, / Sur les mousses de velours ; / Et la nature amoureuse / Dormait dans les grands bois sourds. » Extrait des *Contemplations*, Victor Hugo.
2. Voir livre douzième, fable XXV, des *Fables* de La Fontaine.

III. LA SCIENCE EST UN JEU

4. **De combien de degrés la planète s'est-elle réchauffée depuis le siècle dernier ?**
   ❐ 0,5 °C
   ❐ 1 °C
   ❐ 2 °C
   ❐ 5 °C

5. **Quelles énergies ne sont pas renouvelables ?** (Attention, plusieurs réponses sont possibles.)
   ❐ le bois
   ❐ le gaz
   ❐ le pétrole
   ❐ l'énergie thermique

9. Biologie végétale, écologie

Réponses

1. Non.
À poids égal, un mammifère (chat, chien, homme...) représente potentiellement plus de risques pour le dormeur ou la dormeuse qu'une plante verte. En respirant dans votre chambre, le mammifère dégagera – comme la plante la nuit – du gaz carbonique (dioxyde de carbone) nocif pour tout être humain. Or, un chien est dix fois plus lourd qu'une plante et un humain est dix fois plus lourd qu'un chien. Préférez donc dormir avec les plantes, elles vous empoisonnent moins la nuit. Même les célibataires s'intoxiquent gentiment tout seul en dormant et, comme tout le monde, ils doivent aérer leur chambre dès leur réveil.

2. Oui, de plus en plus.
Si la fabrication traditionnelle du papier est devenue plus respectueuse de l'environnement (on utilise de moins en moins de chlore pour blanchir la pâte et de plus en plus d'encres végétales), la production de papier recyclé est deux fois moins polluante que celle du papier non recyclé. Le recyclage permet de gagner de l'eau (90 %), de l'électricité (50 %), du dioxyde de carbone (50 %), et bien entendu des arbres ! Les papetiers qui réussissent à résoudre le problème du blanchiment sont aujourd'hui à la page en représentant la première industrie de recyclage en France.

3. Par les airs.
Tous les organismes vivants savent se défendre en développant différentes techniques. Les plantes disposent de plus de 10 000 armes chimiques naturelles pour éloigner ou tuer leurs prédateurs. Dans les années 1980, un chercheur a mis en évidence un procédé de communication chimique entre des saules attaqués par des chenilles. Les arbres émettent une substance volatile (l'éthylène) qui prévient les arbres environnants. Leurs feuilles sont alors modifiées en tanins et en phénols, et deviennent non comestibles. Le signal émis est-il destiné à la collectivité par solidarité ? S'agit-il d'un appel destiné au prédateur du prédateur ? Ou s'agit-il simplement de « fuites » captées par les autres arbres ? Quoi qu'il en soit, on sait désormais que l'arbre n'est pas de marbre.

4. 0,5 °C.

Au cours du siècle dernier, la planète s'est réchauffée de 0,5 °C. Cette augmentation pourrait atteindre 1,4 °C à 5,8 °C dans les décennies qui viennent (Groupe intergouvernemental sur les changements climatiques, janvier 2001). Le changement climatique actuel en est très certainement la conséquence (vagues de chaleur en été, fortes précipitations en hiver, fonte des glaciers...). Le « petit âge glaciaire » est bel et bien terminé, depuis le réchauffement climatique (commencé en 1850). Serait-on – qu'on le veuille ou non – dans le nouvel âge ?

5. Le gaz et le pétrole.

Les énergies dites primaires (combustibles fossiles) ne sont – par définition – pas renouvelables (avant des milliers d'années). Contrairement aux énergies d'origine naturelle (eau, vent, soleil, terre...), les réserves s'épuisent (40 ans – voire moins – pour le pétrole, 60 ans pour le gaz, 400 ans pour le charbon). Leur consommation a été multipliée par 30 depuis 100 ans. Actuellement, seulement 20 % de la consommation mondiale d'électricité est assurée par des énergies renouvelables (dont 92 % provenant de l'eau). Pourvu que ce ne soit pas que des pierres que l'on jette dans l'eau vive d'une marée et qui ne laisseraient derrière elles que des milliers de ronds dans l'eau...

10
Remue-méninges
Culture générale

« Deux et deux quatre, quatre et quatre huit. » Tout le monde peut répéter, car on se souvient de ce que dit le maître[1]. Mais vous souvenez-vous du théorème de Pythagore ou de celui de Thalès ? Sait-on au juste ce qu'a trouvé Marie Curie et savez-vous que Möbius n'a rien à voir avec un dessinateur de bandes dessinées et qu'un célèbre ruban porte son nom ? Si, comme le disait Édouard Herriot, « la culture, c'est ce qui reste quand on a tout oublié », vérifiez ici ce qu'il vous reste...

1. Qui a dit « eurêka » ?
   ❏ Archimède
   ❏ Einstein
   ❏ Aristote
   ❏ Marat

2. De quoi est-il question dans le théorème de Pythagore ?
   ❏ de la somme des trois angles d'un triangle
   ❏ des diagonales d'un triangle
   ❏ du carré de l'hypoténuse
   ❏ de la trigonométrie

3. À quel propos Galilée aurait-il dit : « Et pourtant elle tourne » ?
   ❏ la Terre tourne sur elle-même
   ❏ la Terre tourne autour du Soleil
   ❏ la Lune tourne autour de la Terre

---
1. « Deux et deux quatre / quatre et quatre huit / huit et huit font seize... / Répétez ! dit le maître. » Extrait de « Page d'écriture », in *Paroles*, Jacques Prévert (Gallimard, 1976).

III. LA SCIENCE EST UN JEU

4. Quand a-t-on mesuré pour la première fois la circonférence de la Terre ?
   - ❒ 200 ans avant Jésus-Christ
   - ❒ vers l'an 1 000
   - ❒ au XVIIe siècle
   - ❒ au XIXe siècle

5. Quel nombre s'écrit Φ (phi) ?
   - ❒ les nombres premiers
   - ❒ les nombres de Fibonacci
   - ❒ le nombre d'or
   - ❒ pi plus 1

6. À quoi sert le théorème de Thalès ?
   - ❒ à calculer automatiquement des longueurs, dans un triangle
   - ❒ à calculer automatiquement des longueurs, dans un rectangle
   - ❒ à calculer automatiquement des longueurs, dans des cercles
   - ❒ à calculer automatiquement des aires, dans des cercles

7. Qu'a découvert Marie Curie ?
   - ❒ le radium
   - ❒ l'uranium
   - ❒ le plutonium
   - ❒ le géranium

8. Que signifie $E = mc^2$?
   - ❒ qu'une masse est une forme d'énergie
   - ❒ que la lumière se déplace à une certaine vitesse
   - ❒ que la lumière est ondulatoire
   - ❒ que la masse et l'énergie courbent l'espace

9. De qui est cette phrase : « Rien ne se gagne, rien ne se crée, tout se transforme » ?
   - ❒ Lavoisier
   - ❒ Pascal
   - ❒ Anaxagore
   - ❒ Platon

10. À qui doit-on le pendule de Foucault ?
    - ❒ Léon Foucault
    - ❒ Charles de Foucauld
    - ❒ Michel Foucault
    - ❒ Jean-Pierre Foucault

10. Culture générale

11. Quelle particularité présente un « ruban de Möbius » ?
   ❒ il ne possède qu'un seul côté
   ❒ il ne possède qu'une seule arête
   ❒ il possède trois faces
   ❒ il possède trois bords

III. LA SCIENCE EST UN JEU

Réponses

1. Archimède.
Savant grec (né à Syracuse en 287 avant J.-C.), il découvre que « tout corps plongé dans un fluide subit une poussée verticale, dirigée de bas en haut, égale au poids du fluide déplacé » (*Traité des corps flottants*). L'histoire raconte qu'il fit cette découverte en réfléchissant dans son bain et que, tout à sa joie, il s'élança au-dehors en criant « eurêka » (« j'ai trouvé » en dorien, dialecte grec). La légende ne dit pas si le célèbre mathématicien, inventeur de la vis sans fin et de la roue crantée, prit le temps de se rhabiller. Archimince alors !

2. Du carré de l'hypoténuse.
Le théorème de Pythagore est connu sous la formulation suivante : « Dans un triangle rectangle, le carré de l'hypoténuse est égal à la somme des carrés des côtés de l'angle droit. » Tracez un triangle avec un angle droit (un triangle rectangle). Dessinez – à partir de ses trois côtés – trois beaux carrés (le triangle est alors au centre). Observez. Le carré du plus grand côté (l'hypoténuse) est égal à la somme des deux autres. Belle et simple démonstration pour Pythagore, personnage de légende, qui croyait en la toute-puissance du nombre dans l'univers, en la réincarnation et en l'immortalité de l'âme (et de sa formule).

3. La Terre tourne autour du Soleil (et les planètes tournent autour du Soleil).
En 1633, à l'âge de 70 ans, Galileo Galilei est condamné par l'Inquisition à la prison à vie pour avoir défendu et soutenu les thèses de Nicolas Copernic (peine commuée en résidence à vie par le pape Urbain VIII). Avant Copernic, la Terre était considérée comme un point fixe et immobile autour duquel tout tournait (système géocentrique). Vers 1530, cet astronome tourneboula les esprits en proposant un système héliocentrique (dont le Soleil est au centre). Rejetées pendant des siècles, les idées coperniciennes ont été admises puis publiées au XVIIIe siècle. Quant à Galilée, il lui faudra attendre 1992 pour que l'Église le réhabilite. Il avait en effet raison : avec le temps, tout finit par tourner...

4. 200 ans avant Jésus-Christ.

Vers 205 avant J.-C., l'Égyptien Ératosthène, directeur de la bibliothèque d'Alexandrie, convaincu que la Terre est ronde, parvient à mesurer sa circonférence en observant la différence d'ombre portée par des objets verticaux en deux endroits au même moment : Alexandrie et Syène (Assouan). Il en déduit l'angle en les verticales des deux lieux. Connaissant la distance entre les deux endroits, il calcule ainsi la circonférence de la Terre et son rayon. Cette expérience simple et astucieuse est renouvelée, presque chaque année au solstice d'été, par des écoliers et des collégiens de toutes les nationalités qui marchent sur les pas d'Ératosthène.

5. Le nombre d'or.

Véritable mythe ou base solide de construction, le nombre d'or suscite toujours de l'intérêt. Présent, semble-t-il, dans l'architecture depuis la nuit des temps, dans les tableaux depuis la Renaissance, le nombre 1,618034... constituerait la « divine proportion » (d'après le mathématicien Pacioli) qui contribuerait à l'équilibre, à la stabilité et à l'esthétique. Il est vrai que ce nombre possède des particularités élégantes et rares en mathématiques. Si on lui ajoute le nombre 1, il devient le carré de lui-même, si on lui retire le nombre 1, il devient son propre inverse. Il est aussi le résultat de racine de 1, plus racine de 1, plus racine de 1... à l'infini. Et aussi de 1 plus 1, divisé par 1, plus 1 divisé par 1... à l'infini.

Le nombre d'or s'entraîne lui-même dans l'infiniment petit et dans l'infiniment grand (spirales des coquillages ou galaxies en spirales). Mieux vaut être séduit par un nombre d'or, plutôt que par un veau.

6. À calculer automatiquement des longueurs, dans un triangle (à condition d'avoir deux droites parallèles).

Attribué à Thalès de Millet, ce théorème a été démontré et écrit deux cents ans après sa mort, par le père des mathématiques « modernes » : Euclide (env. 325 – 265 avant J.-C.). En France, le « théorème de Thalès » repose sur des propriétés de proportionnalité dans des triangles, coupés par des droites parallèles. Dans les pays anglo-saxons et en Allemagne, le « théorème de Thalès » désigne d'autres propriétés qui permettent de savoir qu'un triangle dessiné dans un cercle possède forcément un angle droit. Thalès, philosophe passionné de géométrie, parvint à calculer la hauteur de la

Grande Pyramide en partant du principe qu'à un certain moment de la journée son ombre est égale à sa hauteur (deux fois dans l'année seulement). Grâce à ce calcul exact, les prêtres lui accordèrent le droit de consulter gratuitement de précieux ouvrages d'astronomie. Les chiffres ouvrent parfois des belles portes.

7. Le radium.
Première femme à obtenir le prix Nobel de physique (en 1903 avec Pierre Curie et Henri Becquerel) et le prix Nobel de chimie (en 1911), elle est également la première femme à enseigner à la Sorbonne (à la suite du décès de son mari en 1906). En 1898, à partir du minerai d'uranium, Marie et Pierre Curie parviennent à extraire deux éléments actifs, qui se désintègrent en émettant un rayonnement. La radioactivité vient d'être découverte. Le premier, mille fois plus actif que le second, est nommé polonium (en hommage aux origines polonaises de Marie), le second est nommé radium. Marie Curie est la première femme qui repose désormais au Panthéon : à une grande femme au moins, la patrie est reconnaissante.

8. Qu'une masse est une forme d'énergie.
Tout corps représente un potentiel énergétique d'une extrême puissance si l'on parvient à lui appliquer (dans le vide) le carré de la vitesse de la lumière. Contrairement à ce qu'on pourrait croire, c'est le mathématicien Henri Poincaré qui posa implicitement le premier les bases de cette très célèbre équation (en 1900). Cinq ans plus tard, Albert Einstein la reprend pour l'appliquer à la théorie de la relativité restreinte. Cette théorie a eu tellement de répercussion que, peu à peu, elle fit l'effet d'une bombe. C'est aussi la première fois que la planète entière vit de ses propres yeux une équation partir en « fumée » dans le ciel.

9. Anaxagore (de Clazomènes, en Asie Mineure), phrase reprise par Lavoisier.
Cette célèbre phrase résumait la pensée du philosophe Anaxagore de Clazomènes, qui bien avant l'heure (500 ans avant J.-C.) croyait aux corpuscules, à la réalité des quatre éléments (eau, terre, air, feu), aux astres faits de masse incandescente... Pour lui, il n'y a ni création ni destruction, mais conservation et éternité de la matière. C'est une partie du principe de conservation de la matière, expérimenté en

1778 par Antoine Laurent Lavoisier. Deux mille ans après Anaxagore, Lavoisier sera lui aussi condamné à mort et (innovation technologique) guillotiné. Dans l'histoire des hommes également, rien ne se crée...

10. Léon Foucault.

Physicien français, Léon Foucault a mis en évidence, en 1851, le mouvement de rotation de la Terre à l'aide d'un pendule de 67 m, suspendu sous la coupole du Panthéon. Pour la première fois, il était possible de « venir voir tourner la Terre », dans une salle. Cette expérience – que chacun peut réaliser chez soi – consiste à reproduire le mouvement de la planète en fixant solidement un axe (un fil vertical), qui au long de la journée sera animé du même mouvement que l'axe de la Terre. Alourdi par une charge (une boule de pétanque, une orange...), le fil se balancera d'un mouvement stable, mais en changeant de direction au cours de la journée (une traînée dans le sable rend le phénomène visible). Est-ce vraiment le pendule qui a tourné ?

11. Il ne possède qu'un seul côté.

Prenez une bande de papier. Faites-lui subir une torsion d'un demi-tour et joignez les deux bouts. Observez. Coupez ensuite cette bande en deux dans le sens de la longueur. Observez. Puis coupez encore une fois en deux (toujours dans le sens de la longueur). Et vous verrez « le problème furieux, qui se tortille et se mord la queue[1] »... Möbius, mathématicien allemand, conçut en 1858 ce ruban, qui exerce toujours autant de fascination. On le trouve dans les frises d'Escher (illustrateur néerlandais), dans les films de science-fiction... Recyclée en logo depuis 1970, cette mystérieuse bande alimente aujourd'hui la « théorie des cordes » en physique quantique.

---

1. « Et le problème furieux / Se tortille et se mord la queue. » Extrait de « Mathématiques », in *Gravitations*, Jules Supervielle (Gallimard, 1966).

Quatrième partie
La mythologie est un jeu
(Extraits)

par Catherine Groud

Catherine Groud

Professeure certifiée de lettres classiques, elle enseigne en collège. Elle est également la coauteure de *L'anglais est un jeu*, paru dans la même collection (Librio n° 814).

Introduction

> « *On ne devient homme véritable qu'en se conformant à l'enseignement des mythes, en imitant les dieux.* »
>
> Mircea ELIADE

On en faisait déjà bien des histoires, la voilà devenue un jeu. La mythologie a toujours hanté nos littératures, nos tableaux, nos sculptures, nos théâtres et nos esprits. Les aventures universelles rencontrent encore nos consciences et renouent interrogations, connaissances, origines.

Qui ne s'est pas déjà promené dans un musée en cherchant le nom du héros musculeux qui tape sur la tête d'un taureau ? Qui ne s'est pas demandé ce qui avait bien pu valoir sa célébrité à une Calypso ou à un Achille ? Qui n'a pas eu envie de se souvenir de l'histoire de la guerre de Troie ? N'y avait-il pas une belle Hélène enlevée par une déesse ? Mais que venait faire un cheval dans cette histoire ?

Dans *La mythologie est un jeu*, nous vous proposons de remettre chacun à sa place, à Troie comme ailleurs.

Nous allons explorer des terres que vous connaissez sans doute un peu, la Grèce antique et l'Égypte ancienne, mais aussi vous faire aborder de nouveaux rivages. Vous découvrirez ainsi l'univers fascinant des mythologies nordiques...

Vous ne courrez aucun risque, contrairement aux héros de nos aventures : pas de métamorphoses, aucun naufrage, nulle rencontre avec les Cyclopes, pas de découpage en morceaux, sinon sous formes de quiz, QCM, jeux de logique, charades ou mots mêlés.

Quel est le terrain de jeu ? Les récits que l'on dit mythologiques. Qu'est-ce qu'un mythe ? Une histoire sacrée, générale-

IV. LA MYTHOLOGIE EST UN JEU

ment peu rationnelle, qui permet d'expliquer le monde et qui met souvent en scène des dieux et des héros. Quelles sont les civilisations concernées ? Les Babyloniens, les Égyptiens, les Grecs, les Romains, les civilisations nordiques, des civilisations d'avant notre ère chrétienne. Nous ne considérons pas qu'elles aient eu une meilleure réponse que les autres aux questions fondamentales que nous nous posons sur le monde, mais leurs mythologies ont eu une vaste influence sur notre culture occidentale. La plus proche de nous reste la mythologie grecque ; elle est si prégnante que nous avons parfois omis de préciser qu'il s'agissait d'elle. Pour les autres, elles sont toujours « étiquetées ».

Vous serez peut-être surpris de ne pas retrouver exactement les récits mythologiques tels que vous les racontait, par exemple, votre professeur de français. Il se trouve que les traditions orales fonctionnent comme le téléphone arabe : les versions ont pris les couleurs des différents orateurs et ont varié au gré de leur voyage de bouche en bouche. Les auteurs qui se sont chargés de les transcrire ont privilégié tel ou tel récit, fixant à jamais des aventures que leur voisin entendait autrement. Il nous a bien fallu faire de même et choisir la version qui nous semblait la plus connue. Alors, si Amalthée, qui nourrit Zeus enfant, est pour les uns une chèvre et pour les autres une nymphe, pas de panique, le tout était que le dieu fût nourri !

Maintenant, à vos stylos, prenez le large, redécouvrez les créations des mondes, les naissances des dieux, les conflits et les amours, retrouvez vos interrogations les plus profondes, qu'elles correspondent à des questions existentielles, à la lecture d'œuvres aux métaphores obscures, ou qu'elles proviennent de souvenirs de classe... Qui sait, vous allez peut-être trouver des réponses que vous ne soupçonnez pas !

Catherine GROUD

1
Macédoine de dieux

Connaître les dieux des mythologies

Tous ces mythes ? Rien que des salades ! Des inventions sans queue ni tête... à vous en faire perdre la vôtre. Soit. Mais que d'histoires passionnantes où se mêlent imaginaires et quêtes de sens, conflits, amours, gloires et beautés ! Partout, en Grèce, à Rome, sur les bords du Nil, aux portes de Babylone ou dans les contrées du Nord, les dieux mènent des vies bien agitées. Ils sont bonnes poires, prêts à croquer la pomme, voient le monde bleu comme une orange ou s'agitent pour des prunes. Ce sont surtout les personnages principaux de récits fabuleux. Dans ce premier chapitre, vous allez apprendre à mieux les connaître. À moins qu'ils ne vous soient déjà familiers ?

À en perdre son latin

Retrouvez les équivalents latins des dieux grecs, cachés sous les anagrammes ci-dessous.

Aphrodite : **usénv** _____
Athéna : **vermine** _____
Cronos : **taurnes** _____
Déméter : **crèsé** _____
Héphaïstos : **calvuin** _____
Hadès : **tnloup** _____
Héra : **nujno** _____
Hermès : **crumere** _____
Perséphone : **reprisepon** _____
Zeus : **pujitre** _____

IV. LA MYTHOLOGIE EST UN JEU

Et vous faites quoi dans la vie ?

Voici des invocations de dieux, extraites de textes littéraires grecs du VIIe et du VIe siècle av. J.-C., les *Hymnes homériques*[1]. Trouvez, parmi les propositions qui vous sont faites, à qui elles sont adressées. Attention, ces textes appartiennent à la culture grecque !

1. « Chante _____, Muse, la sœur de l'Archer, la Vierge qui se réjouit de ses flèches, nourrie avec Apollon, et qui, ayant fait boire ses chevaux dans le Mélès plein de joncs, pousse rapidement son char d'or, à travers Smyrnè, sur Klaros où croissent les vignes, et où Apollon à l'arc d'argent est assis, attendant la Chasseresse qui se réjouit de ses flèches. »
   ❏ Perséphone   ❏ Artémis   ❏ Diane   ❏ Hestia

2. « _____, qui, dans les hautes demeures de tous les Dieux immortels et des hommes qui marchent sur la terre, as reçu en partage un siège éternel, honneur antique ! Tu as cette belle récompense et cet honneur, car, à la vérité, il n'y aurait point sans toi de festins chez les mortels. C'est par _____ que chacun commence et finit, en faisant des libations de vin mielleux. »
   ❏ Hestia   ❏ Héra   ❏ Vesta   ❏ Perséphone

3. « Phoibos _____ dit aussitôt aux Immortelles :
   — Qu'on me donne la kithare amie et l'arc recourbé, et je révélerai aux hommes les véritables desseins de Zeus. »
   ❏ Vulcain   ❏ Apollon   ❏ Hadès   ❏ Poséidon

4. « Et je te salue ainsi, ô _____ riche en raisins ! Donne-nous de recommencer les Heures, pleins de joie, et d'arriver par celles-ci à de nombreuses années ! »
   ❏ Éros   ❏ Héphaïstos   ❏ Bacchus   ❏ Dionysos

5. « Très puissant _____, fardeau des chars, au casque d'or, au grand cœur, porte-bouclier, sauveur de villes, armé d'airain, aux bras vigoureux, infatigable, puissant par ta lance, rempart de l'Olympos, père de l'heureuse guerrière Nikè, auxiliaire de Thémis, tyran des révoltés, chef des hommes justes, porte-sceptre du courage, roulant dans le cercle enflammé de l'Aithèr, parmi les sept astres mouvants, là où

---
1. Traduction de Leconte de Lisle, 1868.

1. Connaître les dieux des mythologies

tes chevaux flamboyants te portent toujours, au-dessus du troisième orbite ! »
❏ Dionysos ❏ Arès ❏ Mars ❏ Zeus

6. « Je commence à chanter sur _____, le grand Dieu, qui ébranle la terre et la mer stérile, qui possède Aigas et l'Hélikôn.
Les Dieux t'ont partagé les honneurs, ô toi qui ébranles la terre ! Ils t'ont fait dompteur de chevaux et sauveur de nefs. Salut, _____ qui entoures la terre, Bienheureux, aux cheveux bleus, ayant un cœur bienveillant, et qui secours les marins ! »
❏ Neptune ❏ Jupiter ❏ Poséidon ❏ Zeus

Vous habitez chez vos parents ?

Retrouvez les dieux égyptiens et nordiques qui se cachent derrière ces charades.

1.
Mon premier est fait de feuilles ou de boutons, ou de lingots...
Mon second est synonyme de coutumes.
Mon tout est un dieu égyptien représenté sous forme de faucon, dont les yeux sont la lune et le soleil.

2.
Mon premier se rencontre sous forme de bonnet à l'école.
Mon second, c'est ce qu'on dit souvent à mon premier lorsqu'il s'arrête.
Mon troisième va avec les applaudissements.
Mon tout est un dieu chacal égyptien, lié à la résurrection des morts.

3.
Mon premier ne le fait qu'en rougissant.
Mon second est une fleur violette et la messagère d'Héra.
Mon tout est un dieu égyptien qui a perdu la tête... et un peu tout le reste, à vrai dire.

4.
Mon premier est la lettre la plus droite de l'alphabet.
Mon second est le bruit qui annonce le moustique.
Mon troisième complète ho dans l'effort.

Mon tout est une déesse égyptienne appelée à recoller les morceaux dans son ménage.

5.
Mon premier est aussi mon dernier et désigne un célèbre sculpteur français du XIXe siècle, mais qui aurait manqué d'air.
Mon tout est un dieu nordique.

6.
Mon premier est un synonyme masculin de petite vallée.
Mon second est une activité propre à une vache célèbre.
Mon tout désigne les servantes du paradis nordique où règne le dieu des dieux.

1. Connaître les dieux des mythologies

Réponses

À en perdre son latin

Aphrodite : **Vénus**
Déesse de l'amour. Elle était l'épouse d'Héphaïstos qui, à cette occasion, ne forgea pas que son bonheur : elle allait lui en faire voir des vertes et des pas mûres. Aussi colérique que passionnée, elle était un brin orgueilleuse. Elle rendit puantes les femmes de Lemnos qui ne l'honoraient pas suffisamment à son goût, et n'hésita pas à provoquer une guerre pour faire reconnaître sa beauté... une peste quoi !

Athéna : **Minerve**
Déesse guerrière, elle était armée de la lance et de l'égide (cuirasse en peau de chèvre). Pas vraiment une rigolote. Elle est d'ailleurs considérée comme la déesse de la raison. Il était trop tôt pour le fil à couper le beurre, mais en tant que déesse de l'intelligence, elle inventa l'huile d'olive, le char de guerre et le navire *Argo*. Elle était la protectrice de la ville d'Athènes, notamment, et elle avait deux « chouchous » : Ulysse et Héraclès.

Cronos : **Saturne**
Titan, plus jeune fils d'Ouranos. Il était parfois confondu avec le Temps personnifié, Chronos.

Déméter : **Cérès**
Divinité de la terre cultivée, elle s'était tout de même spécialisée dans la culture du blé. Elle était très liée à sa fille Perséphone, avec qui elle eut du mal à couper le cordon. Ses changements d'humeur permettaient d'expliquer les saisons. Elle était notamment connue pour sa fameuse déprime de décembre qui laissait la terre stérile.

Héphaïstos : **Vulcain**
Dieu du feu, des métaux et de la métallurgie, il régnait sur les volcans où il installait couramment ses ateliers. Travaillaient avec lui ses amis les Cyclopes. Il était le fournisseur officiel des armes d'Achille.

Hadès : **Pluton**
Dieu des Enfers. Il reçut sa part du gâteau dans le grand partage de l'univers. Peu loquace et d'un naturel ombrageux, il régnait sur les morts, à qui il imposait des règles de vie draconiennes :

interdiction de sortir des Enfers une fois qu'on y était entré. Hadès signifie « l'Invisible », mais on évitait de prononcer son nom au cas où le terme aurait été mensonger.

Héra : **Junon**
Sœur et épouse de Zeus. On soupçonna les deux tourtereaux de ne pas avoir attendu une union légitime pour vivre leur passion. Un comble pour la déesse du mariage ! Elle était néanmoins la protectrice des épouses, attachée à la fidélité. Jalouse et violente, elle avait la vengeance facile, comme l'apprit à ses dépens Héraclès. Elle aimait les « soirées-débats » avec Zeus, lors desquelles elle laissait parler sa nature : un jour qu'ils cherchaient à savoir qui de la femme ou de l'homme avait le plus de plaisir dans l'amour, elle prétendit que c'était l'homme. Elle demanda à Tirésias, devin qui avait connu les deux natures, de confirmer son opinion, contre Zeus. Quand ce dernier lui donna tort, elle le rendit aveugle. Cela lui apprendrait à y voir clair.

Hermès : **Mercure**
Comme le lièvre, il rencontra une tortue. Plein d'imagination, dès l'enfance, il eut l'idée de vider sa coquille et d'en faire une lyre. Rien ne sert de courir... on connaît la musique ! Adulte, il devint le héraut de Zeus, le messager des dieux, allant, venant, accompagnant les uns aux Enfers, les autres sur l'Ida, d'autres encore sur le mont Nysa, ou encore chez Athamas... : on lui installa deux petites ailes de part et d'autre de ses sandales pour soulager ses pieds.

Perséphone : **Proserpine**
Déesse des Enfers, elle était la femme d'Hadès. Ce dernier l'avait enlevée, ne trouvant pas de meilleure méthode pour la séduire. Elle était en train de cueillir des fleurs, Hadès lui en montra les racines. Cet enlèvement provoqua la dépression de sa mère Déméter, qui ne supporta pas de voir disparaître ainsi son enfant. Zeus lui rendit sa fille six mois sur douze. Elle ne pouvait retrouver le jour plus de la moitié de l'année, car lors de son séjour chez les morts, elle avait avalé un grain de grenade, rompant le jeûne obligatoire dans les Enfers et se condamnant à y rester à jamais. Grâce à l'intervention de Zeus, elle pouvait cependant rester la moitié de l'année auprès de sa mère. On vous avait dit qu'Hadès était strict sur le règlement !

Zeus : **Jupiter**
C'était le chef, le grand des grands, le roi des rois, le dieu des dieux et des hommes. Il s'occupait en personne de la lumière,

1. Connaître les dieux des mythologies

du ciel, ainsi que de la foudre. Mais sa seule passion n'était pas la météorologie, il aimait aussi la justice qu'il rendait en tous lieux. Beau, bien fait de sa personne, un livre entier ne suffirait pas à rappeler ses aventures, amoureuses et autres.

Et vous faites quoi dans la vie ?

1. Artémis (Diane à Rome)
Sœur jumelle d'Apollon, éternellement vierge, éternellement jeune, elle portait comme lui un arc et avait une passion exclusive : la chasse. D'un caractère peu amène, la déesse laissait éclater des colères redoutables. On la tint pour responsable des morts violentes, à coups de flèches. Encore une dont on aurait souhaité qu'elle arrête son char...

2. Hestia (Vesta)
Déesse du foyer. Elle obtint de garder éternellement sa virginité. Elle recevait des honneurs exceptionnels : chaque foyer lui vouait un culte, chez les hommes comme chez les dieux. À part ça, elle restait immobile sur son siège dans l'Olympe. Autant dire qu'il ne lui arriva que peu d'aventures...

3. Apollon (Apollon)
Il eut comme cadeau de naissance une mitre d'or, une lyre et un char attelé de cygnes. Apollon s'était installé dans la ville de Delphes, il y avait mis un trépied et avait posé la Pythie dessus, afin qu'elle rende des oracles. Il était très très beau, surtout grâce à ses boucles noires aux reflets bleutés, qui lui assuraient un succès extraordinaire auprès des femmes et des hommes, parce qu'il le valait bien. Lorsqu'il ne tirait aucune flèche avec son arc, il s'occupait de poésie, de musique et des arts, en général avec ses copines les Muses.

4. Dionysos (Bacchus)
Dionysos n'était pas le poivrot que l'on croit. Il était indiscutablement le dieu de la vigne, du vin et du délire mystique, mais sa consommation personnelle n'a jamais été prouvée. Autre fausse réputation : il ne portait pas de moustaches. Ses Bacchantes désignaient les femmes lui vouant un culte. Il fut à l'origine du théâtre : ses cortèges étaient composés d'adorateurs qui se donnaient à ce point en spectacle que les autorités lui firent une scène. Dieu sulfureux, il symbolise la folie créatrice

et la déraison. Nietzsche demeure son dernier disciple le plus connu.

5. Arès (Mars)
Dieu de la guerre, il était connu pour être bruyant. Il se déplaçait souvent avec Déimos la Crainte, Phobos la Terreur, Éris la Discorde et Ényo. Il organisait avec eux des événements majeurs, souvent violents, mais où il se trouvait confronté régulièrement à Athéna, qui avait tendance à se mêler aussi de faits guerriers.

6. Poséidon (Neptune)
Il eut la troisième part du gâteau : à Zeus le ciel et la terre, à Hadès les Enfers, et à lui le pouvoir sur la mer. Il se querella surtout avec Athéna, à qui il disputa la possession de la ville d'Athènes. Mais le méchant coup de trident qu'il donna sur l'Acropole ne suffit pas à l'en rendre maître. La jardinière Athéna avait planté un olivier bien plus convaincant que la source d'eau salée qu'avait fait naître son geste. Pour se venger, Poséidon inonda la plaine d'Éleusis.

Vous habitez chez vos parents ?

1. Horus
Dieu de la mythologie égyptienne, Horus signifie « le lointain ». Il est assimilé au ciel. Ses yeux représentent la lune et le soleil. Il est double, son alter ego est aveugle pendant les nuits sans lune ou lorsque les nuages cachent le soleil. Il est représenté le plus souvent assis à jouer de la harpe, avec une tête de faucon sur un corps humain. Il succédera à son père Osiris, après bien des histoires de famille.

2. Anubis
Embaumeur d'Osiris, il est représenté comme un homme à tête de chacal. Il est lié aux rites funéraires et à la résurrection.

3. Osiris
Tout d'abord dieu agraire, il incarne les forces immortelles de la terre. Il est représenté avec le sceptre, le fouet chasse-mouches, coiffé de la haute mitre blanche, parfois « décoré » aussi de deux grandes plumes d'autruche. Il fut tué par son frère Seth qui, non content de l'assassiner, le découpa en morceaux pour mieux le dissimuler. Il est depuis souverain du

monde des défunts, le monde de l'occident, où vient mourir le soleil chaque soir.

4. Isis
Femme d'Osiris, elle se chargea de reconstituer le corps de son mari, morcelé par son frère Seth, jaloux. Elle était magicienne et rusée. Elle s'occupa de récupérer, pour son fils Horus, un trône convoité par Seth, son frère.

5. Odin
Père des dieux et des hommes du panthéon nordique, il appartient à la famille des Ases, première grande famille de dieux, avec les Vanes. Il a pour femme Frigg. Il porte l'anneau magique Draupnir, la lance Gungnir et chevauche Sleipnir, son cheval à huit pattes. Il fut pendu à un arbre durant neuf jours, transpercé d'une lance, pour acquérir la science des runes, l'écriture des dieux. Il ramena aux dieux l'hydromel que gardait pour lui seul le géant Suttung. Il troqua un œil contre la Connaissance du monde. Cela justifie amplement sa réputation d'être un personnage enthousiaste.

6. Valkyries
Wagnériennes. Elles sont les servantes d'Odin, dans sa résidence de la Valhalle. Elles sont envoyées par le dieu sur les champs de bataille où elles chevauchent au milieu des combattants, désignant ceux qui vont mourir. Elles les ramènent ensuite dans la Valhalle où elles les gorgent d'hydromel pour se faire pardonner.

2
Devenir un dieu

Les théogonies

Vous est-il déjà arrivé d'envier le sort des dieux antiques ? Sachez-le, ce n'est pas une carrière facile. Les théogonies, ces histoires des premières divinités, regorgent d'émanations du néant, de disparitions et de dissensions. D'abord, il faut naître : ce n'est pas le plus simple. Les méthodes d'accouchement sont originales, voire périlleuses. Ensuite, il faut réussir à garder sa place : seconde difficulté. Alors, avant d'envisager sérieusement d'épouser la profession, vérifiez votre connaissance du milieu, puis reconstituez les histoires de naissances qui commencent souvent plus mal qu'elles ne finissent. Voici comment tout débuta !

Des débuts prometteurs : poursuivez vos efforts !

1. Placez correctement les noms des dieux et des divinités, présentés en italique, dans le texte ci-dessous.

Les Grecs

Le Chaos, Cronos, les Cyclopes, Éros, Gaia, Gaia et Ouranos, les Hécatonchires, Rhéa, les Titans.

Au début, rien. Mais alors rien du tout. Un vide indéfinissable auquel les Grecs donnèrent un nom, **a.** _____. Tout était dans tout et réciproquement. Mais l'équilibre fut rompu et un jour apparurent **b.** _____ et **c.** _____. Les deux premiers, sur les conseils du troisième, enfantèrent une progéniture prometteuse : des êtres munis d'un seul œil au milieu du front : **d.** _____, d'autres dotés de cent bras :

2. Les théogonies

e. _____, les derniers enfin beaucoup trop belliqueux :
f. _____. Quand il les vit, leur père prit peur et partit en claquant la porte, renvoyant d'où ils venaient ses descendants. Ils retournèrent en bas de l'échelle, dans le sein de leur mère, la terre. L'affaire était réglée. C'était compter sans l'instinct maternel qui arma le bras de son cadet : g. _____. Un soir, il émascula son père, épousa sa sœur h. _____ dans la foulée et se crut devenu le maître du monde. Quant à i. _____, elle s'adonna à la parthénogenèse[1], sans mari, mais enthousiasmée par ses premiers essais.

2. Voici deux séries de dieux. Puis deux textes à compléter. À vous de retrouver à quel texte appartient chacune des séries. Attention : les dieux sont présentés dans leur ordre d'apparition dans les textes.

a. *Atoum, Chou, Tefnout, Geb, Nout.*
b. *Bur, Odin, Vili, Vé, Ymir.*

Les Égyptiens

Les Égyptiens, en leur début, eurent les pieds dans l'eau. Au tout début était l'Océan primordial, le Noun, sorte de chaos liquide d'où émergea un beau jour le Démiurge _____. Ce dernier eut recours à différents fluides pour engendrer un fils, _____, du nom de Vie, et une fille, _____, l'Harmonie. Heureux du plaisir qu'il tira de ses premières créations, il renouvela l'expérience et créa _____ et _____. Il fit du premier la terre et de la seconde le ciel, qu'il plaça tête à l'ouest, les jambes à l'est. Ciel et terre se reproduisirent. Cette mère avait la fâcheuse habitude d'avaler ses enfants pour les faire réapparaître plus tard, ce qui lui permettait de ne pas les avoir sans cesse dans les pattes.

Les peuples du Nord

Autre lieu, autres mœurs : nous voici dans les froideurs nordiques. Là-haut, tout commença dans les glaces. S'y étaient formés deux gouffres, l'un aussi sombre que congelé, le Niflheim, l'autre brûlant, le Muspell. Le premier envoyait des eaux bouil-

---
[1]. La parthénogenèse est une reproduction sans fécondation, donc sans intervention d'un mâle.

IV. LA MYTHOLOGIE EST UN JEU

lonnantes, le second des étincelles. Selon des lois bassement scientifiques, il y eut écume tiède, condensation, et, moins scientifiquement, naissance du premier dieu, _____. De lui naîtront _____, _____, _____, les dieux primordiaux. On utilisa le même procédé « hydro-calorique » pour créer une série de géants, dont le premier exemplaire s'appelait _____, refoulés rapidement par les dieux dans le Jotulheim, entre le ciel et la terre, attendant les hommes pour s'amuser un peu.

2. Les théogonies

Réponses

Des débuts prometteurs : poursuivez vos efforts !

1.
Les Grecs

a. le Chaos
b. Gaia et Ouranos
   Ouranos, en grec, désigne le ciel. *Gaia* désigne la terre.
c. Éros
   Éros est le dieu de l'amour.
d. les Cyclopes
e. les Hécatonchires
f. les Titans
g. Cronos
   Cronos et Rhéa sont des Titans.
h. Rhéa
i. Gaia

2.
a. **Les Égyptiens**
b. **Les peuples du Nord**

3
Olympe, ton univers impitoyable !
Les grandes dynasties

Qui l'eût cru ? Prendre le pouvoir dans la mythologie ne se fait pas sans violence. On ne naît pas puissant, on le devient. Zeus dut se rebeller contre son père ; il rencontra Titans et Géants sur le chemin de sa gloire. Horus eut à se débarrasser de son oncle Seth, avide de pouvoir et prêt à toutes les bassesses pour l'obtenir. Il fallait payer son droit à l'héritage et instituer de nouvelles dynasties, en chassant les précédentes. Vous aurez justement, dans ce chapitre, à démêler les conflits, à désigner vainqueurs et vaincus, et à remettre chacun à sa place !

Quand les dieux lavaient leur linge sale en famille

Placer les phrases ci-dessous dans les bons textes en faisant correspondre les chiffres et les lettres entre parenthèses.

1. Il fabriqua une barque.
2. Ils se transformèrent en hippopotames.
3. Ils menacèrent le ciel, en jetant des arbres enflammés et des rochers immenses.
4. Il reçut l'île de la Sicile en pleine figure.
5. Il transporta la déesse sur l'île.
6. Ils placèrent un nain aux quatre points cardinaux.
7. Son corps servit de matière première.
8. Ils firent corps pour combattre ce neveu mal éduqué.
9. Il perdit ses yeux, il les retrouva.

1. Quand Zeus prit le pouvoir, ses oncles et tantes, Titans de leur état, ne le virent pas du meilleur œil. (a ___) : ils provo-

3. Les grandes dynasties

quèrent une guerre qu'on nomma Titanomachie. Ils perdirent et furent enfermés dans le Tartare [1].

Vexée, la Terre, Gaia, fit naître les Géants pour venger les Titans. Elle les fit particulièrement laids : ils avaient les cheveux touffus, la barbe hirsute et des jambes en corps de serpents. Ils étaient énormes et d'une force invincible. Dès leur naissance, (b ___). Cela énerva Zeus. Il rameuta les Olympiens, mais il fallait être un mortel pour pouvoir tuer les Géants. Aussi le dieu des dieux appela-t-il à son aide Héraclès, le fils qu'il avait eu d'une mortelle. On nomma cet épisode la Gigantomachie.

Quelques détails de l'action : le rôle principal fut tenu par Alcyonée, le plus géant des Géants. Il ne pouvait mourir tant qu'il était en contact avec sa terre natale. Aussi, Athéna conseillat-elle à Héraclès de l'emmener au loin pour le tuer, ce que fit le héros. Alcyonée, notre géant, vert de rage, tomba sous une flèche.

Athéna s'en prit aussi à Encelade. (c ___)
Quel que soit le dieu qui estourbissait le Géant, il fallait qu'Héraclès l'achève de ses flèches.

2. Autres temps, autres Géants. On se souvient de la manière dont Ymir, le premier Géant nordique, donna naissance à ses géants camarades qui furent rapidement isolés par les dieux. Ces derniers découpèrent Ymir en morceaux afin d'aménager l'espace. (d ___). Sa chair se transforma en terre ferme, ses os en montagnes, ses dents et petits os en petits rochers et en galets, et son sang forma les mers autour des terres. Le crâne servit à faire le ciel. (e ___). Les cils d'Ymir constituèrent des fortifications pour protéger les hommes. Avoir tué ce Géant permit de créer un monde où cohabitèrent les humains, les dieux, les monstres, les Géants et les elfes. Mais les Géants durent attendre un peu avant d'exister vraiment, car dans un premier temps, ils furent noyés dans le sang répandu d'Ymir et seul Bergelmir prit la fuite avec son épouse. (f ___) et sauva ainsi la race de l'extinction.

3. À la mort d'Osiris, son fils Horus se crut tout désigné pour prendre sa succession et monter sur le trône d'Égypte. C'était compter sans son oncle Seth, qui revendiqua l'héritage et engagea une lutte interminable avec Horus. L'Ennéade, l'assemblée

---
1. Le Tartare est le lieu de supplices des Enfers.

des dieux, ne savait comment trancher la question. La déesse Neith, consultée par courrier, avait désigné Horus comme successeur, mais Rê soutenait Seth. On décida que l'Ennéade se réunirait sur l'île du Milieu et délibérerait. Craignant l'influence d'Isis, la mère d'Horus, on interdit au passeur Ânti d'embarquer une femme. Mais la déesse, prenant l'apparence d'une vieillarde et prétendant apporter de la nourriture à son petit-fils, attendrit le cœur du batelier. Le cadeau d'un anneau d'or acheva de le convaincre et (g ___). Isis apparut devant Seth sous forme d'une jolie jeune femme et l'étourdit par sa beauté. Elle raconta l'histoire d'une mère qui voit son fils privé de son héritage et, naïvement, le dieu jugea en effet que cela était vraiment trop injuste. Aussitôt, Isis lui apparut sous son vrai visage et lui apprit qu'il venait de se juger lui-même. L'Ennéade dut reconnaître la victoire d'Horus, mais Seth supplia pour qu'on le laisse jouer le tout à quitte ou double : il proposait un combat à la loyale. Cela lui fut accordé. (h ___) Horus et lui devaient rester trois mois sous l'eau : le premier qui remonterait à la surface serait le perdant. Isis, voulant aider son fils, partit à la pêche au harpon, et le planta dans la chair de Seth. Mais au moment de tuer son frère, elle eut pitié et le laissa en vie. Horus, furieux contre sa mère, lui trancha la tête. Toth la répara en plaçant à la place une tête de vache, moins seyante, mais qui lui redonna vie.

Il fallut encore quelques épisodes pour qu'Horus soit couronné : (i ___), il déjoua quelques fourberies, il fit une dernière course en bateau et, finalement, ayant lassé l'assemblée des dieux qui n'en pouvait plus de ces enfantillages, il fut désigné par son propre père qu'on eut enfin l'idée de consulter.

3. Les grandes dynasties

Réponses

Quand les dieux lavaient leur linge sale en famille

1.
a : 8
b : 3
c : 4

Les Titans sont six « mâles » et six « femelles ». Le plus célèbre des Titans est certainement Atlas, qui soutenait la voûte du ciel sur ses épaules.

La Titanomachie a duré dix ans. Dans le Tartare où ils furent jetés, les vaincus furent surveillés par les Hécatonchires, que nous avons déjà rencontrés dans le chapitre 2.

Nés sur le sol de Thrace, les Géants déclarèrent la guerre aux Olympiens. Dans cette histoire, ils l'ont échappé belle. En effet, Gaia venait d'inventer une herbe magique qui allait rendre les créatures insensibles aux coups des mortels. Mais Zeus s'empara le premier de l'herbe et put embaucher Héraclès, son fils, pour achever ses adversaires.

On trouve trace des gigantomachies dans nombre de temples, notamment à Delphes et Pergame : les queues de serpents, qui prolongeaient les jambes des Géants, étaient très faciles à caser dans les coins des frontons, endroit où on ne pouvait faire entrer aucun dieu, sinon en le faisant ramper, ce qui nuisait à sa prestance. Les sculpteurs allaient s'en souvenir.

2.
d : 7
e : 6
f : 1

Le monde créé par le corps d'Ymir, nourri par la vache Audhumla, dont les mamelles servaient de sources à quatre rivières de lait, était organisé pour laisser un territoire à chaque race. Les géants étaient près de l'océan, à l'orée des terres habitées ; les hommes étaient plus près du centre, dans le domaine de Midgard ; les dieux dans le domaine d'Asgard. Le centre du monde était occupé par le frêne Yggdrasill, dont les branches couvraient tous les territoires.

Une autre version fait naître du corps d'Ymir les nains. D'abord ils ressemblèrent à des vers, puis les dieux leur donnèrent un

IV. LA MYTHOLOGIE EST UN JEU

aspect humain et l'intelligence. Et inutile de sourire, les nains n'étaient autres que les humains

3.
g : 5
h : 2
i : 9

Dans la mythologie égyptienne, Seth incarne le déchaînement de la violence. Il est lié au désert dont il a la stérilité et la rudesse. Seth est l'assassin d'Osiris et sera poursuivi par la vengeance d'Horus.

4
Vertiges de l'amour

Les amours des dieux

« Maintenant je connais Éros. C'est un dieu accablant », peut-on lire dans une idylle[1] de Théocrite, poète grec. Chez les dieux aussi, les histoires d'amour sont mouvementées. Héra a tout de la mégère lorsqu'elle est jalouse de son époux infidèle ; Zeus a recours à toutes les ruses pour séduire ses proies ; Isis recolle les morceaux de son ménage ; Sigurd séduit par procuration. Décidément, quand les flèches de Cupidon enflamment les cœurs, les humains comme les dieux perdent la tête !

Déchiffrez des lettres

Voici des couples célèbres et les lettres qu'ils auraient pu s'envoyer. Faites correspondre chaque couple à une lettre en associant les chiffres et les lettres en gras.

a. Didon et Énée
b. Isis et Osiris
c. Pénélope et Ulysse
d. Orphée et Eurydice
e. Hector et Andromaque
f. Sigurd et Brynhild

1.
Mon cher amour,
Mais que fais-tu donc ? Je pleure chaque soir, attendant ton retour. Tous les autres rois grecs sont rentrés, sauf toi ! Je me

---
1. Petit poème bucolique qui a pour sujet les amours des bergers.

suis mise à la tapisserie pour patienter, mais tout de même, l'ennui me gagne.
Si tu en as rencontré une autre, prends au moins la peine de m'en informer. Avec tous les prétendants que j'ai à la maison, je n'ai que l'embarras du choix. Cela m'ennuie, je m'étais bien habituée à ma réputation d'épouse parfaite.
J'envoie cette lettre à travers les flots. J'espère que tu ne t'es pas perdu dans quelque île mal fréquentée.
Ta petite femme au foyer.

2.
Espèce de marin d'eau douce,
Tu es parti tout de même, malgré mes pleurs, malgré mes supplications, malgré mon amour que tu as bafoué à coups de rames qui emmenaient tes bateaux au loin.
Et notre entrevue dans la grotte, sous des trombes d'eau, ce n'était donc rien ?
Retourne donc chez ta mère ! Tout est sa faute finalement !
Je ne résiste pas à la douleur de te perdre. Je vais m'assurer une mort certaine en doublant les moyens de mettre fin à ma vie.
Je t'écris en Italie.

3.
Imposteur !
Comment as-tu osé paraître devant moi sous l'apparence d'un autre ? Et pour me séduire ? Si j'avais imposé une épreuve à celui qui devait gagner mon cœur, c'était justement pour m'assurer des qualités de mon mari. Tu me le paieras cher, je te le jure.

4.
Mon cher époux,
Je t'écris d'où tu ne reviendras plus et d'où seul ton souvenir arrive à moi. J'aurais tant voulu t'être fidèle même après ta mort. Mais les règles de la guerre ne donnent que peu de chances à une femme de pleurer son époux tombé au combat. Me voici butin de Néoptolème en Épire. J'ai vu mourir ton fils, jeté du haut des murailles de Troie en flammes, je serai bientôt l'épouse de ton frère, maintenant que mes précédents maris sont morts. Quel destin ! Je revois tes adieux, ta peur d'Achille, ton corps traîné autour des murailles.
Je m'arrête là tant la douleur m'étreint.

5.
PAS MALIN DE T'ÊTRE RETOURNÉ STOP POUVAIS PAS ATTENDRE ENCORE UN PEU ? STOP TROP TARD MAINTENANT STOP DOMMAGE PARAÎT SOLEIL BRILLE À LA SURFACE DE LA TERRE.

6.
Mon époux,
Mais qu'allais-tu faire dans ce coffre ? Tout cela pour prouver que tu étais le plus grand ! Maintenant, tu règnes à l'ombre ! Au moins, je sais où tu es, parce que j'en avais un peu assez de te courir après, surtout quand tu te dispersais. Je crois que j'ai assez prouvé que je t'aimais. Toi aussi, je sais. Ton dernier souffle fut au service de ma maternité. Je t'en serai toujours reconnaissante.
Tu m'as donné envie de me remettre à la couture.
Porte-toi bien.

Déshabillez Zeus

Pour séduire des mortelles, Zeus eut souvent recours à des métamorphoses. Retrouvez quelle apparence il prit pour séduire ses proies en traçant les bons liens.

Zeus prit l'apparence de	pour séduire
Un taureau •	• Antiope
Une pluie d'or •	• Léda
Un aigle •	• Alcmène
Du mari •	• Europe
Un satyre •	• Danaé
Un cygne •	• Ganymède

IV. LA MYTHOLOGIE EST UN JEU

Réponses

Déchiffrez des lettres

1. c
Pénélope a la réputation d'être une épouse fidèle. Elle attendit son mari patiemment lorsqu'il partit pour Troie et qu'il eut tant de mal à en revenir. Elle était sollicitée par des dizaines de prétendants qui occupaient le palais d'Ulysse à Ithaque. Elle prétendit qu'elle arrêterait son choix lorsqu'elle aurait terminé de tisser le linceul de son beau-père Laërte. Mais elle défaisait la nuit ce qu'elle avait fait le jour.
Le roi grec et ses compagnons séjournèrent toute une année sur l'île d'Aea, où vivait la magicienne Circé.

2. a
Lorsque Énée, lors de son périple qui devait le mener en Italie pour fonder une nouvelle Troie, s'arrêta à Carthage, sa mère, Vénus, fit en sorte que la reine Didon tombe amoureuse de lui, assurant ainsi sa sécurité. Aidée de Junon, elle s'arrangea pour que, lors d'une partie de chasse, les deux amants se retrouvent seuls dans une grotte, coincés là par un orage. Malgré cet amour, Énée dut poursuivre son périple, sur l'ordre de Jupiter. La douleur de Didon fut d'une telle violence qu'elle se suicida. Afin de ne pas échouer, elle se jeta sur un bûcher, tout en se transperçant d'une épée. Il faut attendre Virgile[1] pour que cette mort soit attribuée au départ d'Énée. Auparavant, la reine de Carthage se jetait aussi dans un bûcher, mais pour ne pas épouser un roi du cru, Iarbas.

3. f
Nous voilà dans les contrées du Nord, en compagnie de Sigurd (Siegfried). Son beau-frère, Gunnar, voulait épouser la Valkyrie Brynhild. Cette dernière vivait entourée d'une barrière de feu et avait annoncé qu'elle épouserait l'homme capable de la franchir. Seul Sigurd pouvait faire preuve d'un tel courage. De plus, Sleipnir, son fidèle cheval, était doté de huit pattes et capable

---
1. Poète latin (vers 70 - 19 av. J.-C.). Ses œuvres les plus célèbres sont *Les Bucoliques*, *Les Géorgiques* et *L'Énéide*, cette dernière œuvre étant restée inachevée.

4. Les amours des dieux

de franchir tous les obstacles. Pour rendre service à Gunnar, Sigurd prit l'apparence de son beau-frère pour séduire la belle. Une fois l'exploit accompli, il reprit son vrai visage et Gunnar épousa Brynhild. Mais la femme de Sigurd, un jour qu'elle se querellait avec Brynhild, révéla la vérité. Mal lui en prit, la Valkyrie à l'orgueil chatouilleux fit assassiner Sigurd pour se venger. Puis elle se suicida de dépit.

4. e
Andromaque est le parangon de la veuve digne et inconsolable. Elle forme dans *L'Iliade* d'Homère une belle opposition avec la volage Hélène. Elle aimait son Hector, prince troyen, plus que tout. Lorsque celui-ci fut tué par Achille, qui traîna son corps autour de Troie, elle se sut perdue. Hector avait fait de très beaux adieux à sa femme. Cette scène, souvent représentée sur des vases grecs, a inspiré des peintres célèbres, comme Joseph Marie Vien[1] ou Jacques-Louis David[2]. Elle plut aussi aux auteurs de tragédies, tels Euripide ou Racine. Andromaque devint le butin de Néoptolème, le fils d'Achille, surnommé Pyrrhus. Les Grecs jetèrent Astyanax, le fils d'Hector, du haut de la citadelle en flammes, lorsque Troie tomba entre leurs mains. À la mort de Néoptolème, elle fut donnée en mariage au frère d'Hector. Elle eut des fils de tous ses maris et finit à Pergame avec l'un d'eux.

5. d
Eurydice, épouse d'Orphée, s'ébattait dans la campagne avec ses camarades les Naïades. Elle était, selon certaines versions, en train de fuir Aristée qui la poursuivait. Dans sa course, elle marcha sur un serpent qui la piqua et elle mourut. Accablé par le chagrin, Orphée décida d'aller la rechercher jusque dans les Enfers. Il prit sa plus belle voix et émut même les cœurs d'Hadès et de son épouse Perséphone qui régnaient sur le royaume des morts. Le couple infernal, d'ordinaire peu commode, accepta qu'Orphée ramène Eurydice dans le monde des vivants. À une condition : il ne devait pas se retourner et la regarder avant

---

1. Peintre français (1716-1809), précurseur du néoclassicisme en peinture. On peut voir *Les Adieux d'Hector et d'Andromaque* (huile sur toile, 1786), au musée du Louvre, à Paris.
2. Peintre français (1748-1825), considéré comme le chef de file de l'école néoclassique. *La Douleur et les regrets d'Andromaque sur le corps d'Hector* (huile sur toile, 1783) est exposé au musée du Louvre.

IV. LA MYTHOLOGIE EST UN JEU

d'être remonté à la surface de la terre. On ne saura jamais ce qui fit échouer Orphée : selon certains, Eurydice aurait trébuché... Pour d'autres, Orphée n'aurait pu résister longtemps au bonheur de la voir... en tout cas, l'inexplicable arriva : Orphée se retourna et perdit sa femme. Définitivement, cette fois.

6. b
Seth était horriblement jaloux de son frère Osiris. Il décida de le faire disparaître et lança lors d'une soirée arrosée le jeu du coffre : celui dont le corps remplirait un coffre superbement ouvragé en deviendrait le propriétaire. Osiris s'y allongea, le remplit parfaitement, et découvrit qu'il s'agissait d'un piège lorsque le couvercle se referma sur lui. Il fut jeté ensuite dans le Nil.
Isis, sa femme, partit à sa recherche en compagnie de sa belle-sœur, Nephthys, la propre épouse de Seth. Lorsqu'elle retrouva son époux, Isis le ranima pour qu'il lui fasse un enfant puis le rangea à nouveau dans sa boîte, définitivement inanimé. Quand il apprit qu'elle attendait un fils, Seth, furieux, chercha la dépouille d'Osiris et la coupa en morceaux. Isis se remit à la recherche de son époux, mais cette fois-ci elle dut le récupérer en pièces détachées. Elle le reconstitua et Osiris partit s'occuper du monde des morts où il y avait beaucoup à faire.

Déshabillez Zeus

Zeus prit l'apparence de   pour séduire

Un taureau	Antiope
Une pluie d'or	Léda
Un aigle	Alcmène
Un cygne	Europe
Du mari	Danaé
Un satyre	Ganymède

Quand elle vit le magnifique taureau qui venait se coucher à ses pieds, Europe eut d'abord très peur, mais elle flatta bientôt la bête. Elle eut même envie de monter sur son dos, comme quoi, elle était totalement rassurée. Mais le taureau partit immédiatement à la nage : c'était Zeus. Le couple se rendit en

4. Les amours des dieux

Crète où la jeune femme donna naissance à Minos et Rhadamante.

Danaé était enfermée dans une tour par son père à qui on avait prédit qu'il serait tué par un enfant de sa fille. Pour passer sous la porte, Zeus eut cette idée ingénieuse de se transformer en pluie d'or, moyen aussi pratique que séduisant. D'ailleurs, il séduisit Danaé qui donna naissance à Persée.

Ganymède était un jeune berger dont la beauté émut Zeus. Il se métamorphosa en aigle afin de l'enlever et de l'emmener sur l'Olympe. Une autre version veut que Zeus ne se soit pas dérangé lui-même et qu'il ait envoyé son aigle.

Il suffira d'un cygne et une jeune femme, Léda, donnera naissance à l'un de ses enfants : Hélène de Troie. On considère généralement que ses autres enfants, Castor, Pollux et Clytemnestre avaient pour père son mari Tyndare.

La fourberie de Zeus pour séduire Alcmène fut sans bornes. Il prit l'apparence du mari de celle-ci, Amphitryon, parti à la guerre et sur le point de revenir en permission. Alcmène donna naissance à des jumeaux, Iphiclès, le fils d'Amphitryon, et Héraclès, le fils de Zeus.

Quand il voulut séduire Antiope et qu'il se métamorphosa en satyre, elle aurait dû flairer le piège immédiatement. Les satyres, créatures attachées à Dionysos, n'avaient rien de très attirant : certes, ils avaient une apparence humaine mais étaient également pourvus d'une queue de cheval et de pieds de bouc ! Elle donna naissance à des jumeaux : Amphion et Zéthos.

5
Familles décomposées

Les histoires de famille

Dans les légendes les plus connues de l'Antiquité grecque, les familles se déchirent. Les dieux devraient plutôt montrer l'exemple, direz-vous ! Certes. En attendant, les descendants souffrent, les ascendants se rebiffent et tous les coups sont permis au pays des oracles, des jalousies, des incestes et des meurtres. Œdipe est sans conteste le grand champion des démêlés familiaux. Mais Héraclès et Thésée ont eu eux aussi à affronter bien des difficultés. Ces héros célèbres se seraient bien passés de leur entourage !

Oracle, ô désespoir

Pour reconstituer le récit complexe d'Œdipe, vous devez souligner après chaque chiffre entre parenthèses la bonne proposition qui correspond à l'histoire.

Œdipe était le fils de Laïos et de Jocaste, le roi et la reine de Thèbes. Un oracle avait prédit que l'enfant né de Jocaste **(1) tuerait son père et épouserait sa mère / tuerait son père et réduirait sa mère en esclavage**. Après la naissance de l'enfant, Laïos l'exposa dans la montagne, pendu par les pieds, les chevilles transpercées par une courroie, d'où son nom qui signifie **(2) Pied-En-l'Air / Pied-Enflé**.

Mais un berger qui passait par là recueillit l'enfant et le porta à Polybos, roi de Corinthe, qui l'adopta et l'éleva. L'enfant grandit et apprit un jour de l'oracle de Delphes la malédiction qui pesait sur lui. Ne sachant pas qu'il était adopté, il décida d'éviter ce destin funeste **(3) en prenant la fuite / en informant ses parents adoptifs de l'oracle**.

5. Les histoires de famille

Plus tard, il rencontra sur son chemin Laïos, qui insulta ce jeune homme arrogant qui lui barrait la route. La dispute fut si vive que l'épée d'Œdipe s'échappa de son fourreau et alla se planter dans le corps de Laïos (4) **qui mourut en clamant : « Tu quoque, fili**[1]** ! » / qui ne trouva rien à dire et mourut**.

Œdipe poursuivit son chemin, (5) **vers Thèbes / vers Delphes**. Il rencontra à l'entrée de la ville un sphinx, (6) **monstre mi-lion, mi-femme / monstre mi-cheval, mi-homme**. La créature terrorisait les habitants de la ville en leur posant des devinettes qu'ils devaient aussitôt résoudre, risquant d'être dévorés en cas de mauvaise réponse. « Quel est l'être qui marche tantôt à deux pattes, tantôt à trois, tantôt à quatre, et qui, contrairement à la loi générale, est le plus faible quand il a le plus de pattes ? » demanda le sphinx à Œdipe qui répondit avec justesse : (7) **Zeus / l'homme**. Le sphinx en mourut de dépit. Par gratitude, la population fit monter Œdipe sur le trône, et il épousa la veuve de Laïos... Ainsi, l'oracle venait de se réaliser à l'insu des protagonistes. Œdipe et Jocaste eurent quatre enfants : (8) **Étéocle, Polynice, Antigone et Ismène/Castor, Pollux, Hélène et Clytemnestre**.

Mais un jour, une terrible peste s'abattit sur la ville et un oracle avertit les habitants qu'elle ne prendrait fin que lorsque l'assassin de Laïos serait enfin châtié. Le roi Œdipe maudit le meurtrier, mena l'enquête, et découvrit finalement qu'il était lui-même l'assassin de son père ! Jocaste, prenant conscience de son inceste, se suicida. Quant à Œdipe, (9) **il se creva les yeux et s'exila/il se perça les tympans et s'exila**.

Œdipe, père & fils

Voici la suite des aventures qui se sont déroulées à Thèbes. Les événements vous sont présentés dans le désordre : remettez-les dans le bon ordre en les renumérotant comme il convient.

1. Les deux frères décident de régner alternativement, chacun pendant un an. Étéocle prend le pouvoir.
2. Créon, leur oncle, devenu roi, accorde des funérailles à Étéocle, mais laisse le corps de Polynice sans sépulture.
3. Polynice organise une expédition contre Thèbes.

---

1. « Toi aussi, mon fils ! »

IV. LA MYTHOLOGIE EST UN JEU

4. Étéocle et Polynice chassent Œdipe, leur père.
5. Antigone, sœur des deux morts, enterre le corps de Polynice contre la loi de son oncle Créon.
6. Son fiancé se suicide de désespoir et entraîne la mort de sa mère Eurydice.
7. Œdipe maudit ses fils, leur prédisant qu'ils s'entretueront.
8. Quand vient le tour de Polynice, Étéocle refuse de laisser sa place.
9. Elle est condamnée à mort et emmurée vivante.
10. Polynice et Étéocle se battent en duel et s'entretuent.

5. Les histoires de famille

Réponses

Oracle, ô désespoir

1. tuerait son père et épouserait sa mère
On sait le succès qu'aura un certain Freud, bien plus tard, en s'inspirant de cet épisode. Il appela « complexe d'Œdipe » un processus inconscient chez le jeune garçon, dans le développement de sa sexualité infantile. Il se traduit par l'attirance pour la mère et l'opposition au père, qu'il considère comme un rival. Le garçon doit dépasser ce complexe pour atteindre la maturité sexuelle.

2. Pied-Enflé

3. en prenant la fuite

4. qui ne trouva rien à dire et mourut
L'autre possibilité se référait à la mort du général romain César, en 44 av. J.-C. Il fut victime d'une conspiration de sénateurs et assassiné en plein sénat. Parmi les conjurés se trouvait son fils adoptif Brutus, qui avait épousé la cause de ses ennemis. Il est douteux que César ait prononcé cette phrase, mais il l'a peut-être pensée !

5. vers Thèbes
Il ne le savait pas, mais Œdipe retournait dans sa patrie d'origine.

6. monstre mi-lion, mi-femme
Le sphinx avait en effet cet aspect dont se souviendra le peintre Ingres dans son tableau *Œdipe et le Sphinx* (1808), que l'on peut voir au musée du Louvre. Monstre féminin, il est aussi appelé « la sphinge ». Il avait été envoyé par Héra pour punir Laïos, qui avait fait violence au jeune Chrysippos.

7. l'homme
Le bébé marche à quatre pattes, l'homme sur ses deux jambes et le vieillard avec une canne.

8. Étéocle, Polynice, Antigone et Ismène
Les autres enfants sont ceux de Léda, comme précisé dans le chapitre 4 !

9. il se creva les yeux et s'exila
Il faut dire qu'Œdipe s'était aveuglé sur lui-même depuis long-

IV. LA MYTHOLOGIE EST UN JEU

temps ! Il quitta Thèbes et trouva refuge à Athènes, accueilli par Thésée. Il était accompagné de sa fille Antigone.

Œdipe, père & fils

4-7-1-8-3-10-2-5-9-6.

1. Étéocle et Polynice chassent Œdipe, leur père.
2. Œdipe maudit ses fils, leur prédisant qu'ils s'entretueront.
3. Les deux frères décident de régner alternativement, chacun pendant un an. Étéocle prend le pouvoir.
4. Quand vient le tour de Polynice, Étéocle refuse de laisser sa place.
5. Polynice organise une expédition contre Thèbes.
6. Polynice et Étéocle se battent en duel et s'entretuent.
7. Créon, leur oncle, devenu roi, accorde des funérailles à Étéocle, mais laisse le corps de Polynice sans sépulture.
8. Antigone, sœur des deux morts, enterre le corps de Polynice contre la loi de son oncle Créon.
9. Elle est condamnée à mort et emmurée vivante.
10. Son fiancé se suicide de désespoir et entraîne la mort de sa mère Eurydice.

Créon se devait de punir celui qui avait attaqué sa propre patrie : il n'enterra qu'un frère sur deux. Antigone refusait de laisser un de ses frères sans rites funéraires, ce qui le condamnait à errer au bord du Styx, le fleuve des Enfers, sans pouvoir accéder au royaume des morts. Elle transgressa la loi de la cité et fut condamnée à mort.

Antigone est une héroïne qui fascinera nombre d'écrivains, de Sophocle à Hölderlin, de Cocteau à Anouilh, symbole de la résistance au pouvoir absolu, porteuse des lois familiales face aux lois de la cité, capable, au risque de mourir, de porter les valeurs les plus hautes.

6
Et l'homme fut !

Créer des hommes

Un jour, les dieux décidèrent de créer les hommes. On ne sait pas trop ce qui leur passa par la tête, mais ils eurent la drôle d'idée de concevoir des êtres à leur image. Puis ils furent déçus de voir que leur création leur échappait... Alors, en ce monde humain où l'effronterie côtoyait l'impudence, ils s'ingénièrent à effacer cette faute de goût ! En tout cas, une chose est sûre : Prométhée, Odin, Rê nous ont façonnés. Ils n'employèrent pas les mêmes matières, mais arrivèrent souvent à des résultats assez semblables. Zeus et Enlil furent des critiques redoutables de leur propre création. Prométhée adora son œuvre. Bref, nous vous laissons découvrir le tableau !

Encore raté !

Retrouvez la matière et la méthode utilisées par nos différents créateurs de l'humanité, ainsi que le problème qu'ils ont rencontré. Indiquez les réponses en cochant les bonnes cases.

IV. LA MYTHOLOGIE EST UN JEU

	Le Grec Prométhée	L'Égyptien Rê	Le Nordique Odin
LES MATIÈRES			
Arbres			
Terre glaise			
Larmes			
LES MÉTHODES			
Ne crée que l'homme			
Sculpte l'homme et la femme et leur donne le souffle de vie			
Crée l'humain involontairement			
LES PROBLÈMES			
Aucun			
Les hommes veulent vivre sans dieux			
Les hommes s'opposent aux dieux			

Prométhée, le meilleur ami des hommes

Choisissez, entre les trois propositions qui vous sont faites, la bonne réponse et rayez les deux autres.

Dans la mythologie grecque, lorsque les hommes furent créés, ils commencèrent par revendiquer les meilleurs morceaux de viande lors des sacrifices. Ils furent soutenus par Prométhée, qui jugeait qu'en effet sa création méritait des morceaux de choix. Un jour, il prépara deux plats avec le bœuf qu'on venait de sacrifier : le premier avait l'aspect peu appétissant de **(1) la cendre de la cuisson / la peau de l'animal / du sang coagulé**, mais cachait la viande et les entrailles ; le second, qui contenait les os, était recouvert de graisse. Quand Zeus eut à choisir, il se laissa abuser par l'aspect et choisit le gras.

Lorsque le dieu des dieux s'aperçut de la supercherie, il fut courroucé au point de priver l'homme du **(2) silex / couteau / feu**. Qu'à cela ne tienne, Prométhée alla le dérober dans

6. Créer des hommes

la forge d'Héphaïstos. Re-grosse colère de Zeus qui punit les hommes et Prométhée. Pour les premiers, il imagina de leur envoyer **(3) Pactole / Pandore / Psyché**, une créature inconnue jusque-là : la femme. Elle avait été créée par Héphaïstos et Athéna, sur l'ordre de Zeus. Elle fut donc belle, aimable, gracieuse, intelligente, habile. Mais **(4) Hadès / Héphaïstos / Hermès**, qui avait dû mal digérer son dernier bol d'ambroisie, la fit aussi fourbe et menteuse. Elle arriva sur terre et vit une jarre fermée qui traînait là. La jeune femme, dévorée de curiosité, en ôta le couvercle, voulant voir ce qui s'y cachait. Elle lâcha ainsi sur l'humanité des maux inconnus jusque-là. Seule **(5) l'espérance / la confiance / la joie** n'eut pas le temps de s'échapper et y demeure encore, aux dernières nouvelles.

Quant à Prométhée, il fut enchaîné sur le Caucase. Un aigle venait tous les jours lui dévorer le foie, qui se reconstituait systématiquement. Jusqu'au jour où Héraclès, qui passait par là et cherchait un nouveau travail, **(6) tua l'aigle et délivra Prométhée / tua Prométhée et délivra l'aigle / ne tua personne mais convainquit Zeus de relâcher tout le monde**.

IV. LA MYTHOLOGIE EST UN JEU

Réponses

Encore raté !

Prométhée : terre glaise – ne crée que l'homme – les hommes s'opposent aux dieux
Prométhée est un Titan [1], cousin de Zeus. Il modela les hommes en utilisant de la terre glaise. Mais il ne créa que la gent masculine, la femme vint ensuite pour punir l'arrogance des hommes. Ils voulurent se garder les bons morceaux lors des sacrifices faits aux dieux et dont ils jugeaient que l'odeur devait leur suffire. Ils trouvaient légitime de se réserver les filets et les échines : déjà qu'ils n'avaient ni ambroisie ni nectar [2], ils n'allaient pas en plus se priver de viande fraîche !

Rê : larmes – crée l'humain involontairement – les hommes veulent vivre sans dieux
Un jour où sa mère Neith s'était absentée un instant, Rê pleura son absence. Les larmes roulèrent sur ses joues, tombèrent dans l'océan et provoquèrent la naissance des hommes. Rien ne réussit pourtant à distraire Rê de son désespoir, pas même cette soudaine agitation autour de lui. Mais quand sa mère reparut, il se mit à baver de joie et créa les dieux. Lorsque les hommes virent Rê vieillir, ils s'imaginèrent pouvoir échapper à l'autorité divine. Le dieu, qui avait cessé de baver et pleurer depuis un moment, laissa éclater sa colère.

Odin : arbres – sculpte l'homme et la femme et leur donne le souffle de vie – aucun
Odin façonna l'homme à partir d'un frêne et la femme à partir d'un aulne. Dans cette création, il fut aidé par ses frères. Odin donna le souffle de vie, Vili l'intelligence et le mouvement, Vé la parole, l'ouïe, la vue et forme humaine.
Comme les arbres étaient faits des cheveux d'Ymir, le morcelé primitif [3], il en résulte que les hommes avaient une origine divine. Les dieux parquèrent ensuite hommes et femmes dans

---
1. Les Titans, dont il a été question dans le chapitre 3, sont les enfants de Gaia, vaincus par Zeus.
2. L'ambroisie est la nourriture des dieux de l'Olympe, le nectar est leur boisson.
3. Ymir, dont il a été question dans les chapitres 2 et 3, est un géant qui servit de matière première à la création de la terre.

l'enceinte Midgard. Chez les Nordiques, dieux, Géants et humains ont leur territoire propre : les Géants habitent l'Utgard, les dieux l'Asgard.

Prométhée, le meilleur ami des hommes

1. la peau de l'animal

2. feu
« La guerre du feu n'aura pas lieu », décida Prométhée, qui déroba une précieuse braise, dans la forge d'Héphaïstos suivant les uns, « à la roue du soleil » suivant les autres. Le plus important, c'est que les hommes eurent de quoi se chauffer pour l'hiver sans l'aide des foudres de Zeus.

3. Pandore
Pandore fut ainsi la première femme, et d'emblée au service d'une mauvaise action ! On notera que le mythe grec et l'Ancien Testament présentent la femme de la même manière : la mère de tous nos maux.
Psyché est l'héroïne d'une jolie histoire dans laquelle elle devient la femme du dieu Amour et doit affronter un certain nombre d'épreuves pour rester à ses côtés.
Pactole est le nom d'une petite rivière dans laquelle Midas se lava de son don de transformer tout en or, fâcheux pour avaler son repas. Il laissa s'échapper une pluie de paillettes d'or.

4. Hermès

5. l'espérance

6. tua l'aigle et délivra Prométhée
Zeus accepta la libération de Prométhée, mais à condition que ce dernier porte un anneau fait de sa chaîne et d'un morceau de rocher. Le dieu des dieux avait fait le serment de ne jamais séparer Prométhée de son rocher, il trouva ce moyen pour ne pas se dédire.

7
Il était un petit navire...
Les grandes odyssées

Heureux qui comme Ulysse, ou Énée, ou Jason, ou bien d'autres, a fait un beau voyage. Car les héros mythologiques ont accompli bien des exploits sur les mers, contrariés par des vents contraires, des monstres marins et parfois la colère des dieux. Dans ce chapitre, vous naviguerez au côté de ces grands marins dont vous aurez à retrouver les destinations et les ambitions. Vous vous remémorerez ensuite quelques épisodes fameux de leur périple, pour découvrir enfin que le plus simple n'est pas toujours de rentrer chez soi après une longue absence. Hissez les voiles et maintenez le cap !

Ils partirent

À chaque personnage correspondent une destination et un enjeu. Reliez-les d'un trait.

PERSONNAGES	DESTINATIONS	ENJEUX
Jason	• Crète	• fonder une ville
Thésée	• Troie	• trouver l'herbe de l'immortalité
Ulysse	• Colchide	• conquérir la Toison d'or
Énée	• Italie	• récupérer Hélène enlevée par Pâris
Gilgamesh	• île au-delà des Eaux de la Mort	• tuer le Minotaure

7. Les grandes odyssées

Ils rentrèrent... (ou tout au moins essayèrent)

Chaque narration d'un retour difficile à la maison contient une erreur. Retrouvez-la.

1. Lorsqu'il rentra de Mycènes et regagna son royaume de Troie, Agamemnon, le roi des rois de la Grèce, n'eut pas le loisir de goûter un repos mérité. Sa femme, Clytemnestre, l'attendait, accompagnée de son amant, Égisthe. Ils assassinèrent ce pauvre mari afin de poursuivre paisiblement leur règne. Mais c'était compter sans Oreste, le fils du roi, qui vengea son père en assassinant sa mère, sur les ordres d'Apollon.

2. Thésée avait promis à son père, Myssel, de hisser une voile blanche sur le mât de son navire, s'il revenait vivant à Athènes après avoir tué le Minotaure. Le prince oublia sa promesse et laissa la voile noire annoncer un funeste destin. Lorsqu'il aperçut le navire et crut son fils mort, le roi se jeta dans la mer qui porte maintenant son nom.

3. Après la guerre de Troie, le rusé Ulysse s'embarqua pour rejoindre sa terre natale, Ithaque. Il mit vingt ans à rentrer, donnant son nom tout d'abord à un long périple aventureux : une Odyssée[1]. Pour tromper les prétendants qui convoitaient sa femme et occupaient son palais, il prit l'apparence d'un vendeur de chiens. Puis il finit par se faire reconnaître en bandant son arc et en tirant une flèche à travers une rangée de douze haches. Il était le seul à pouvoir accomplir cet exploit.

4. Gilgamesh, lorsqu'il revint au pays des vivants, assoiffé, aborda le rivage. Il se précipita au bord d'une source et se désaltéra, posant la pierre de l'immortalité au bord de l'eau. Un serpent passa par là, trouva l'occasion bien alléchante et repartit avec le précieux don. Le héros n'avait plus soif mais il était à nouveau mortel.

---

1. Le mot *odyssée* vient du nom grec d'Ulysse « Odysseus ».

IV. LA MYTHOLOGIE EST UN JEU

Réponses

Ils partirent

Jason, prince grec, partit en **Colchide conquérir la Toison d'or**. Jason s'était vu usurper son royaume de Iolcos par son oncle Pélias. Ce dernier lui promit de lui rendre son héritage s'il mettait la main sur la Toison d'or. Il s'agissait d'une peau de bélier qui se trouvait dans le bois d'Arès, en Colchide. Pour y accéder, il fallait traverser la mer Noire, en son extrémité orientale. Mais le plus difficile était de s'en emparer, car il fallait amadouer un dragon insomniaque. Bref, quelques bons coups de rame et une bonne âme de dompteur étaient requis ! Jason organisa la croisière avec ses amis les Argonautes...

Thésée, héros grec, partit en **Crète tuer le Minotaure**.
Tous les sept ans, Athènes devait verser aux Crétois un tribut de sept jeunes gens destinés à satisfaire l'appétit du Minotaure, monstre hybride à tête d'homme et au corps de taureau enfermé dans un labyrinthe. Athènes assiégée avait négocié sa liberté moyennant ce petit dédommagement. Thésée avait décidé de se glisser parmi les sept futures victimes afin d'affronter le monstre.

Ulysse, héros grec, se rendit à **Troie** pour **récupérer Hélène, enlevée par Pâris**. Tout commença lors des noces de Thétis et Pélée. Pour des raisons assez évidentes, on avait omis d'y inviter Éris, la déesse de la Discorde. Elle prit mal la chose et se vengea en lançant au milieu du banquet une pomme d'or sur laquelle était inscrit : « À la plus belle ». Trois déesses se jetèrent dessus : Héra, Athéna et Aphrodite. Pour trancher, elles demandèrent à Pâris, fils de Priam, de désigner la plus belle. Lorsque Aphrodite promit à Pâris l'amour de la plus belle des humaines, s'il la désignait comme la plus belle des déesses, elle omit un détail : la belle Hélène était mariée ! Ménélas, d'un naturel jaloux, vécut mal le départ de sa femme loin du foyer. Il convoqua donc tous les rois de Grèce, dont Ulysse, pour ramener au domicile conjugal l'épouse volage.

Énée, héros romain, alla en **Italie fonder une ville**. Énée, fils d'Anchise et de Vénus, chef troyen, fuit Troie en flammes et partit fonder une nouvelle ville en Italie, suivant en cela les recommandations d'Hector, si l'on en croit la narration de Vir-

7. Les grandes odyssées

gile. Il mit plusieurs années avant d'atteindre les rivages du Latium, profitant pleinement des richesses et des surprises des bords de la Méditerranée.

Gilgamesh, divinité mésopotamienne, se rendit sur **l'île au-delà des Eaux de la Mort** pour **trouver l'herbe de l'immortalité**. Ce héros mésopotamien effectua d'abord un certain nombre d'exploits. À son retour, son ami Enkidou, qui l'avait accompagné, décéda. Furieux, notre héros décida de combattre la mort et partit trouver l'herbe de l'immortalité. Il traversa pour cela les Eaux de la Mort durant un mois et demi, pour rejoindre l'île d'Um-Napishtim, personnage qui l'aida dans sa quête.

Ils rentrèrent... (ou tout au moins essayèrent)

1. Agamemnon était roi de **Mycènes**, et il y fut assassiné par sa femme et son amant Égisthe, à son retour de la guerre de Troie. Oreste vengea son père en assassinant sa mère, qui dut être à son tour vengée. Érinyes, quand vous nous tenez[1] !

2. Le père de Thésée s'appelle **Égée** et la mer qui porte son nom est connue sous cette appellation.

3. Ulysse revint à Ithaque déguisé **en mendiant**. Son fidèle porcher Eumée l'aida à se venger des prétendants qui voulaient tous épouser Pénélope, persuadés de la mort d'Ulysse. Sa femme était à court de stratagèmes pour les faire patienter. Elle se disait accaparée par un tissage qu'elle faisait le jour et défaisait la nuit, promettant que la fin de son ouvrage sonnerait l'heure du choix d'un nouveau mari. Contrairement à son chien Argos et à la nourrice Euryclée, Pénélope ne reconnut pas aussitôt son mari lorsqu'il se présenta au palais. Elle demanda des preuves. L'épreuve de l'arc ne suffit pas, il fallut encore qu'Ulysse explique la manière dont était construit le châssis de leur lit.

4. Gilgamesh n'est pas le seul distrait si vous avez oublié que dans le premier jeu, il était question de **l'herbe** de l'immortalité.

---

1. Les Érinyes sont les esprits femelles de la vengeance. Elles ne laissent pas impunis les crimes au sein de la famille.

8
Les bêtes à bons dieux

Des animaux et des dieux

Les dieux de l'Antiquité aimaient eux aussi les animaux. Ils avaient des compagnons, dont ils prenaient parfois l'aspect, qui constituaient des symboles de leur pouvoir et révélaient des traits de leur personnalité. Telle bête, tel maître. Mais ces animaux n'étaient pas tous familiers. Cerbère ne servait pas de carpette, le Minotaure n'avait rien d'un videur d'écuelles, et la Chimère ne se tenait pas en laisse. Certaines de ces petites bêtes se montraient rétives, voire dangereuses et inaptes au dressage. Il est plus raisonnable que vous sachiez les identifier. C'est ce que nous vous invitons à faire dans ce chapitre, mais attention : gare aux coups de griffes et aux venins fétides !

Tout le monde en laisse

Associez chaque dieu et son animal. Aidez-vous des commentaires entre parenthèses :

Aigle – babouin – chacal – chat – chouette – colombe – corbeau – dauphin – panthère – paon.

1. Zeus (utile pour les enlèvements) :
2. Héra (très fier d'être au service de la reine des déesses) :
3. Aphrodite (messagère de l'amour) :
4. Apollon (il a bon dos) :
5. Athéna (animal enthousiaste) :
6. Odin (lui rapporte tout de ce qui se fait et se dit sur terre) :
7. Thot (beaucoup de bruit dans les arbres) :
8. Anubis (s'arrête au premier mort venu) :
9. Rê (fait le tour du ciel à pattes de velours) :
10. Seth (finira en fourrure) :

8. Des animaux et des dieux

Bizarre, vous avez dit bizarre...

Les créatures mythologiques ont inspiré bien des artistes parmi les peintres et les sculpteurs.
Associez chacun des monstres numérotés de 1 à 6 à l'une des descriptions repérées par les lettres en gras.

1. Pégase :
2. Hydre de Lerne :
3. Chiron le Centaure :
4. Minotaure :
5. Méduse :
6. Chimère :

a. Le peintre Jean-Baptiste Regnault peint un cheval à la robe brune. Le buste est celui d'un homme à la musculature proéminente. La créature porte un carquois et montre à un jeune homme comment tirer à l'arc.

b. Antonio Canova a sculpté une tête aux cheveux de serpents et munie de deux petites ailes. La bouche est entrouverte, le regard vide. Un personnage au casque ailé la brandit, tandis que son autre main tient une épée à la double lame.

c. Le peintre Odilon Redon représente un cheval à la robe d'une blancheur étincelante. La lumière scintille sur ses ailes. La bête se cabre, prête à frapper le sol de ses sabots.

d. Le peintre Gustave Moreau représente un corps de serpent qui se ramifie en plusieurs têtes sifflantes ou béantes. À ses pieds, le sol est jonché de cadavres.

e. Sur un vase grec du VIe siècle avant J.-C. est représentée une créature au corps de chèvre, à la tête de lion et à la queue de serpent.

f. J.W. Watts représente de dos une tête de taureau plantée sur un corps d'homme. Sont surtout visibles les plis du cou, les cornes et les oreilles, le museau de profil, le torse dénué de pelage, à la forte musculature, un bras qui se poursuit en patte et s'achève en sabot. La créature se tourne vers le large et observe l'horizon.

IV. LA MYTHOLOGIE EST UN JEU

Réponses

Tout le monde en laisse

1. Zeus : Aigle
Lorsqu'il enleva Ganymède[1], Zeus envoya son aigle faire le travail. Il l'envoya aussi manger le foie de Prométhée. L'animal est considéré comme l'un des attributs du dieu.

2. Héra : Paon
L'animal lui était consacré. Mais elle lui ajouta une petite touche personnelle. Lors d'une de ses fameuses colères contre son mari, elle enleva la génisse Io, qui cachait une amante de Zeus et la donna à garder à Argos. C'était un parfait gardien, puisqu'il possédait un nombre important d'yeux et qu'il les reposait alternativement. Bref, il savait tenir les gens à l'œil. Or, Zeus envoya Hermès délivrer la génisse. Ce dernier fut expéditif : il tua Argos. Héra, sensible à sa loyauté, décora la queue du paon des yeux de son fidèle serviteur.

3. Aphrodite : Colombe
Les colombes tiraient le char de la déesse. Avec l'amour, tout est possible.

4. Apollon : Dauphin
Le dauphin était l'un des animaux consacrés au dieu, avec le loup, le chevreuil, le cygne, entre autres.

5. Athéna : Chouette
L'animal est le symbole de l'intelligence.

6. Odin : Corbeau
Les deux corbeaux d'Odin s'appelaient Hugin et Munin. Ils étaient perchés sur l'épaule du dieu nordique et lui murmuraient à l'oreille tout ce qu'ils avaient vu ou entendu à travers le monde.

7. Thot : Babouin
Rappelons que les dieux égyptiens se voyaient attribuer des

---

[1]. Voir cet épisode dans le chapitre 4, « Vertiges de l'amour ».

animaux, mais qu'ils pouvaient tout aussi bien en prendre l'apparence. Les différents règnes (animal, divin, humain) se confondaient parfois. Les Égyptiens considéraient le tintamarre du babouin au lever du soleil comme un signe de joie. Thot était assimilé à l'animal comme dieu lunaire et dieu de l'écriture.

8. Anubis : Chacal
Anubis était à la frontière du monde des vivants et des morts, passeur des âmes. Ainsi va le chacal, à l'orée du désert et du monde de la vallée du Nil. Animal nocturne et charognard, il est associé au dieu.

9. Rê : Chat
Il s'agit d'une des manifestations de Rê. Il fait le tour du ciel avec l'hirondelle, oiseau solaire.

10. Seth : Panthère
Manifestation de Seth, qui finit dépecé. Anubis, en vrai chacal, lui arracha sa peau et la revêtit. Il entra ainsi chez Osiris. L'histoire plut et les prêtres, lors du rite funéraire, prirent l'habitude de se recouvrir d'une peau de panthère.

Bizarre, vous avez dit bizarre...

1. Pégase : c
Odilon Redon, *Pégase, cheval sur un rocher*, vers 1907-1910, Hiroshima Museum of Art.
Cheval ailé, Pégase était né du sang de Méduse, au moment où elle fut tuée par Persée. Grâce à lui, Bellérophon put tuer la Chimère. Il créa des sources en frappant les montagnes de son sabot : celle d'Hippocrène, sur l'Hélicon, notamment.

2. Hydre de Lerne : d
Gustave Moreau, *Hercule et l'Hydre de Lerne*, 1876, Art Institute of Chicago.
Ce monstre possédait un corps de chien et neuf têtes de serpents, dont l'une était immortelle. Héraclès eut parmi ses douze travaux celui de le tuer. La tâche était si ardue qu'il se fit aider par son neveu. En effet, à peine coupées, les têtes repoussaient. Iolaos brûlait les blessures avant qu'elles ne cicatrisent, et per-

mit ainsi de vaincre le monstre. Quant à la partie invincible de la bête, elle fut enterrée sous un rocher.

3. Chiron le Centaure : a
Jean-Baptiste Regnault, *L'Éducation d'Achille par le Centaure Chiron*, 1782, Paris, musée du Louvre.
Un Centaure est une créature mi-homme mi-cheval. Chiron brillait par sa sagesse et sa science. Il fut responsable de l'éducation d'Achille, le héros notoirement fragile du talon. Il éduqua aussi Jason et Actéon. Il leur apprit la chasse, le combat, la morale, la musique... Blessé accidentellement par une flèche d'Héraclès, il souffrit tellement qu'il échangea son immortalité avec Prométhée qui, lui, était mortel, et mit ainsi fin à son calvaire. Rappelons qu'Héraclès avait trempé ses flèches dans le sang de l'Hydre. Les plaies qu'elles provoquaient étaient incurables.

4. Minotaure : f
J.W. Watts, *Minotaure*, 1885, Londres, Tate Gallery.
Le Minotaure était une créature mi-homme mi-taureau emprisonnée en Crète. Il devait son existence à Pasiphaé, sa mère au tempérament passionné. Cette dernière était tombée follement amoureuse du taureau blanc offert à son mari Minos par Poséidon. Pour séduire la bête, l'épouse infidèle n'avait pas hésité à se déguiser en vache. Elle donna naissance à une créature hybride, dont Minos, qui avait l'œil, vit tout de suite qu'elle n'était pas de lui. Il l'enferma dans un labyrinthe, construit tout spécialement pour cette occasion par Dédale. Ajoutons que la bête était carnivore. Athènes devait livrer chaque année sept garçons et sept filles afin de nourrir le monstre. Le Minotaure de Watts, tourné vers la mer, le regard scrutant l'horizon, semble attendre avec impatience son plateau-repas.

5. Méduse : b
Antonio Canova, *Persée tenant la tête de Méduse*, 1806, musée Pio-Clementino, Vatican.
Méduse était une des trois Gorgones, avec Sthéno et Euryalé, toutes trois d'une beauté discutable. Elles avaient la tête couverte de serpents, des dents de sanglier, des mains en bronze et des ailes d'or qui leur permettaient de voler. Seule Méduse était mortelle... mais la tuer n'était pas une mince affaire ! Il fallait échapper à son regard qui pétrifiait quiconque le croisait. Pour parvenir à ses fins, Persée usa des reflets de son bouclier

pour se diriger sans avoir à la regarder en face et il la décapita dans son sommeil. Persée s'enfuit dans les airs grâce aux sandales ailées qu'Hermès lui avait prêtées, et échappa à la colère des deux autres grâce au casque d'invisibilité d'Hadès.

6. Chimère : e
Coupe à figures noires, *Bellérophon chevauchant Pégase*, VIe s. av. J.-C., Paris, musée du Louvre.

La Chimère était une créature abominable qui vomissait des flammes et se nourrissait de chair humaine. Elle tomba sous les coups de Bellérophon aidé de Pégase. Comme quoi, la solidarité n'existait pas entre monstres ! Chimère fut tuée sur une idée ingénieuse de notre héros : il lui enfonça dans la gueule une lance à laquelle il avait attaché une masse de plomb. Lorsque la Chimère cracha du feu, elle fit fondre en même temps le métal qui l'étouffa.

9
Paysages de dieux
Les lieux célèbres de la mythologie

Fréquenter les dieux amène tôt ou tard à entrer chez eux, à découvrir leurs paysages familiers, à parcourir leurs domaines. Dans ce chapitre, vous ferez le tour du propriétaire, sur l'Olympe, dans l'Asgard, ou sur l'île du Milieu... Nous vous inviterons également, à toutes fins utiles, à vous repérer dans les Enfers. Chez les Grecs anciens, tout le monde y finissait un jour ou l'autre, mais malheur à qui n'avait pas le sens de l'orientation. Aussi allons-nous vous proposer une visite guidée, ainsi qu'un portrait des principales personnalités que vous pourriez bien y rencontrer. Bonne promenade !

Séjour divin

Choisissez parmi les propositions qui vous sont faites vos préférences et vous découvrirez votre nouveau lieu de résidence, digne des dieux mythologiques.

1. Votre lieu d'habitation possède :
   a. un palais brillant comme de l'or
   b. une enceinte fortifiée
   c. un ensemble de palais
   d. un environnement boisé

2. Vous préférez vivre :
   a. près d'une rivière
   b. au centre des terres
   c. sur une montagne escarpée et enneigée
   d. sur une île

9. Les lieux célèbres de la mythologie

3. Votre activité favorite :
   a. combats et banquets
   b. observation du monde
   c. festins
   d. discussions

4. Pour le repas, vous prenez :
   a. du sanglier, de la bière et de l'hydromel
   b. du vin
   c. du nectar et de l'ambroisie[1]
   d. du pain

5. Le plus important :
   a. six cents chambres et un loup pour décorer la porte
   b. un toit en boucliers dorés et un arc-en-ciel en guise de pont
   c. du personnel : médecin, bonne à tout faire, héraut...
   d. un passeur pour surveiller l'accès des lieux

Descente aux Enfers

Classez dans le bon ordre les étapes de la descente dans les Enfers grecs qui vous sont données ci-dessous.

1. Donner une obole.
2. Rejoindre les Champs Élysées ou le Tartare.
3. Passer discrètement devant Cerbère.
4. Se présenter devant Éaque, Minos et Rhadamante.
5. Passer entre les âmes errantes, sans sépultures.
6. Passer du temps dans les champs des pleurs.
7. Traverser le Styx grâce au passeur Charon.

Ordre des étapes : ___ - ___ - ___ - ___ - ___ - ___ - ___

---

1. L'ambroisie est la nourriture des dieux de l'Olympe, le nectar est leur boisson.

IV. LA MYTHOLOGIE EST UN JEU

Réponses

Séjour divin

*Si vous avez majoritairement des réponses **a** :*
Vous êtes dans la demeure d'Odin, la Valhalle, palais aux six cent quarante chambres. Il accueillait les guerriers morts au combat, amenés là par les Valkyries. Les résidants passaient leur existence en combats fictifs qu'ils commentaient ensuite autour d'une table, où ils festoyaient agréablement, buvant bière et hydromel, mangeant le sanglier magique Saehrimnir, aussitôt avalé, aussitôt reconstitué. Le lieu était protégé par la rivière Thiodvitnir.

*Si vous avez majoritairement des réponses **b** :*
Vous êtes dans Asgard, la demeure des Ases, résidence des dieux nordiques. Elle servait à les protéger des Géants avec qui ils étaient en très mauvais termes. Aussi était-elle fortifiée et au centre des terres. Un arc-en-ciel reliait ce monde à celui des hommes. Son toit était fait de boucliers d'or et elle était si haute qu'on ne pouvait en voir le sommet. Dans une tour de guet, Odin avait son trône, d'où il pouvait observer tous les mondes, tout en buvant beaucoup de vin.
L'histoire de la citadelle est piquante. Au milieu de Midgard, le Géant bâtisseur proposa de construire la demeure des dieux. Il avait mis une petite condition : il aurait en récompense la déesse Freyia en mariage, et la possession du soleil et de la lune. Les dieux savaient le Géant capable de construire un lieu inexpugnable ; ils décidèrent donc d'accepter, mais en lui imposant un délai tel qu'il ne pourrait remplir son contrat. C'était compter sans le cheval du Géant, d'une force incroyable, qui promettait une victoire facile. Quand les dieux réalisèrent qu'ils allaient perdre leur pari, ils rusèrent pour échapper à leur promesse. Trois jours avant l'expiration du délai, le dieu Loki se transforma en jument en rut et détourna l'honnête travailleur de sa charge, l'emmenant dans les bois. Le Géant ne put terminer et sa colère fut à son image.

*Si vous avez une majorité de **c** :*
Bienvenue sur l'Olympe grec, pour un séjour tout confort, principalement dans la demeure de Zeus, où dieux et déesses festoient, se gorgent de nectar et d'ambroisie tout en évoquant le

9. Les lieux célèbres de la mythologie

sort des mortels. Tout est prévu pour rendre le séjour agréable : Péon fait le médecin, Hébé la bonne à tout faire, Iris la messagère. Les Saisons font office de concierges, plaçant les nuages devant les portes ou les évaporant, au gré des entrées et sorties. Inutile de visiter les autres palais, ils n'accueillent que des dieux endormis, et se transforment en dortoirs. Vous pouvez faire confiance à Homère, qui s'était bien renseigné.

Si vous avez une majorité de d :
Vous avez été accepté sur l'île du Milieu, où les dieux égyptiens délibèrent lorsqu'un conflit éclate entre eux. L'accès se fait par un passeur intraitable qui vous emmène sur sa barque. Les dieux y mangent du pain et profitent des alentours boisés... Une atmosphère ombragée pour dieux ombrageux. Vous avez toutes les chances d'y rencontrer Isis et Seth en train de se chamailler.

Descente aux Enfers

Ordre des étapes : 5-1-7-3-6-4-2

Tout bon mort gagnait les Enfers, quels que soient ses mérites ou ses fautes, le terme désignant chez les Grecs le monde de l'au-delà en général et non le lieu de châtiment judéo-chrétien. On devait d'abord se présenter aux abords du fleuve Styx, où il fallait **passer entre les âmes errantes, sans sépultures,** condamnées à errer le long du fleuve, faute d'avoir prévu la monnaie.
Puis, moyennant la modique somme d'**une obole**, on embarquait pour **traverser le Styx grâce au passeur Charon**.
Il fallait **passer discrètement devant Cerbère**. C'était le chien de garde des lieux, mais il se préoccupait davantage d'interdire toute sortie que de surveiller les entrées. Les visiteurs étaient plutôt bienvenus, pourvu qu'ils soient morts. Énée, lors de son aller-retour, dut ruser et l'endormir avec une pâtisserie soporifique[1]. Orphée le charma grâce à sa lyre[2]. Quant à Héraclès, il voulut carrément le transformer en animal de compagnie, mais son aspect, queue de serpent, échine hérissée de têtes de vipères et triple tête, rebuta Eurysthée qui devait devenir son heureux maître[3].

---
1. Sur la descente d'Énée aux Enfers, voir le chapitre 7.
2. Sur la descente d'Orphée aux Enfers, voir le chapitre 4.
3. Sur les douze travaux d'Héraclès, voir le chapitre 5.

IV. LA MYTHOLOGIE EST UN JEU

Une des étapes obligatoires était de **passer du temps dans les champs des pleurs**, où il fallait se montrer prêt à entrer dans le monde des morts en se détachant totalement du monde des vivants. Ce n'était pas tout de mourir, il fallait faire le deuil de son existence.

Avant-dernière étape : **se présenter devant Éaque, Minos et Rhadamante**, les juges des Enfers et les fils de Zeus. Ce sont eux qui déterminaient l'orientation finale : **rejoindre les Champs Élysées ou le Tartare**, selon qu'on avait été bon ou mauvais dans le monde des vivants.

Les juges étaient-ils sévères ? Le fait est qu'on se pressait davantage dans le Tartare, lieu de supplices, que dans les Champs Élysées, havre de paix bucolique réservé aux justes...

10
Le crépuscule des dieux
Quand les dieux disparaissent

Tout passe et trépasse, parfois même dans le monde des dieux. Nul n'est à l'abri d'une fin brutale. Dans ce dernier chapitre, nous saluerons quelques départs funèbres de dieux et de héros, nous découvrirons sous les cendres des mondes engloutis et assisterons, impuissants, à des guerres infernales. Quand les héros se lancent dans des quêtes éperdues et que les dieux s'affrontent dans des conflits interminables, mieux vaut regarder cela à distance. Accrochez-vous tout de même, ça risque de secouer !

J'irai revoir mon Atlantide

Répondez par vrai ou faux à ces affirmations concernant le mythe de l'Atlantide.

1. Les habitants de l'Atlantide sont les Atalantes.
   VRAI/FAUX

2. L'île a brutalement disparu, submergée par la mer en une seule nuit.
   VRAI/FAUX

3. Poséidon, propriétaire des lieux, y avait construit un palais et conçu des enfants avec Clito.
   VRAI/FAUX

4. Les premiers habitants vivaient sur l'île un « âge d'or ».
   VRAI/FAUX

IV. LA MYTHOLOGIE EST UN JEU

5. L'île servait d'expérience aux dieux qui voulaient isoler une partie de l'humanité des autres civilisations.
VRAI/FAUX

6. L'Atlantide fut détruite pour punir ses habitants de leur corruption morale.
VRAI/FAUX

7. L'île connut sa décadence lorsqu'elle fut envahie par des peuples colonisateurs qui souhaitèrent bénéficier de ses richesses.
VRAI/FAUX

Liquidation totale

Voici des extraits de l'*Edda prosaïque* de Snorri Sturluson, texte du XIIIe siècle, source de la mythologie nordique. Il raconte le Ragnarök, le crépuscule des puissances, le combat final entre les Dieux et les Géants. Les mots ci-dessous sont à remettre aux bonnes places dans le texte.

Ases – épées – Fenrir – flammes – frêne – Giallarhorn – lance – source – Vigrid.

L'horreur régnera parmi les hommes,
La débauche dominera.
Viendra l'époque des haches et l'époque des **(1)** _____ [...]

[...] la terre tout entière se mettra à trembler, de même que les montagnes, à tel point que les arbres seront déracinés, que les montagnes s'écrouleront et que toutes les chaînes et les liens céderont et se rompront. Alors le loup **(2)** _____ se libérera.

Les fils de Muspell[1] formeront à eux seuls un corps de bataille, extrêmement brillant, sur la plaine **(3)** _____, laquelle s'étend sur cent lieues dans toutes les directions.
Heimdall se lèvera et soufflera fougueusement dans **(4)**

---
1. Muspell est le domaine du feu. Il est gardé par le Géant Surt. « Les fils de Muspell » correspond au peuple des Géants.

10. Quand les dieux disparaissent

_____ : il réveillera tous les dieux et ils tiendront aussitôt conseil.
Odin chevauchera alors jusqu'à la **(5)** _____ de Mimir afin de demander conseil pour lui-même et pour les siens.
Le **(6)** _____ Yggdrasill se mettra à trembler, et la peur s'emparera de toute créature, tant au ciel que sur la terre.
Les **(7)** _____ et tous les Einheriar[1] revêtiront leur armure et s'avanceront vers la plaine. En tête chevauchera Odin, portant heaume d'or et magnifique broigne[2], et tenant sa **(8)** _____ qui est appelée Gungnir.

Le loup engloutira Odin, et telle sera sa mort.

Loki livrera bataille à Heimdall, et ils se donneront la mort l'un à l'autre. Ensuite, Surt lancera des **(9)** _____ sur la terre et incendiera le monde entier[3].

---
1. Les Einheriar sont les combattants morts recueillis dans la Valhalle, la résidence d'Odin.
2. Une broigne est une cuirasse recouverte d'anneaux ou d'écailles de métal.
3. Traduction de François-Xavier Dillmann, Gallimard, 1991.

IV. LA MYTHOLOGIE EST UN JEU

Réponses

J'irai revoir mon Atlantide

1. FAUX
Les habitants de l'Atlantide sont les Atlantes.
Atalante est une héroïne abandonnée par son père, recueillie par une ourse, puis par des chasseurs.

2. VRAI
C'est ce que rapporte notamment Platon dans le *Timée*.

3. VRAI
L'île était la propriété d'Héphaïstos. Là, il avait rencontré la jeune Clito dont il était tombé amoureux. Il avait fait construire un palais sur l'île, à l'intérieur d'une enceinte. Il y avait fait naître cinq fois des jumeaux. Il avait aussi créé dix lots et mis dix seigneurs à la tête de chacun. Son fils aîné, Atlas, était le roi suprême. L'île était si bien organisée, si bien policée et d'une économie si florissante qu'elle inspira Platon quand il écrivit sa *République*.

4. VRAI
L'île était d'une telle richesse qu'elle permettait à chacun de se nourrir sans effort. Les bâtiments rutilaient, les temples brillaient de tous leurs feux, quand les façades n'étaient pas d'argent, elles étaient d'or : un luxe sans limites. Un âge d'or correspondait chez les Grecs à un âge antédiluvien qui avait vu l'humanité vivre dans le plus parfait bonheur, sans contraintes et sans douleurs.

5. FAUX
La seule intervention des dieux dans le destin de l'Atlantide fut de détruire l'île lorsqu'ils jugèrent que les habitants leur manquaient trop de respect. On attribue à Zeus ce mouvement d'humeur.

6. VRAI
Se voyant riches et puissants, les Atlantes désirèrent soumettre les peuples voisins. Mais leur conquête rencontra un obstacle de taille : Athènes, qui les vainquit et les renvoya jouer avec leurs ors et argents chez eux. Mais leurs exactions, lors des

guerres qu'ils avaient menées, les avaient définitivement corrompus. Ils rentrèrent pleins de mauvaises habitudes et de mauvaises pensées.

7. FAUX
C'est tout le contraire !

Liquidation totale

1. épées

2. Fenrir
Nous avons vu dans le chapitre 8 par quelle ruse les dieux avaient attaché le loup. Depuis, ils avaient un peu perdu la main !

3. Vigrid
Nom de la plaine sur laquelle eurent lieu les combats qui marquèrent le Crépuscule des Puissances. Là moururent Odin et Fenrir, Thor et le serpent de Midgard...

4. Giallarhorn
Heimdall était l'organisateur de la société humaine à laquelle il avait donné ses lois. Il était connu pour son cor, nommé Giallarhorn, dont le son s'entendait dans toutes les parties du monde. Aussi était-il préposé à alerter les Ases lors de l'attaque finale des Géants.

5. source
Source qui contient la connaissance et l'intelligence du monde. Odin y avait déjà laissé un œil pour en boire une gorgée. Mais cet épisode mythologique est sans aucun lien avec l'expression familière « boire à l'œil » !

6. frêne
Dans la mythologie nordique, le frêne Yggdrasill est le centre du monde. Arbre cosmique, ses racines recouvrent tous les mondes. Il cache la source Mimir. Les tremblements qui l'agitent expriment la violence de la confrontation.

7. Ases
8. lance

Loki avait fait confectionner la lance Gungnir afin de l'offrir à Odin. Elle est le symbole du pouvoir du dieu.

9. flammes
Sur la plaine Vigrid auront lieu des combats singuliers durant lesquels Dieux et Géants s'entretueront.
Alors que l'océan inonde tout, que le serpent de Midgard répand son venin et que Fenrir avale tout de sa gueule grande ouverte, Surt conduit les Géants, accompagné d'un feu destructeur.

Six dieux et deux humains survivront au Crépuscule des Puissances et se souviendront de cette guerre acharnée.

Cinquième partie
La philo est un jeu
(Extraits)

par Christophe Verselle

Christophe Verselle

Professeur de philosophie à l'Institut universitaire de formation des maîtres de Picardie. Auteur en Librio du *Dico de la philo* (n° 767), *Vincent Humbert. Le débat sur le droit de mourir* (n° 781), *Ni Dieu ni maître* (n° 812), *La Déclaration universelle des droits de l'homme de 1948 commentée* (n° 855).

« *Que personne, parce qu'il est jeune, ne tarde à philosopher, ni, parce qu'il est vieux, ne se lasse de philosopher ; car personne n'entreprend ni trop tôt ni trop tard de garantir la santé de l'âme. Et celui qui dit que le temps de philosopher n'est pas encore venu, ou que ce temps est passé, est pareil à celui qui dit, en parlant du bonheur, que le temps n'est pas venu ou qu'il n'est plus là.* »

ÉPICURE, *Lettre à Ménécée*

« *Se moquer de la philosophie,
c'est vraiment philosopher.* »

Blaise PASCAL, *Pensées*

Introduction

La philosophie est un jeu, voilà un titre présentant une association bien déroutante. Pour beaucoup d'entre nous, en effet, cette discipline est dépourvue de toute dimension ludique. Bien au contraire, on pensera volontiers que ce n'est pas avec un philosophe qu'on va prendre du bon temps! Les lecteurs qui se souviennent vaguement de leurs cours de lycée ont peut-être encore en mémoire quelques traces ayant résisté à l'oubli: Platon et une histoire de prisonniers enchaînés dans une caverne, Épicure traitant du plaisir, Freud et la question de l'inconscient, Descartes et le «*cogito*» qui était censé les faire... cogiter! Peu de place pour le divertissement ou le jeu, en tout cas, dans ces classiques de l'histoire des idées, mais des concepts et des notions dont l'exposé a pu être parfois rébarbatif. Quant à ceux qui n'ont jamais fait de philosophie, ils en ont des représentations qui vont de la secte de rêveurs compulsifs à l'image du savant méditant sur le nombre de cailloux à partir duquel on peut parler de «tas»: question sans doute épineuse mais parfaitement futile.

Ce petit ouvrage a pour ambition de s'adresser indifféremment à toutes catégories de lecteurs, en essayant de montrer comment on peut entrer dans la réflexion philosophique de façon plaisante et par le jeu. Ainsi nous voudrions, contre l'évidence première, convaincre que la philosophie est en soi un jeu; le libre jeu de l'esprit s'interrogeant sur des objets qui constituent la trame de notre vie quotidienne, comme le désir, autrui, le bien et le mal, le beau, le vrai, la violence, les mots, etc. Pour cela, nul besoin d'érudition : si la philosophie est par essence un jeu, alors c'est presque un jeu d'enfant n'exigeant du sujet que de la bonne volonté et le désir d'y participer en «jouant le jeu». Il ne faut donc pas confondre l'activité philosophique elle-même avec la connaissance des systèmes philosophiques conçus par un certain nombre de penseurs célèbres. Pour autant, ces deux relations à la philosophie ne sont pas contradictoires, parce que en lisant un philosophe, on peut découvrir des questions que nous ne parvenions pas à formuler précisément et enrichir notre propre pensée avec les concepts qu'il construit. Mais, comme le suggérait Emmanuel Kant, il est préférable d'apprendre à penser plutôt que d'apprendre des pensées, c'est-à-dire celles que d'autres ont formulées à notre place et que nous recevrions passivement comme des vérités éternelles. Le parti pris de ce livre est donc de vous inciter à philosopher en jouant, par vous-même, le jeu du questionnement philosophique. Bien sûr, vous apprendrez également des choses sur les grands systèmes philosophiques, mais cet ouvrage a été conçu pour que ce soit d'abord vous qui soyez en situation de réflexion, et que l'apport éventuel d'un philosophe ou d'une doctrine n'intervienne que dans un second moment. Dès lors, nous espérons que, si vous enrichissez votre culture philosophique, c'est surtout en philosophant vraiment que vous parcourrez ces lignes.

Christophe VERSELLE

Qu'est-ce que la philosophie ?

Le langage courant tend à faire du mot philosophie un usage qui en appauvrit le sens ou nous égare sur la nature même de cette activité intellectuelle. Pour l'opinion, en effet, être philosophe se réduit souvent à faire preuve de patience et de détachement. On dira par exemple qu'il faut prendre les caprices de la météo « avec philosophie », mais la notion déborde heureusement cette acception limitée, comme nous allons tenter de le montrer au fil de ces chapitres. Par ailleurs, au-delà de cette réduction abusive, la philosophie et le philosophe souffrent d'une réputation qui ne plaide pas en leur faveur. On peut ainsi relever au moins trois griefs qui leur sont traditionnellement adressés :

a. *La philosophie nous éloigne du réel.*
On raconte que Thalès tomba un jour dans un puits à force d'avoir les yeux toujours rivés sur le ciel. Trop absorbé par sa réflexion et focalisé sur la voûte céleste, le savant ne vit même pas le trou qui s'ouvrait sous ses pieds. Cette histoire[1] alimente de façon plaisante l'idée selon laquelle le philosophe ou le sage vit en quelque sorte dans un autre monde et qu'il est en permanence « dans la lune ».

b. *Elle est trop complexe, jargonneuse et pinailleuse.*
Lorsque les philosophes parlent, on ne comprend rien. Leur vocabulaire est obscur, leurs idées bizarres, leur manière de penser torve. Ouvrez donc la *Critique de la raison pure*

---
1. L'anecdote est rapportée par Platon dans le *Théétète*, 174 a.

V. La philo est un jeu

d'Emmanuel Kant et vous vous demanderez si vous avez bien une traduction française entre les mains. En outre, le philosophe a la réputation de couper le cheveu en quatre... et de surcroît, dans le sens de la longueur !

c. *Elle ne sert à rien, on peut fort bien en faire l'économie pour conduire sa vie.*
Entre le philosophe et le plombier, lequel peut vous servir au quotidien ? Essayez un peu d'appeler un philosophe pour déboucher un lavabo... Il va vous demander si l'idée de lavabo peut se boucher ou seulement son apparence sensible, vous dire que l'homme est un milieu entre rien (le trou du lavabo) et tout (le tas de cheveux dans le siphon), vous montrer que le lavabo est un loup pour l'homme. Pendant ce temps-là, vous vous laverez les dents dans l'évier de la cuisine.

On peut donc dire que ça commence mal...
Pourtant, même si l'on n'en exagérait pas le trait ici, ces trois reproches resteraient globalement infondés. S'il n'est pas impossible que des philosophes s'égarent dans des arrière-mondes ou des constructions théoriques abstraites, le fond de la réflexion philosophique reste, malgré tout, toujours ancré dans le réel : qu'est-ce qu'aimer ? vivre ? mourir ? désirer ? travailler ?, etc. Toutes ces choses sont très concrètes et renvoient immédiatement à des préoccupations communes. Nous allons tenter de le prouver en vous proposant un petit test qui, bien que sans prétention, permet de montrer que l'on peut se mettre à philosopher dans les situations les plus banales. Au terme de ce premier parcours, la construction d'une définition sera grandement facilitée.

1
Testez votre esprit philosophique

En guise d'« échauffement », voici un quiz conçu à partir de quelques questions simples : choisissez spontanément les réponses qui vous semblent les plus stimulantes, vous allez voir, c'est franchement évident. Comme nous venons de le constater, l'opinion courante assimile la philosophie à une activité d'érudits à la chevelure hirsute, employant un langage compliqué et mystérieux. Vous allez au contraire vous apercevoir que c'est d'abord dans la vie courante qu'on commence à philosopher et non sur les bancs de l'université. Dans les choses les plus banales, il peut y avoir une source de questionnement, et, à moins que vos préoccupations soient exclusivement déterminées par la sieste, la nourriture ou le football, vous comprendrez en faisant ce test que nous avons tous l'esprit philosophique. Il suffit juste de porter son regard sur le monde et sur soi, en prenant le temps de se détacher un instant des rapports que nous construisons habituellement sans y mettre de distance.

1. *Un train peut en cacher un autre*
Il est 11 h 45 et vous êtes dans le train. Alors que le départ est prévu pour 12 heures, vous vous voyez partir puisque le train d'à côté reste immobile tandis que le vôtre se déplace. Vous pensez :
a. Pour une fois, on part en avance, ça mériterait un reportage télé.
b. Le train sera moins bondé, tant mieux pour moi et tant pis pour les retardataires.
c. C'est bizarre qu'on parte si tôt, est-ce que c'est vraiment mon train qui bouge ?

2. *Tu m'étonnes !*
Vous visitez un zoo et, devant la cage des chimpanzés, un des singes vous fixe avec un regard troublant d'humanité. Vous pensez :
   a. Honk ! Honk !
   b. Tiens, on dirait ce chanteur grec dont j'ai oublié le nom...
   c. Ce regard vous conduit à l'étonnement méditatif. Après tout, qu'est-ce qui nous sépare fondamentalement de cet animal si loin et si proche de nous à la fois ?

3. *En un rien de temps*
Hier, vous avez passé un moment extrêmement plaisant avec l'élu(e) de votre cœur. Le temps a passé si vite que, lorsqu'il a fallu vous séparer, vous aviez l'impression d'être à peine arrivé(e). Aujourd'hui, au bureau, vous devez assister à un « débriefing » de deux heures sur les exportations de stylos quatre couleurs et vous savez que le temps va être long. Vous vous dites :
   a. Où faut-il que je me mette pour qu'on ne me voie pas bâiller ?
   b. Je n'aurais pas dû choisir cette cravate, il y a une tache d'œuf dessus.
   c. Le temps est bien mystérieux... Pourquoi ce que mesure ma montre n'est pas identique à ce que ma conscience en perçoit ? Où est donc la vérité du temps ? Dans ma montre ou dans ma conscience ?

4. *Je sais ce que je veux !*
Vous sortez du théâtre où l'on donnait une représentation du *Dom Juan* de Molière. Le spectacle vous inspire une réflexion :
   a. Quel veinard, ce type... Dommage pour lui, ça se termine mal.
   b. J'ai préféré *Karate Kid*.
   c. Le désir est condamné à la démesure. À peine y a-t-on cédé qu'il se porte sur un nouvel objet et, finalement, on est toujours insatisfait.

5. *Abracadabra*
C'est l'hiver et il a gelé très fort pendant la nuit. Votre fils de quatre ans vous demande pourquoi vous avez vidé

l'eau du bassin à poissons du jardin pour la remplacer par un gros morceau de verre tout froid.
- **a.** Vous cherchez les coordonnées d'un bon pédopsychiatre.
- **b.** Vous lui passez un épisode des *Teletubbies* parce qu'il est trop tôt pour faire de la physique.
- **c.** Vous vous demandez comment vous savez, vous, que c'est bien de l'eau et qu'elle a simplement changé d'état.

Réponses

Testez votre esprit philosophique

Vous l'aurez compris, ce petit test ne se prend évidemment pas au sérieux : il a simplement été l'occasion de présenter quelques questions liées au quotidien et dont l'exploration devient philosophique, pour peu qu'on tente d'aller voir plus loin que le bout de son nez. Si vous avez privilégié les réponses « c », c'est que vous avez été sensible à cette approche distanciée et que le monde, vous-même et les autres pouvez constituer des sources d'interrogations au lieu de n'être que des évidences jamais questionnées. Pour aller plus loin, voici une justification de la dimension philosophique de chaque proposition :

1. *Un train peut en cacher un autre*
Il s'agit là d'une expérience courante liée à la relativité du mouvement : croire que notre train se déplace alors que c'est celui d'à côté qui part. L'illusion est levée lorsqu'un point fixe situé à l'extérieur nous permet de constater qu'on reste immobile. Fonder nos jugements sur nos premières impressions sensibles est donc une source d'erreur et nous avons besoin d'autres référents pour guider nos idées. Pour extrapoler un peu à partir de cet exemple, avoir un esprit philosophique suppose de se distancier de l'opinion immédiate, la sienne ou celle des autres, pour chercher la vérité à partir de points fixes, comme notre voyageur se servira du quai comme référence objective. En philosophie, le point

V. La philo est un jeu

fixe dont on a besoin, c'est la raison[1] ou, comme le disait Descartes, « le bon sens ».

MORALITÉ : Philosopher, c'est chercher les bonnes raisons dans la Raison.

2. *Tu m'étonnes !*
L'étonnement est la première qualité du philosophe. Selon Aristote, il s'agit même du geste philosophique inaugural[2]. C'est cette capacité à avoir du recul sur les choses pour les interroger qui caractérise le mieux la disposition intellectuelle spontanée du sage. Celui qui est blasé du monde n'entre jamais dans la philosophie, puisque au fond le monde ne l'intéresse que comme objet de consommation et non de réflexion. D'une certaine façon, le philosophe a su garder l'enthousiasme de l'enfant dans ses opérations de questionnement, en ce sens qu'il partage avec lui le même désir de connaître. Bien des adultes ont perdu ce désir parce qu'ils se croient suffisamment savants, ou bien ils l'ont enfoui si profondément sous des considérations matérielles qu'ils ne savent plus s'interroger. Ils sont alors désabusés, indifférents ou considèrent que le fait de se poser trop de questions est une perte de temps. Pourtant, nous ne progressons qu'à la condition de cultiver ce désir et de maintenir toutes choses, y compris soi-même, dans une situation de questionnement potentiel.

MORALITÉ : Quand je prends un peu de recul sur moi et sur le monde, je commence à philosopher.

3. *En un rien de temps*
Par essence même, le temps a de quoi intriguer. Nous le mesurons de manière objective à l'aide d'instruments qui en découpent des portions de façon très précise. Parallèlement, le temps vécu par la conscience semble toujours en décalage par rapport à celui des montres et des horloges, puisqu'il s'allonge ou se contracte anarchiquement là où l'écoulement

---
[1]. Nous entendons ici le mot *raison* dans le sens de « faculté de penser et de juger au moyen de liaisons intellectuelles rigoureuses ».
[2]. « C'est, en effet, l'étonnement qui poussa, comme aujourd'hui, les premiers penseurs aux spéculations philosophiques » (Aristote, *Métaphysique*, livre Alpha).

qui s'affiche sur un chronomètre présente au contraire une absolue régularité. La vie nous enseigne tous les jours que le temps vécu est différent du temps mesuré. Une minute de douleur affreuse peut sembler s'étirer jusqu'à l'éternité, tandis qu'un bonheur intense nous paraît toujours trop court. L'idée même qui sert à justifier le découpage du temps en segments d'heures, de minutes, de secondes est peut-être déjà une illusion puisqu'elle repose sur l'image d'un temps linéaire et homogène, la « flèche du temps ». Si nos instruments ne nous font pas connaître ce qu'est le temps, que mesurent-ils alors ? Faut-il considérer que la mesure du temps produit par elle-même ce qu'elle mesure, autrement dit, un simple artifice ? Mais alors, qu'est-ce que le temps et où est-il s'il n'est pas dans ma montre ?

MORALITÉ : Philosopher, c'est s'interroger sur la nature intime des choses.

4. *Je sais ce que je veux !*
Le désir est une expérience que nous avons tous en partage, par la souffrance qu'il occasionne lorsqu'il n'est pas comblé, ou bien à travers la déception qui suit un jour ou l'autre sa satisfaction. Depuis notre plus jeune âge, ce que nous croyons désirer n'est que la manifestation tronquée d'aspirations qui demeurent obscures. Nous ne savons jamais vraiment ce que nous désirons au-delà de l'objet qui, immédiatement, excite notre convoitise. Désirer revient donc nécessairement à ressentir le manque. Harpagon désire-t-il vraiment l'argent ? Toute sa fortune ne lui sert à rien puisqu'il ne s'autorise jamais la moindre dépense. Dom Juan désire-t-il les femmes ? Ce qu'il cherche n'est ni l'amour ni le sexe mais la volupté narcissique liée à la victoire de la séduction. Son désir n'est donc que désir du désir de l'autre. Spinoza disait que les hommes ne désirent pas une chose parce qu'ils la jugent bonne (utile, juste ou belle), mais ils la jugent bonne parce qu'ils la désirent[1]. Autrement dit, le désir n'est pas donné mais construit et c'est lui qui rend son objet désirable. Réfléchir sur la nature de ses propres désirs peut nous permettre de prendre conscience des causes qui les animent et accroître ainsi notre liberté.

---

1. Spinoza, *Éthique*, troisième partie.

MORALITÉ : Être philosophe, c'est aussi philosopher sur soi-même pour accéder à l'autonomie.

5. *Abracadabra*

Qu'est-ce que connaître un objet ? Nos sensations immédiates nous permettent-elles de pénétrer ses propriétés et sa nature ? D'un point de vue sensoriel, l'eau solide n'a plus rien de commun avec l'eau liquide, et si nous nous contentions d'un simple examen empirique[1], nous conclurions à bon droit qu'il s'agit de deux matières différentes. Descartes avait pris un exemple limpide pour montrer que connaître un objet ne peut se limiter à ce que nos sens nous en disent. Un simple morceau de cire lui servit à faire une démonstration très convaincante dans les *Méditations métaphysiques*. La cire a une certaine apparence avant d'être passée à la flamme pour cacheter une enveloppe : elle est dure, son odeur est agréable, elle a une couleur, une saveur, etc. Mais une fois qu'on la fait fondre pour être marquée par le cachet, toutes ces propriétés changent. Il s'agit pourtant physiquement de la même cire et c'est une inspection de la raison qui nous l'assure, pas une exploration sensible au regard de laquelle il existe alors deux corps sans rien de commun. Connaître n'est donc pas simplement croire ce que nos sens nous donnent à voir, mais opérer un travail de la raison. C'est déjà là une attitude philosophique et une qualité nécessaire à l'esprit scientifique.

MORALITÉ : Être philosophe suppose de savoir faire preuve d'esprit critique, y compris en l'exerçant sur ses certitudes premières.

---

1. *Empirique* qualifie ici ce qui résulte d'une connaissance expérimentale fondée sur les informations sensorielles.

2
Tout le monde est philosophe

Un constat s'impose après ces quelques exemples: nous avons tous l'esprit philosophique, il suffit juste de savoir le retrouver et de cultiver le goût du questionnement. Dès la première phrase du *Discours de la méthode*, Descartes écrit que «le bon sens est la chose du monde la mieux partagée», et c'est précisément parce que nous avons tous ce bon sens (la raison) en partage, que la philosophie, comme activité et non comme contenu d'érudition, nous est finalement si familière. Allons plus loin: des éléments d'histoire de la philosophie habitent notre paysage intellectuel collectif, sans que nous ayons forcément lu ou entendu parler des systèmes complexes dans lesquels ils s'inscrivent. Bien que ce soit parfois sans les comprendre vraiment que l'on sait citer tel ou tel penseur, une certaine forme de culture philosophique n'est donc pas si étrangère que cela aux prétendus «non-philosophes». Le petit jeu suivant s'emploie à le démontrer: savoir qui a dit quoi n'a pas beaucoup d'importance; ce qui est plus instructif est de constater que bien des citations proposées ici sont passées dans les références communes, comme autant de proverbes ou de maximes populaires.

Attribuez la bonne citation à son auteur:

1. «Je sais que je ne sais rien.»
❏ Socrate   ❏ Malebranche   ❏ Hegel

2. «Je pense, donc je suis.»
❏ Kant   ❏ Hume   ❏ Descartes

3. «La religion est l'opium du peuple.»
❏ Bergson   ❏ Fichte   ❏ Marx

4. « L'homme est un loup pour l'homme. »
❏ Merleau-Ponty ❏ Hobbes ❏ Bachelard

5. « Dieu est mort. »
❏ Nietzsche ❏ Spinoza ❏ Aristote

6. « L'enfer, c'est les autres. »
❏ Freud ❏ Sartre ❏ Heidegger

7. « L'homme est né libre et partout il est dans les fers. »
❏ Husserl ❏ Schopenhauer ❏ Rousseau

8. « Ne désire que ce qui dépend de toi. »
❏ Hume ❏ Épictète ❏ Leibniz

9. « Le cœur a ses raisons que la raison ne connaît point. »
❏ Pascal ❏ Montesquieu ❏ Kierkegaard

10. « La mort n'est rien pour nous. »
❏ Saint Augustin ❏ Foucault ❏ Épicure

Réponses

Tout le monde est philosophe

1. Socrate
« Je sais que je ne sais rien. »
Cette phrase[1] est un puissant paradoxe : comment Socrate, sage entre les sages, peut-il avouer ainsi l'étendue de son ignorance et la revendiquer ? En fait, c'est précisément cette conscience de son ignorance qui fonde toute sa sagesse puisque, pour accéder à la véritable science, il faut être en mesure d'admettre tout ce qu'on ne sait pas. Au contraire, comment celui qui se croit déjà savant peut-il apprendre quoi que ce soit ? Ignorant de son ignorance, il est condamné à demeurer dans l'illusion du pseudo-savoir dont il est incapable de mesurer l'inconsistance.

---

[1]. Platon en explicite le sens et l'origine dans l'*Apologie de Socrate*.

2. Descartes
« Je pense, donc je suis », dans le *Discours de la méthode*.
Il s'agit là de la formule la plus fameuse de Descartes et sans doute même de l'histoire de la philosophie. Elle est l'aboutissement d'un doute construit méthodiquement, afin de trouver une certitude qui puisse absolument résister à toute tentative de remise en question. Descartes doute donc de tout, jusqu'à ce que quelque chose qu'on ne peut soupçonner de fausseté ou d'illusion l'empêche de poursuivre dans cette voie. Or, qu'est-ce qui peut être véritablement indubitable ? Ni les informations de nos sens, ni l'enseignement reçu dans notre jeunesse, ni même les données de la science ne présentent ce caractère de résistance absolue au doute. Tout pourrait même être faux et nous tromper : peut-être prenons-nous nos rêves pour la réalité… Mais si c'était le cas, il y aurait au moins une chose qui serait indéfectiblement certaine : pendant que je pense que tout me trompe, il est impossible que je ne sois pas. Autrement dit, si je suppose que tout est faux, je pense ; et si je pense, c'est que je suis. Essayez de nier cette évidence, vous allez constater que c'est peine perdue : quand on s'imagine mort ou inexistant, on est encore en train de s'imaginer, et donc de penser. Ainsi, cette certitude ferme et définitive sert à la fois d'ancrage intellectuel et de modèle pour la recherche de la vérité. Grâce à elle, vous savez qu'il y a au moins une chose d'absolument sûre. Rassurant, non ?

3. Marx
« La religion est l'opium du peuple », dans la *Critique de la philosophie du droit de Hegel*.
Il s'agit là d'une analogie volontairement provocatrice de la part de Marx qui voit dans le phénomène religieux la manifestation d'une angoisse exploitée par les catégories dominantes. La croyance et son instrumentalisation sociopolitique permettent de maintenir les classes opprimées sous une domination spirituelle qui sert de relais à la domination économique. On déploie par son intermédiaire des valeurs qui conduisent les hommes à la résignation et à l'acceptation de leurs conditions de vie, notamment en promettant un au-delà meilleur et en faisant l'apologie d'une souffrance laborieuse expiatoire (« Tu travailleras à la sueur de ton front » [Genèse 3, 19]). Selon Marx, la religion a ainsi

un effet comparable à celui de l'opium : elle anesthésie les volontés et aliène aussi les corps.

4. Hobbes
« L'homme est un loup pour l'homme », dans *Le Léviathan*.
Hobbes fait partie des théoriciens du politique qui considèrent que l'état naturel et spontané des relations humaines est la guerre de tous contre tous. Face à un environnement immédiatement hostile et confrontés à des ressources nécessairement limitées, les hommes sont des loups les uns pour les autres, c'est-à-dire des ennemis, des concurrents, des prédateurs. Pour que cet état conflictuel (qui n'autorise que la survie) cesse, il faut que chacun se soumette au pouvoir d'un souverain qui jouisse d'une autorité contraignante, obligeant chacun à renoncer à son propre pouvoir. C'est cela le Léviathan, le souverain ou l'État dont la puissance est telle que nul ne songerait à le défier sans craindre un sort terrible. C'est en particulier contre cette conception autoritariste du contrat social qu'un penseur comme Rousseau se dresse en proposant une tout autre lecture de la vie politique et des principes d'une association légitime et égalitaire.

5. Nietzsche
« Dieu est mort », dans *Ainsi parlait Zarathoustra*.
Sous la plume de Nietzsche, la mort de Dieu ne désigne pas la mort physique d'un être fait de chair mais la disparition progressive d'une idée qui hante l'humanité depuis l'aube de la pensée. Que la dissolution du divin soit un phénomène potentiellement terrible ou au contraire libérateur, elle constitue un événement capital, une rupture radicale dans les représentations du monde. Elle est terrible si les hommes se réfugient dans de nouvelles idoles de substitution (le nationalisme, le culte du progrès et de la raison, la foi aveugle dans la science, par exemple), libératrice s'ils sont capables de créer de nouvelles valeurs terrestres favorisant les forces de la vie, sans se référer à un être au-delà du monde. Si cette dernière attitude l'emporte, alors l'homme se rend également capable de faire advenir le « surhomme ». Il s'agit d'une figure métaphorique que l'on peut considérer comme le symbole du dépassement de soi vers une forme de liberté et d'auto-affirmation débarrassée du poids du cadavre de Dieu et de la morale chrétienne, susceptible de s'affranchir des valeurs mortifères qui affaiblissent la vie

(sanctification de la souffrance, glorification de la faiblesse, apologie de la soumission).

6. Sartre
« L'enfer, c'est les autres », dans *Huis clos*.
Il suffit d'avoir éprouvé une seule fois dans sa vie la pesanteur du regard de l'autre pour comprendre intuitivement cette phrase de Sartre. Dans l'épreuve de la honte par exemple, la présence d'une autre conscience a pour effet de me dissoudre totalement dans la situation embarrassante que je vis et de faire disparaître alors ma liberté. Sous ce rapport, je deviens une sorte de chose inséparable de son humiliation. Le chanteur qui oublie son texte en plein récital ou le général qui inspecte ses troupes et qui, trébuchant, s'étale de tout son long devant les soldats hilares sont des exemples qui montrent que la conscience d'autrui peut nous figer dans une figure dont nous ne pouvons plus sortir. Indépendamment même de ce genre d'expérience, l'autre a nécessairement une représentation de moi qui annule ma liberté en me solidifiant dans l'être que je suis pour lui (le gros, le dentiste, le Noir, par exemple). Ainsi, comme le dit Garcin, le personnage de *Huis clos* enfermé pour l'éternité dans une chambre en compagnie de deux femmes qui créent avec lui un triangle de regards au poids écrasant, l'enfer, ce n'est pas des flammes et des grils, l'enfer, c'est les autres.

7. Rousseau
« L'homme est né libre et partout il est dans les fers », dans *Du contrat social*.
Cette phrase – la première du *Contrat social* – pose la liberté comme la condition naturelle des hommes et dénonce immédiatement le scandale de leur condition sociale servile. En effet, partout dans le monde, l'homme vit dans un état contraire à sa nature puisque, où que l'on tourne le regard, il subit une servitude politique et sociale plus ou moins forte. Même ceux qui se croient libres parce qu'ils sont les tyrans des autres n'échappent pas à ce constat : le despote est toujours à la merci de la révolte de ceux qu'il opprime. Sa condition n'est ainsi paradoxalement pas moins précaire, ce qui le condamne à l'inquiétude. Le passage de l'état de nature à l'état social s'est donc payé du sacrifice de la liberté. Reste à savoir comment un contrat égalitaire et inspiré par la « volonté générale », c'est-à-dire la conscience du bien com-

mun, peut légitimement permettre aux hommes d'accepter ce passage en y gagnant plus que ce qu'ils perdent. C'est tout l'objet de la réflexion de Rousseau.

8. Épictète

« Ne désire que ce qui dépend de toi », dans le *Manuel*.

Vous ne connaissez peut-être pas cette citation ni son auteur. En revanche, vous avez déjà entendu parler des stoïciens, ou du moins de l'adjectif qui est passé dans le langage courant et qui désigne l'impassibilité du sage face à la douleur qu'il affronte en restant « stoïque ». Le stoïcisme est essentiellement une méditation sur la condition humaine et sur la liberté. L'homme ne peut jamais atteindre la plénitude et l'ataraxie[1] tant qu'il poursuit des désirs inaccessibles ou cherche à fuir des objets qui ne dépendent pas de lui. Ainsi, la gloire, le pouvoir, la jeunesse échappent à ce que l'on peut contrôler, tout comme la maladie ou la mort. Au contraire, s'il parvient à cesser d'errer dans la quête de l'impossible ainsi que dans la crainte de ce sur quoi il n'a aucune prise, alors il accède à la véritable liberté : celle qui résulte de la connaissance de ce qui dépend de lui et ce qui n'en dépend pas et de l'apaisement qui suit l'acceptation de l'ordre du monde.

9. Pascal

« Le cœur a ses raisons que la raison ne connaît point », dans les *Pensées*.

Pascal présente ici les deux sources de nos jugements : la raison et le cœur. La raison désigne la pensée logique et discursive[2], c'est-à-dire celle qui pose des raisonnements qui se déduisent les uns des autres et s'enchaînent dans une continuité. C'est la raison qui nous fait connaître les causes et la nature d'un phénomène physique, par exemple. En parallèle de cette faculté, nous pensons également par un biais plus immédiat, intuitif et affectif : c'est ce que Pascal désigne comme relevant du « cœur ». C'est notamment par là que nous accédons à la foi et à Dieu. Dieu, dont l'existence est indémontrable par le raisonnement mais la certitude

---

1. *Ataraxie* veut dire absence de troubles.
2. Ici, *discursif* signifie « qui procède selon la raison » (et non selon l'intuition).

intimement gravée dans les profondeurs de notre chair et de notre sentiment, selon le philosophe. Dans cette perspective, la science est libérée de la religion, mais la religion se voit du même coup protégée des tentatives d'effraction opérées par les raisonnements et la logique.

10. Épicure
« La mort n'est rien pour nous », dans la *Lettre à Ménécée*.
Épicure et les épicuriens sont bien loin des images que l'opinion courante associe habituellement à leur nom. Au lieu d'encourager aveuglément toutes les formes de jouissances sensuelles, l'épicurisme est une recherche et une évaluation de ce qui assure l'absence durable de souffrance. Parmi les multiples causes de douleur morale, la crainte de la mort constitue une abondante source de tourments. Épicure s'emploie à en démontrer l'absurdité : la mort n'est rien pour nous parce que nous ne la rencontrons jamais vraiment. En effet, tant que je suis en vie, la mort n'est pas, et lorsqu'elle survient, c'est moi qui ne suis plus. Par conséquent, c'est un pur fantasme que nous craignons et l'un des buts de la philosophie est de nous en affranchir. Par ailleurs, puisque avec la mort cesse aussi la sensation et que toute douleur est nécessairement ressentie, il est donc impossible d'éprouver de la souffrance lorsqu'on est mort.

3
Votre première bibliothèque philosophique

Il est toujours périlleux de proposer des ouvrages philosophiques qui peuvent initier le lecteur, l'aider à enrichir sa culture ou lui donner envie d'aller voir plus loin. En effet, le risque est de présenter des œuvres qui pourraient décevoir l'appétit au lieu de l'aiguiser : soit parce que les textes sont complexes, soit parce qu'ils posent des problèmes ne correspondant à aucune préoccupation personnelle. Nous ne saurions donc que trop conseiller de prendre cette liste avec toute la distance qui s'impose : elle n'a rien d'exhaustif et il faut y fouiller comme dans une malle aux trésors. Nous avons sélectionné ici une dizaine de titres qui nous semblent accessibles au néophyte. Prenez ce qui vous intéresse, commencez par des choses simples et familiarisez-vous ainsi par étapes avec l'écriture philosophique. Dans le petit jeu qui suit, nous vous proposons d'attribuer à chaque auteur l'ouvrage qu'il a effectivement écrit. Au milieu de propositions plus ou moins absurdes, vous devriez facilement vous y retrouver... Après cet exercice, un résumé vous aidera à faire vos choix de lecture en indiquant succinctement l'objet principal de chacun de ces grands classiques philosophiques.

Qu'ont-ils écrit ?

1. Platon
❑ *Mes recettes saveur*
❑ *Le Revers au ping-pong, trucs et astuces*
❑ *Apologie de Socrate*

2. Épicure
❑ *La Photo numérique*
❑ *Élever son labrador*
❑ *Lettre à Ménécée*

3. Votre première bibliothèque philosophique

3. Épictète
- ❏ *Manuel*
- ❏ *Mes secrets de beauté*
- ❏ *Comment je suis devenu D.J. à Ibiza*

4. Machiavel
- ❏ *Le Prince*
- ❏ *Je décore ma maison*
- ❏ *La Cuisine bio*

5. Descartes
- ❏ *Les Plus Beaux Textes du rap tibétain*
- ❏ *Discours de la méthode*
- ❏ *Apprendre la natation synchronisée*

6. Rousseau
- ❏ *Bien choisir ses rollers*
- ❏ *Du contrat social*
- ❏ *Windows Vista pour les nuls*

7. Kant
- ❏ *L'Aérobic après 70 ans*
- ❏ *J'entretiens mon gazon*
- ❏ *Qu'est-ce que les Lumières ?*

8. Nietzsche
- ❏ *Mes premiers pas de salsa*
- ❏ *La Généalogie de la morale*
- ❏ *Les Meilleures Tables nord-coréennes*

9. Freud
- ❏ *Je veux être Paris Hilton*
- ❏ *Malaise dans la culture*
- ❏ *Le Vatican : où s'amuser après 22 heures ?*

10. Sartre
- ❏ *L'existentialisme est un humanisme*
- ❏ *L'Humour taliban*
- ❏ *Le Karaté sans peine*

V. La philo est un jeu

Réponses

Votre première bibliothèque philosophique

1. *Apologie de Socrate*, Platon.
Platon reconstruit ici la plaidoirie que Socrate aurait opposée à ses accusateurs au cours du procès qui se solda par sa condamnation à mort. Jugé pour impiété et corruption de la jeunesse, le philosophe dut affronter certains de ses concitoyens irrités par sa manie de démontrer par le dialogue que ceux qui se croient les plus savants sont souvent les plus ignorants, y compris de manière très paradoxale, sur les questions dont ils sont censés être spécialistes : le magistrat sur la justice, le militaire sur le courage, le sophiste[1] sur la vertu et la politique, par exemple. On peut comprendre qu'à force de mettre ces soi-disant savants devant la pauvreté de leur prétendue science Socrate ait été perçu comme une menace dont il fallait se débarrasser. L'apologie que Platon fait de son maître permet de saisir les principes de sa philosophie.

2. *Lettre à Ménécée*, Épicure.
Dans ce texte court et très clair, Épicure présente les fondements de sa morale en s'appuyant notamment sur quatre remèdes aux troubles qui nous empêchent d'accéder au bonheur, lequel repose sur la capacité à se suffire à soi-même. Pour cela, il faut admettre que :
1. Les dieux ne sont pas à craindre.
2. La mort n'est rien pour nous.
3. Le plaisir est facile à obtenir lorsqu'il est réglé par la raison.
4. La douleur est supportable lorsqu'on sait faire preuve de patience.

3. *Manuel*, Épictète.
Philosophie de l'action pratique par excellence, le *Manuel* d'Épictète permet au lecteur de trouver des réponses extrê-

---

1. Les sophistes étaient des maîtres de rhétorique enseignant l'art du discours et de la persuasion. Platon les présente comme sensibles aux honneurs et aux richesses et n'ayant aucun intérêt pour la vérité puisque seule compte pour eux la vraisemblance.

mement concrètes à la question de savoir comment conduire sa vie avec sagesse. L'essentiel passe par la reconnaissance et l'acceptation de ce qui dépend de nous et de ce qui nous échappe. Il est en effet capital de distinguer les deux afin de nous libérer de tout ce qui trouble généralement notre rapport à l'existence.

4. *Le Prince*, Machiavel.
Si la philosophie politique occulte parfois le réel sous des spéculations morales stériles, Machiavel est au contraire le penseur qui s'y réfère de façon systématique et sans faux-semblant. Son approche ne consiste pas à décrire ce que la politique devrait être mais à la prendre telle qu'elle est, avec le mal, la violence, l'injustice qu'elle sécrète par nature, parce que diriger un État suppose de choisir entre sauver son âme et sauver la cité. Cette œuvre magistrale n'a rien perdu de son actualité bien qu'elle ait été rédigée il y a plus de cinq siècles et elle offre de précieuses clés interprétatives pour comprendre l'essence du politique.

5. *Discours de la méthode*, Descartes.
À la fois récit d'un itinéraire philosophique personnel et guide pratique pour la recherche de la vérité, le *Discours de la méthode* ne s'adresse ni aux érudits ni aux savants mais à notre seul bon sens. Descartes y explique comment notre raison doit être dirigée avec ordre et rigueur pour éviter de sombrer dans les préjugés qui viennent généralement troubler nos jugements. Page après page, nous constatons avec plaisir que l'acte de connaître n'a rien de mystérieux et qu'il n'est pas réservé à une élite intellectuelle : la science est bien l'affaire de tous.

6. *Du contrat social*, Rousseau.
Là où Machiavel pense le fait politique dans sa réalité souvent cruelle et violente, Rousseau est le philosophe qui se place exclusivement du côté du droit. Il pose la question de savoir à quelles conditions les hommes doivent être unis dans une même communauté pour ne pas perdre ce qui fait leur essence et leur dignité : la liberté. Le modèle d'organisation politique dont les sociétés se dotent est toujours conventionnel, et sitôt qu'un système constitue une menace de despotisme, il perd toute légitimité. Les hommes ont donc le droit de l'abattre s'ils sont promis aux fers : la Révo-

lution française sera le pendant historique concret de cette conviction philosophique.

7. *Qu'est-ce que les Lumières ?*, Kant.
Cet opuscule de quelques pages n'en est pas moins dense et profond par son contenu. Le mouvement intellectuel et philosophique des Lumières constitue un moment historique dont la plupart des gens connaissent au moins le nom, mais ce que l'on sait moins bien faire en général, c'est en définir les principes et les fins. Kant nous en propose ici une définition éclairante tout en nous exhortant à nous inscrire constamment dans le sillage de ce progrès de la Raison contre l'obscurantisme ou l'hétéronomie[1].

8. *La Généalogie de la morale*, Nietzsche.
D'où viennent nos valeurs morales ? À force de les avoir intégrées dans nos comportements depuis des générations, nous les prenons pour des vérités éternelles alors qu'elles ont une histoire, une généalogie. À la manière d'un archéologue exhumant les traces du passé pour mieux comprendre le présent, Nietzsche opère dans cette œuvre acide une critique du christianisme dont les idéaux éthiques ont corrompu les puissances de vie en les affaiblissant par le sentiment de culpabilité, la peur d'un châtiment éternel et une morale d'esclaves.

9. *Malaise dans la culture*, Freud.
À quel prix payons-nous le fait d'être « civilisés » ? L'homme a conquis son humanité en se séparant progressivement de l'animal par la culture et l'éducation. Mais cette distanciation s'est accompagnée de la nécessité d'un contrôle des pulsions induisant une impossibilité d'être heureux autrement que dans de brefs moments fragiles et fugaces. Par ailleurs, loin d'être une créature débonnaire et sensible à la souffrance de l'autre, l'être humain porte en lui des forces agressives et destructrices dont le déchaînement potentiel constitue une menace permanente. Sans concession sur nous-mêmes, cette œuvre nous aide à mieux comprendre la nature paradoxale de notre condition.

---

1. L'*hétéronomie* est le contraire de l'*autonomie*, c'est-à-dire le fait d'agir sous une influence extérieure qui se substitue à notre propre volonté.

10. *L'existentialisme est un humanisme*, Sartre.

Il arrive parfois que nous disions « c'est dans ma nature », comme si ce que nous considérons comme notre essence nous contraignait à être ceci ou cela (coléreux ou impassible, courageux ou lâche, timide ou extraverti...). L'existentialisme est la philosophie qui s'oppose le plus radicalement à ce genre de conception dite « essentialiste ». Elle est l'affirmation vibrante de la liberté comme ouverture permanente vers un possible constamment renouvelé. L'homme n'est alors rien d'autre que ce qu'il fait de lui et, à moins de se réfugier dans la mauvaise foi, exister le projette perpétuellement hors de toute forme de détermination.

Conclusion

Au terme de ces questions, nous pouvons revenir sur les reproches que nous avions initialement empruntés aux représentations courantes dont la philosophie est victime et, parfois, complice. Transformons donc les affirmations premières en questions :

a. *La philosophie nous éloigne-t-elle du réel ?*
Ce n'est pas la philosophie en elle-même qui peut nous éloigner du monde mais seulement une certaine façon de l'envisager. Bien au contraire, elle nous aide à mieux comprendre le monde et nous fournit des outils pour agir sur lui. En dehors du récit de sa chute dans le puits, une autre histoire est racontée au sujet de Thalès. Se servant de ses connaissances en astronomie, il put prévoir une production d'olives exceptionnellement abondante et loua un grand nombre de pressoirs qu'il sous-loua ensuite en empochant de généreuses commissions. Pour quelqu'un censé être en permanence dans la lune, le savant fit preuve ici d'un solide sens des affaires. Le philosophe n'est donc ni un ascète ni un marginal, c'est simplement quelqu'un qui cherche à penser par lui-même et qui s'efforce de déployer sa conscience vers des horizons plus vastes que ce que la routine donne habituellement à percevoir.

b. *Est-elle trop complexe, jargonneuse et pinailleuse ?*
Nous l'avons vu : des questions philosophiques très profondes peuvent surgir à partir d'observations élémentaires. C'est la confusion entre la nature du questionnement philosophique et la culture liée à l'histoire de la philosophie qui entretient la représentation d'une complexité que les seuls initiés pourraient dépasser. Quant au jargon pinailleur censé caractériser l'activité philosophique, il s'agit d'une accusation souvent infondée qui néglige l'importance de mettre les bons mots sur les choses. De même qu'un chimiste doit

savoir faire la différence entre un acide et une base, un mécanicien entre une clé à molette et une clé anglaise, le philosophe a besoin de concepts précis pour penser. Pour ne prendre ici que quelques exemples, la justice n'est pas la légalité, une erreur n'est pas la même chose qu'une illusion, expliquer ne se réduit pas à comprendre, persuader diffère de convaincre, ce qui est vraisemblable n'est pas forcément vrai, une obligation n'est pas une contrainte.

c. *Peut-on dire qu'elle ne sert à rien ?*
Au quotidien, il est certain que l'on peut se passer de philosophie et, en matière d'immédiate utilité, le philosophe doit avoir la modestie de reconnaître sa grande infériorité par rapport à un lave-vaisselle ou un coupe-ongles. Pour autant, et dans la mesure où il vaut mieux conduire sa vie avec réflexion, l'activité philosophique nous aide à mieux saisir ce que nous sommes, où nous sommes et ce que nous devons faire. En l'occurrence, le rapport initial d'utilité s'inverse : ce n'est pas en lisant la notice de votre lave-vaisselle que vous saurez orienter votre existence.

SIXIÈME PARTIE
L'économie est un jeu
(Extraits)

par Jézabel Couppey-Soubeyran

Jézabel Couppey-Soubeyran

Elle enseigne l'économie à l'université Panthéon-Sorbonne. Elle a écrit de nombreux articles pour des revues, notamment consacrés aux systèmes bancaires et financiers, et collabore régulièrement avec l'*Encyclopædia Universalis* dans le domaine « économie et gestion ».

Introduction

Dans l'esprit du grand public, l'économiste se range plus près de l'homme politique que du scientifique : les arguments qu'il avance sont en permanence suspectés de visées idéologiques. Et pour cause quand le principal accès aux questions économiques est celui offert par de prétendus experts qui, sous couvert de quelques oripeaux économiques, se font les chantres pour les uns du libéralisme à tous crins, pour les autres de l'anticapitalisme. Le fait que l'économie ne soit présente dans les médias qu'au travers d'acronymes incompréhensibles pour la majeure partie de la population (PIB, CAC, EURIBOR, etc.), ou de prévisions aussi solides que celles de la météo à quinze jours n'arrange rien, bien au contraire.

Pourtant, les questions économiques sont pour tout citoyen des préoccupations de premier plan : pouvoir d'achat, prix, salaires, emploi... Et le besoin d'explications est grand pour réconcilier notamment les chiffres et le ressenti de la population. À propos du pouvoir d'achat par exemple : pourquoi une majorité de Français peut-elle ressentir une baisse de son pouvoir d'achat quand les chiffres officiels montrent l'inverse ? Besoin d'explications là encore, pour mettre en perspectives les arguments : un SMIC plus élevé, est-ce un coup de pouce donné aux employés ou un coup de frein infligé aux employeurs ? Un euro plus fort, est-ce un handicap pour les entreprises exportatrices ou une moindre facture de produits importés ? Les deux mon capitaine ! C'est cela aussi qui fait la difficulté à communiquer les résultats de l'analyse économique. Il y a plus de « et » que de « ou », plus de réponses mitigées que d'affirmations bien tranchées, plus de controverses que de consensus.

Tout cela est déroutant sans doute mais rassurant aussi, car tout examen un peu sérieux atteste qu'il n'y a pas de pensée unique possible en économie. C'est ce qui fait la complexité autant que le charme de la matière. C'est ce qui la rend aussi passionnante qu'énervante. Ce sentiment mêlé était vraisemblablement celui que nourrissait Winston Churchill à propos du plus éminent économiste de son époque, John Maynard Keynes, en disant : « Si vous mettez deux économistes dans une pièce, vous aurez deux avis différents. À moins que l'un d'entre eux ne soit Lord Keynes. Dans ce cas, vous aurez trois avis différents. »

Si, par le jeu de questions-réponses qu'il vous propose, ce chapitre parvient à vous détourner, ne serait-ce qu'un peu, de certaines idées reçues, tout en vous donnant quelques points de repère sous forme d'ordres de grandeur et de notions clés, il aura atteint son but.

Jézabel COUPPEY-SOUBEYRAN

1
L'argent ne fait pas le bonheur... mais il y contribue !
Richesse et bien-être

Qu'est-ce que la richesse ? Comment se crée-t-elle ? Comment la mesurer ? Ces questions sont au cœur de la réflexion économique. L'un des ouvrages fondateurs de l'économie politique, celui d'Adam Smith en 1776, s'intitule d'ailleurs *Recherche sur la nature et les causes de la richesse des nations*. Au fil de la pensée économique, la définition de la richesse s'est élargie, mais elle reste étroite, réduite à ce qui est produit, à ce qui peut avoir une valeur monétaire. Pourquoi cela ? Parce que l'approche de l'économiste est avant tout quantitative. La richesse qu'il mesure est donc celle qui a un prix. Mais le bonheur, lui, c'est bien connu, n'en a pas ! Ainsi le principal indicateur économique de richesse, le produit intérieur brut, plus connu sous l'acronyme PIB, mesure-t-il la richesse annuelle produite, pas le bonheur national ! De nouveaux indicateurs visent toutefois à mieux appréhender le bien-être...

1. Qu'est-ce qui fait la richesse d'une nation ?
   ❒ l'or   ❒ la terre   ❒ les biens et les services

2. Quand la branche automobile dépense 76 milliards d'euros en biens et services pour produire 91 milliards d'euros d'automobiles, quel est le montant de la richesse créée par cette industrie ?
   ❒ 91 milliards d'euros   ❒ 167 milliards d'euros
   ❒ 15 milliards d'euros

VI. L'ÉCONOMIE EST UN JEU

3. Parmi les pays suivants, désignez le (les) pays moins bien classé(s) que la France en termes de **PIB** par habitant.
   - ❏ Allemagne
   - ❏ Chine
   - ❏ États-Unis
   - ❏ Irlande
   - ❏ Italie
   - ❏ Japon
   - ❏ Luxembourg
   - ❏ Qatar
   - ❏ Royaume-Uni
   - ❏ Singapour

4. Quelle est la proportion de gens qui se déclarent « très heureux » dans les pays riches ?
   - ❏ 10 %
   - ❏ 30 %
   - ❏ 50 %

Réponses

1. les biens et les services.
« Il n'est de richesse que d'hommes » écrivait le mercantiliste [1] Jean Bodin au XVIe siècle. Cette pensée d'évidence a traversé les siècles et les disciplines. Mais dans quel produit de l'activité humaine la richesse se matérialise-t-elle ? Dans l'or ou l'argent que rapportent les conquêtes et le commerce au temps des mercantilistes ? Assurément pas pour le physiocrate [2] François Quesnay : au milieu du XVIIIe siècle, la richesse est selon lui celle que les hommes font naître de la terre. Avec Adam Smith ou David Ricardo (les « classiques »), la définition de la richesse s'élargit : c'est le travail des hommes dans l'industrie naissante qui créée la richesse et celle-ci se matérialise dans l'abondance nouvelle de marchandises. À la fin du XIXe siècle, pour Stanley Jevons, Léon Walras ou encore Alfred Marshall (les « néo-classiques »), peu importe que la production soit matérielle (marchandises) ou immatérielle (services), l'important est qu'elle soit jugée utile et donc échangeable. Aujourd'hui, on part toujours du principe qu'une nation est riche des biens et des services qu'elle produit. Mais les comptables nationaux (ceux qui établissent les comptes de la nation) prennent aussi en compte des productions qui ne se vendent pas (non marchandes) comme les services publics (l'école, l'hôpital, etc.). Et la définition de la richesse s'élargira sans doute encore pour intégrer, par exemple, la préservation de l'environnement ou mieux prendre en compte le travail bénévole dont les évaluations monétaires font l'objet d'études et de débats.

2. 15 milliards d'euros.
La richesse créée au cours d'une année par une branche n'est pas égale à sa production. Il faut en effet soustraire la valeur des produits des autres branches qu'elle utilise, appelée

---

[1]. Le mercantilisme désigne un vaste ensemble d'analyses et de conseils prodigués aux États, notamment en France, en Espagne et en Angleterre entre le XVIe et le XVIIIe siècle. Développement du commerce extérieur, accumulation des métaux précieux, protection de l'industrie nationale sont quelques-uns des préceptes prônés par les mercantilistes.
[2]. La physiocratie est un courant de pensée fondé par le français François Quesnay au milieu du XVIIIe siècle. Elle pose les bases d'une pensée économique libérale, en opposition avec l'interventionnisme des mercantilistes.

« consommations intermédiaires », afin de ne considérer que la « valeur ajoutée » de la branche. La valeur ajoutée de la branche automobile en 2005 est donc égale à 91 – 76 = 15 milliards d'euros. De la même manière, pour calculer la richesse créée au cours d'une année par l'économie dans son ensemble, on doit faire la somme des valeurs ajoutées de toutes les branches, et non pas la somme de leur production. En sommant toutes les productions, on comptabiliserait plusieurs fois une même production. Par exemple, le caoutchouc qui entre dans la fabrication des voitures serait compté deux fois : une fois pour la production de pneus, une seconde fois pour la production de voitures. La somme des valeurs ajoutées correspond au fameux « produit intérieur brut » (PIB).

3. Chine.
Parmi les pays de la liste, seule la Chine (87e) est moins bien classée que la France (21e sur 179) en termes de PIB par tête, bien qu'elle soit largement devant en termes de PIB. Le Luxembourg caracole en tête du classement, en partie grâce à sa spécialisation dans le secteur lucratif des services financiers et aux nombreux travailleurs frontaliers salariés qui contribuent à son PIB sans faire partie de la population. Avec un PIB par tête deux fois inférieur, l'Irlande se situe au deuxième rang en raison notamment de flux massifs de capitaux étrangers. La Norvège (3e) et les États-Unis (4e) sont dans un mouchoir de poche. Suivent le Royaume-Uni (11e), le Qatar (15e), Singapour (17e), le Japon (18e), l'Allemagne (19e), et l'Italie (20e), juste devant la France. À noter que le PIB par tête du Burundi, dernier du classement en 2006, représente à peine 1 % du PIB luxembourgeois [1] par tête.

4. 30 % environ.
Cette observation, issue des études réalisées par les économistes qui s'intéressent à la mesure de la satisfaction subjective des individus, vaut aussi bien pour les États-Unis que pour les pays européens ou le Japon. À la question du type « Êtes-vous très heureux, assez heureux, pas heureux », environ 30 % des individus interrogés répondent très heureux. Non seulement ce score ne varie guère entre les pays mais surtout, il semble ne pas s'être amélioré dans le temps alors même que l'augmenta-

---

1. Données : FMI (2007).

2. Monnaie et politique monétaire

4. Combien de fois un euro (en pièce ou en billet) change-t-il de main au cours d'une année ?
   ❐ 14 fois   ❐ 24 fois   ❐ 34 fois

VI. L'ÉCONOMIE EST UN JEU

Réponses

1. des pièces et des billets et **des sommes inscrites sur un compte bancaire.**
La monnaie désigne tout ce qui est généralement accepté pour régler l'achat d'un bien ou d'un service ou pour s'acquitter d'une dette. Les pièces et les billets constituent ce qu'on appelle la monnaie *fiduciaire* (du latin *fiducia*, « confiance »). En un sens, toute monnaie est fiduciaire car elle puise sa valeur, non pas dans une valeur intrinsèque (un morceau de métal comme un morceau de papier ne valent pas grand-chose en eux-mêmes), mais dans la confiance que lui accordent ses détenteurs. Un billet de 20 euros « vaut » 20 euros parce que tout le monde a confiance dans la capacité de ce billet à être échangé contre un bien valant 20 euros. Les pièces et les billets ne représentent qu'une petite fraction de la quantité de monnaie en circulation. La monnaie est aujourd'hui essentiellement *scripturale*, c'est-à-dire qu'elle est « dématérialisée », simple écriture sur un compte bancaire. Il ne faut pas confondre la monnaie avec les instruments qui la font circuler : un carnet de chèques, une carte bancaire ne sont pas de la monnaie mais des instruments de paiement. Cette confusion courante vient du fait que les pièces et les billets sont à la fois monnaie et instruments de paiement, comme l'est aussi un instrument monétaire plus récent, le porte-monnaie électronique (*Monéo*, par exemple) dont l'usage est encore peu développé.

2. les banques centrales et **les banques commerciales.**
La monnaie est créée par le système bancaire. Les pièces et les billets sont émis par la banque centrale (les billets en euros sont émis par la Banque centrale européenne et les banques centrales nationales des États membres parmi lesquelles la Banque de France). La monnaie scripturale provient quant à elle pour une large part des crédits accordés par les banques. Quand une banque accorde un crédit, elle crédite de ce montant le compte de son client emprunteur. Une banque a donc ce pouvoir extraordinaire de transformer une créance (le crédit qu'elle accorde) en une dette émise sur elle-même (le dépôt bancaire) qui peut ensuite circuler comme moyen de paiement. C'est ce que résume l'expression : « les crédits font les dépôts ». Ce pouvoir n'est toutefois pas illimité car les clients des banques vont vouloir convertir une partie de leurs dépôts en billets que

les banques devront régler à la banque centrale émettrice. Une autre partie des dépôts servira à régler des échanges : M. Dupond, client de la banque LCL (le Crédit Lyonnais), utilise le crédit qui lui a été accordé pour acheter une automobile chez son concessionnaire, M. Durand, client du Crédit mutuel. La banque LCL devra régler ce qu'elle doit au Crédit mutuel en monnaie centrale. Le pouvoir de création monétaire des banques est ainsi limité par la quantité de monnaie centrale qu'elles doivent détenir sur un compte ouvert auprès de la banque centrale. Il existe en outre un taux de réserves obligatoires qui oblige les banques à détenir auprès de la banque centrale une quantité de réserves proportionnelle aux dépôts qu'elles gèrent.

3. Il fallait rayer **vin** et **fromage**.
Pour servir de monnaie, un bien doit réunir plusieurs qualités : être standard pour que sa valeur soit facile à évaluer (un bien dont la qualité peut grandement varier n'est pas un bon candidat) ; être accepté par tous (tout le monde doit croire à sa valeur) ; être divisible afin qu'on puisse aisément « rendre la monnaie » ; être facilement transportable ; ne pas se détériorer rapidement. Pour toutes ces raisons, les métaux précieux ont dès l'Antiquité supplanté le blé, le bétail, les coquillages... Empereurs, rois et seigneurs en ont fait des pièces frappées de leur sceau dont le poids d'or ou d'argent garantissait la valeur (monnaie métallique). Cela étant, les cigarettes, qui à plusieurs reprises en période de guerre ont servi de monnaie, réunissaient aussi ces qualités. En revanche, le vin ou le fromage, périssables, difficiles à transporter, peu standardisés, ne réunissent pas toutes les qualités requises !

4. **14 fois.**
Un même billet ou une même pièce sont dépensés environ 14 fois en une année pour effectuer un achat au sein de la zone euro. Ce chiffre correspond à ce qu'on appelle la *vitesse de circulation de la monnaie* et s'obtient en rapportant le montant des dépenses effectuées en une année (le PIB nominal de la zone euro, environ 8 400 milliards d'euros pour l'année 2006) au montant de la monnaie fiduciaire en circulation (environ 600 milliards d'euros). La vitesse de circulation de l'ensemble de la masse monétaire de la zone euro est nécessairement plus faible. Proche de 1, celle-ci paraît s'être ralentie au cours des dernières années. Les périodes d'incertitude sur les marchés financiers ou de volatilité des taux d'intérêt peuvent inciter les

agents économiques à délaisser les titres et à se reporter sur des actifs plus liquides (compris dans la masse monétaire). Dans ces cas, la demande d'encaisses liquides s'accroît et la vitesse de circulation de la monnaie ralentit.

3
Petit monde, vaste résesau
La mondialisation des échanges

Avec l'extension des chemins de fer, des routes, des canaux fluviaux et maritimes qui a accompagné la révolution industrielle, les coûts de transport ont considérablement baissé. Le commerce international a dès lors pris son essor et progressé à un rythme beaucoup plus rapide que la production. Vit-on pour autant dans un monde où la distance ne compte plus ? Ce serait oublier que les frontières sont aussi culturelles, politiques... C'est bien pourquoi les échanges se font, par exemple, davantage entre pays riches qu'entre pays riches et pays pauvres. Tout autant que le volume, c'est aussi la structure des échanges internationaux qui se transforme. Dans une nouvelle division internationale du travail, les chaînes de production relient un grand nombre de pays qui se partagent les tâches à effectuer. La répartition des flux de commerce évolue aussi grandement avec l'émergence de nouveaux géants tels que la Chine. Les vieux pays industrialisés auront-ils les moyens de résister ? Assurément pas en s'arc-boutant sur des productions peu intensives en capital et en savoir-faire, condamnées à la délocalisation. Bien davantage en privilégiant le savoir-faire, le savoir tout court, et la qualité.

1. Que faut-il pour qu'un pays gagne à faire du commerce avec d'autres ?
    - ❐ qu'il soit meilleur que tous les autres dans toutes ses productions
    - ❐ qu'il soit meilleur que tous les autres dans au moins l'une de ses productions
    - ❐ juste qu'il soit différent des autres pays

VI. L'ÉCONOMIE EST UN JEU

2. Quels sont parmi les pays suivants les 5 premiers pays exportateurs ?
   France – Allemagne – Pays-Bas – États-Unis – Chine – Inde – Brésil – Russie – Maroc – Tunisie – Japon

3. En France, quels sont les 3 premiers secteurs exportateurs parmi ceux de la liste suivante ?
   ❏ agriculture   ❏ aéronautique   ❏ automobile
   ❏ papier   ❏ cuirs   ❏ électricité   ❏ pharmacie

4. Combien de pays participent-ils à la fabrication d'un jean ?
   ❏ un seul   ❏ moins de cinq   ❏ plus de dix

3. La mondialisation des échanges

Réponses

1. juste qu'il soit différent des autres pays.
Avez-vous un violon d'Ingres ? Ingres, le grand peintre français du XIXe siècle, en avait un : il aimait le violon (d'où l'expression) et il a même été un temps deuxième violon à l'orchestre du Capitole de Toulouse. Mais Ingres a passé le plus clair de son temps à peindre, des femmes notamment à qui il ajoutait parfois quelques vertèbres pour mieux en souligner les courbes. Ingres a-t-il eu raison d'oublier son violon pour se consacrer à sa peinture ? À en juger par la postérité de ses tableaux, et si l'on s'en remet au principe des avantages comparatifs, la réponse est oui. Il aurait pu être le meilleur violoniste de son temps que cela n'aurait rien changé : encore plus doué en peinture qu'au violon, il avait tout intérêt à se concentrer sur la peinture en laissant le violon à celui de ses contemporains qui, même moins virtuose que lui, était tout de même plus doué pour le violon que pour toute autre spécialité. La supériorité d'Ingres en peinture compensant la moindre virtuosité de son contemporain violoniste. C'est cela le principe, fort peu intuitif, des avantages comparatifs. On gagne à se spécialiser dans l'activité pour laquelle on a le plus grand avantage relatif ou le plus petit désavantage relatif. Autrement dit, un pays n'a pas besoin d'être meilleur que les autres dans quelque activité que ce soit pour avoir intérêt à commercer. Même désavantagé dans toutes ses activités par rapport aux autres pays, un pays gagne à échanger avec d'autres. Le commerce est porteur de gains pour tous ceux qui y participent. Mais rien ne garantit que la répartition de ce gain entre les pays et au sein même des pays soit équitable.

2. Allemagne – Chine – États-Unis – Japon – France (cf. tableau ci-dessous).
En 2005, la Chine est devenue le deuxième exportateur mondial, entre l'Allemagne et les États-Unis. Le Japon et la France figurent respectivement aux 4e et 5e rangs. L'ascension de la Chine dans le commerce mondial a été fulgurante. Les exportations chinoises croissent au rythme de 16 % par an en moyenne depuis le début des années 1990 et ont contribué au cours des dernières années pour plus d'un tiers à la croissance mondiale des échanges. La Chine n'est plus seulement le grand atelier du monde qui permet aux entreprises des pays industrialisés de délocaliser leurs productions en profitant d'une

main-d'œuvre abondante et à bas coût. Elle ne se réduit plus non plus à la production de produits textiles. La part de la Chine dans les exportations mondiales dépasse aujourd'hui 20 % dans le textile comme dans les produits électroniques, informatiques et électroménagers. Le contenu technologique des exportations manufacturières de la Chine n'a cessé de croître : la Chine contribue pour presque autant que la France (environ 5 %) aux exportations mondiales de haute technologie. C'est toutefois de plus en plus sur les niveaux de qualité des produits que la bataille commerciale se livre entre les anciens pays industrialisés (pays d'Europe et États-Unis notamment) et les grands émergents (Chine, Inde, Brésil). La Chine vend ainsi plus de produits que l'Allemagne aux États-Unis (c'est dire la diversification de ses exportations) mais des produits plus bas de gamme. C'est précisément ce type de positionnement sur des variétés haut de gamme de produits qui permet à un pays comme l'Allemagne de conserver et même de gagner des parts de marché face à la concurrence des grands émergents. Une voie à suivre...

Pays	Export*	Rang
Allemagne	970 897	1
Chine	810 903	2
États-Unis	803 958	3
Japon	594 941	4
France	434 402	5
Pays-Bas	320 065	6
Russie, fédération de	268 167	7
Brésil	114 655	8
Inde	97 650	9
Union sud-africaine	56 225	10
Maroc	12 195	11
Tunisie	10 489	12

en millions de dollars courants, données CEPII, 2005

3. agriculture, aéronautique, automobile.

Bien que la spécialisation se fasse aujourd'hui davantage au niveau des variétés qu'à celui des produits ou *a fortiori* des secteurs, la France conserve des secteurs phares à l'export : l'agriculture, l'aéronautique et l'automobile. Ceux-ci paraissent toutefois connaître une baisse de régime. L'automobile a enregistré en 2007 son premier déficit de quelque 300 millions d'euros, tandis que les ventes dans l'aéronautique ralentissent (les ventes d'Airbus n'ayant rapporté en 2007 « que » 895 millions d'euros).

4. Plus de dix.
« Made in Monde », telle est l'inscription qui devrait figurer sur les étiquettes d'un grand nombre de produits de consommation courante. Exemple éloquent avec un jean : coton en provenance du Bénin, du Pakistan, et de Corée du Sud ; toile tissée en Italie ; teinture denim réalisée à partir de produits chimiques de l'industrie allemande ; fils en provenance d'Irlande, de Hongrie et de Turquie (colorés par une teinture achetée en Espagne et renforcés par du polyester produit au Japon) ; rivets produits en Allemagne à partir de zinc d'Australie et de cuivre de Namibie ; fermeture éclair fabriquée en France à partir de laiton en provenance du Japon ; assemblage dans des ateliers tunisiens ; distribution à partir d'entrepôts français et britanniques... Dans cet exemple, pas moins de quinze pays se divisent le travail nécessaire à la production d'un jean. Cette fragmentation des chaînes de production rend les systèmes productifs nationaux de plus en plus imbriqués et interdépendants.

4
Tous égaux, certains plus que d'autres !
Pauvreté et inégalités

La richesse du monde n'exclut pas la pauvreté des nations. La richesse d'un pays n'exclut pas non plus la pauvreté d'une partie de sa population. Le partage de la richesse est une question économique fondamentale. À un premier stade, ce partage résulte de la distribution (dite primaire) des revenus à l'issue de la production. À ce niveau, le partage de la valeur ajoutée est influencé par la quantité et la qualité de travail et de capital qu'un pays est capable de mettre en œuvre, par la technologie mobilisée, ainsi que par les rapports de force entre les détenteurs de ces facteurs (employés et employeurs). À un second stade, il peut être amélioré par les transferts qu'opère l'État via les impôts et cotisations qui permettent de redistribuer le revenu global. Cet effort de redistribution n'est pas le même dans tous les pays, son efficacité non plus.

1. À combien s'élève le revenu annuel médian des Français (c'est-à-dire le revenu tel que la moitié des Français gagnent plus et l'autre moitié gagnent moins) ?
   ❏ 16 478 euros   ❏ 25 205 euros   ❏ 29 696 euros

2. En France, quelle est la différence de salaires entre hommes et femmes ?
   ❏ de l'ordre de 40 %   ❏ de l'ordre de 20 %

3. Dans quels pays la richesse est-elle la mieux partagée ?
   ❏ les pays nordiques (Suède, Norvège, Pays-Bas, Finlande)
   ❏ les pays d'Europe du Sud
   ❏ les pays anglo-saxons
   ❏ le Japon

4. Pauvreté et inégalités

4. Au niveau mondial, les 1 % les plus riches ont un revenu égal à celui...
   ❐ des 57 % les plus pauvres
   ❐ des 38 % les plus pauvres
   ❐ des 17 % les plus pauvres

Réponses

1. 25 205 euros.
La moitié des Français dispose d'un revenu annuel inférieur à 25 205 euros et l'autre moitié d'un revenu annuel supérieur à ce même montant (données INSEE [1], 2007). Le revenu auquel on se réfère ici ne se limite pas aux salaires. Il s'agit du revenu disponible à l'issue des opérations de redistribution, défini par l'INSEE sous la dénomination de « revenu disponible brut ». Celui-ci comprend essentiellement les revenus d'activité issus d'une participation directe (travail) ou indirecte (capital) à la production (salaires, profits, revenus mixtes des entrepreneurs individuels), les revenus du patrimoine (intérêts et dividendes), et les prestations sociales (y compris les pensions de retraite et les indemnités de chômage), nets des impôts directs (impôt sur le revenu, taxe d'habitation, contributions sociales généralisées (CSG) et contribution à la réduction de la dette sociale (CRDS). Les 29 696 euros correspondent au revenu disponible brut moyen. Ce dernier est supérieur au revenu médian dans la mesure où, statistiquement, la distribution des revenus est étirée vers le haut par des valeurs de revenus très élevés (P-DG, sportifs...) qui, même peu nombreuses, font augmenter la moyenne. Les 16 478 euros correspondent au revenu médian des Français en 1970. À noter toutefois que cette valeur est proche du salaire moyen actuel des Français (un peu moins de 17 000 euros toutes activités salariales confondues), qui n'est cependant qu'une partie de leur revenu disponible, plus faible qu'elle ne l'était en 1970, en raison des progrès de la redistribution.

2. de l'ordre de 20 %.
En France, comme aux États-Unis, le salaire moyen des femmes rattrape progressivement celui des hommes : il était en moyenne de seulement 60 % de celui d'un homme en 1960 contre plus de 80 % aujourd'hui. L'élévation du niveau d'études des femmes joue là un rôle déterminant : 21 % des femmes comme des hommes de la génération 25-34 ans ont le baccalauréat (contre 11 % de leurs aînés de la génération des 55-64 ans) ; plus de 23 % des femmes de cette génération ont un

---
[1]. INSEE : Institut national de la statistique et des études économiques.

diplôme supérieur contre 18 % des hommes. Il y a toutefois deux bémols à apporter. D'une part, les écarts hommes/femmes se resserrent certes, mais de moins en moins au fur et à mesure qu'on s'élève dans la hiérarchie des salaires. Au sommet, ces écarts restent très importants : les 1 % les mieux payés sont encore à plus de 80 %... des hommes. D'autre part, quand on tient compte non pas seulement des salaires pour des emplois à temps plein comme c'est l'usage mais des salaires tous temps de travail confondus, incluant donc les temps partiels qui occupent beaucoup plus de femmes que d'hommes, l'écart de salaire entre hommes et femmes grimpe alors à 40 %. On peut rétorquer à cela qu'il n'est pas injuste de gagner moins en travaillant moins. À la condition toutefois que le temps partiel soit une situation choisie et non subie...

3. les pays nordiques (Suède, Norvège, Pays-Bas, Finlande). Tous les pays ne consentent pas le même effort de redistribution, parce que le degré d'équité de la répartition primaire des revenus n'est pas le même partout, mais aussi parce que tous les pays n'ont pas le même seuil de tolérance vis-à-vis des inégalités de revenus. Les pays anglo-saxons sont par exemple davantage attachés à l'égalité des chances qu'à celle des revenus, tandis que les pays d'Europe du Nord se distinguent par un modèle social axé sur la redistribution et la protection sociale. De plus, à effort équivalent de redistribution, l'efficacité du résultat (en termes de réduction des inégalités de revenu) varie. Quoi qu'il en soit, l'indicateur de pauvreté humaine et sa comparaison au PIB par habitant renseignent assez bien sur les performances des pays riches en matière de partage des revenus et de réduction de la pauvreté. Ainsi, selon l'indicateur synthétique de pauvreté humaine, les pays riches (ceux dont le PIB par habitant est élevé) où il y a le moins de pauvreté sont dans l'ordre la Suède, la Norvège, les Pays-Bas, la Finlande et le Danemark. Les plus mal classés parmi les pays riches (ceux où il y a le plus de pauvreté) sont l'Espagne, l'Australie, le Royaume-Uni, les États-Unis, l'Irlande et l'Italie. La France, juste devant le Japon, se situe à un niveau intermédiaire, avec pourtant un niveau de dépenses des administrations publiques (54 % du PIB) presque aussi élevé qu'en Suède ou au Danemark. La redistribution n'apparaît donc pas très efficace en France.

4. des 57 % les plus pauvres.

Au niveau mondial, les 1 % les plus riches ont un revenu égal à celui des 57 % les plus pauvres. Cela signifie que moins de 50 millions de riches reçoivent autant que 2,7 milliards de pauvres. Ces chiffres sonnent évidemment comme un cri d'alarme. Cependant, il faut savoir qu'ils reflètent des évolutions contrastées et complexes entre les pays (inégalités internationales) et au sein même de ces pays (inégalités internes). Comparée à celle des pays riches, la situation des pays africains, qui pour beaucoup continuent de s'enfoncer dans la pauvreté, et celle des pays d'Asie, qui poursuivent leur rattrapage à grande vitesse, n'ont pas grand-chose à voir l'une avec l'autre. À ce niveau-là d'ailleurs, le rattrapage des pays riches par les pays d'Asie (qui comptent plus de la moitié de la population mondiale) tend à réduire les inégalités internationales. Mais dans le même temps, les inégalités internes s'accroissent, au sein des pays riches et au sein des pays pauvres, y compris ceux en rattrapage. Le cas de la Chine est emblématique : le décollage économique du pays a réduit l'inégalité vis-à-vis des pays riches mais l'a accrue au sein du pays, certaines provinces ayant été beaucoup plus impliquées que d'autres dans le processus de croissance.

Septième partie
La géographie est un jeu
(Extraits)

par Vincent Moriniaux

Vincent Moriniaux

Vincent Moriniaux est maître de conférences de géographie à l'université Paris-Sorbonne (Paris-IV). Il a déjà publié plusieurs ouvrages, notamment à destination des étudiants.

Introduction

Qui n'a jamais été questionné au cours d'une soirée entre amis sur ses connaissances en géographie ? « Toi, le géographe, tu dois savoir ça... » Il est des moments où l'on préfère ne pas afficher qu'on a fait des études de géographie...

Certes la géographie est bien autre chose qu'une simple nomenclature, une accumulation d'altitudes, de kilomètres, de millions de tonnes ou de millions d'habitants. Mais peut-on nier pour autant que ces connaissances soient essentielles pour construire un vrai savoir sur le territoire ?

Les esprits chagrins trouveront que cet opuscule revient à une conception aujourd'hui heureusement dépassée de la discipline. Les autres s'amuseront de ces connaissances pour certaines acquises autrefois dès l'école primaire et reconnaîtront en lisant les réponses que les questions simples, exigeant du « par cœur », peuvent ouvrir sur des profondeurs insoupçonnées.

Nous avons essayé de balayer l'ensemble des approches géographiques, tant physiques qu'humaines, afin de contribuer à enrichir vos connaissances sur notre beau pays. L'esprit ludique des questions, parfois, n'empêche pas le sérieux des réponses, toujours.

Vous êtes prêt ? Bon jeu... et bonne route !

Vincent MORINIAUX

1

Le bel Hexagone

Le territoire de la France

« Comment un fragment de surface terrestre qui n'est ni péninsule ni île, et que la géographie physique ne saurait considérer proprement comme un tout, s'est-il élevé à l'état de contrée politique et est-il devenu enfin une patrie ? » (Paul Vidal de La Blache, *Tableau de la géographie de la France*, 1903).

Bonne question ! La carte de France nous est si familière qu'il est bien difficile d'imaginer comment nos ancêtres se représentaient la France alors qu'ils ne disposaient pas de carte. Surtout, nous avons tendance à considérer que l'enveloppe territoriale de la France est une sorte de donnée de la nature. Non, la France n'est pas un territoire prédestiné. Mais quand même, quelle harmonie se dégage de ses proportions, de sa position d'isthme et de finisterre[1] de l'Europe ! Dans ce premier chapitre, prenez les mesures de notre bel Hexagone...

1. Combien y a-t-il de kilomètres à vol d'oiseau de Brest à Strasbourg et de Dunkerque à Perpignan ?
   ❐ 850 km ❐ 950 km ❐ 1 050 km

---
1. Un isthme est une bande de terre qui sépare deux mers et réunit deux terres ; le finisterre est un bout du monde, littéralement le lieu où « finit » la terre.

VII. LA GÉOGRAPHIE EST UN JEU

2. Connaissez-vous la superficie de la France ? Attention, il y a un petit piège…
❏ 543 998 km² ❏ 551 602 km² ❏ 675 417 km²

3. On appelle couramment la France l'Hexagone. Mais savez-vous depuis quand cette figure géométrique est associée à la France ?
❏ depuis le XVIIe siècle et les conquêtes de Louis XIV
❏ depuis la fin du XIXe siècle et l'école de Jules Ferry
❏ depuis 1962 et la perte de nos colonies

4. Combien la France métropolitaine compte-t-elle d'États limitrophes (États avec lesquels elle partage une frontière terrestre) ?
❏ 7 ❏ 8 ❏ 9

Réponses

1. 950 km.
On ne peut qu'admirer l'équilibre : 950 km de Brest à Strasbourg et 950 km de Dunkerque à Perpignan. Et les deux lignes se croisent à peu près à Paris… Bien pratique pour dessiner la France à main levée !

2. Les trois réponses sont exactes !
551 602 km² selon les données géodésiques[1] de l'Institut géographique national (îles côtières et Corse comprises), 543 998 km² selon les données du cadastre (grands lacs, étangs, glaciers et estuaires ne sont pas comptés). Enfin 675 417 km², c'est la superficie incluant les DOM-TOM. Quel que soit le nombre retenu, la France est le deuxième plus grand pays d'Europe, loin derrière la Russie (4,5 millions de km²). Mais la France ne représente que 0,4 % des terres émergées du globe. Soyons modestes…

3. Depuis 1962 et la perte de nos colonies.
L'image de la France résumée à un hexagone, figure parfaite à six côtés puisque inscrite dans un cercle, n'est pas, contrairement à ce qu'on pourrait croire, très ancienne.
La figure de l'hexagone s'est imposée peu à peu par la nécessité d'apprendre aux enfants à dessiner la France. En 1887, le *Dictionnaire de pédagogie d'instruction primaire*, de Ferdinand Buisson, conseille d'utiliser pour cet exercice l'hexagone « qui circonscrit à peu près entièrement le territoire national ». Mais « l'Hexagone » est encore loin d'être l'expression consacrée pour désigner la France. Ne serait-ce que parce que les géographes savants ne partagent pas tous ce raccourci géométrique ! Élisée Reclus, dans le *Dictionnaire géographique de la France* (1869), voit le territoire français comme un grand octogone (huit côtés). Dans sa *Géographie universelle*,

---

[1]. La géodésie désigne la science et les techniques de mesure de la terre (altitude, longitude, latitude).

publiée en 1947, Emmanuel de Martonne évoque, lui, le « contour grossièrement pentagonal de la France » (cinq côtés).

La première apparition dans le dictionnaire Larousse du terme Hexagone pour désigner la France date de 1969 : « la France limitée au territoire métropolitain ».

En fait, l'image de l'Hexagone s'impose après 1962, la perte de l'Algérie, et la fin de l'empire colonial français. L'Hexagone a donc d'abord été une appellation péjorative désignant une France diminuée avant de symboliser sa perfection géométrique...

4. 8.

La France compte un peu plus de 2 900 km de frontières terrestres.

Huit États sont limitrophes : Espagne (650 km), Belgique (620 km), Suisse (572 km), Italie (515 km), Allemagne (450 km), Luxembourg (73 km), Andorre (57 km), Monaco (4,5 km). Depuis l'inauguration du tunnel sous la Manche le 6 mai 1994, on pourrait ajouter le Royaume-Uni à la liste des pays partageant avec la France une frontière terrestre... Donc vous n'avez pas tout à fait tort si vous avez répondu neuf !

2

La France, c'est physique !

Le relief et le climat

La France n'est qu'un tout petit morceau d'Europe mais on y trouve presque toute la gamme des reliefs européens, des grandes plaines de l'Europe médiane aux sommets de l'Europe alpine. Les influences océaniques, continentales et méditerranéennes se combinent pour modeler des climats dont on peut dire qu'ils portent pour une fois bien leur nom de « tempérés » : la France a le moins continental des climats continentaux, le moins méditerranéen des climats méditerranéens. Bref, relief et climat français ne seraient-ils pas parmi les plus favorables au monde ?

1. Connaissez-vous l'altitude moyenne de la France métropolitaine ?
   ❏ 142 m ❏ 342 m ❏ 542 m

2. Les lieux suivants – le pic du Midi, Tignes, Mont-Louis, Gap – ont un point commun, lequel ?
   ❏ ce sont les plus froids de France
   ❏ ce sont les plus ensoleillés de France
   ❏ chacun de ces lieux est à sa manière le plus haut de France

VII. LA GÉOGRAPHIE EST UN JEU

3. Chassez l'intrus : Massif armoricain, Ardenne, Vosges, Jura, Massif central.

4. Essayez de compléter au mieux la carte du relief de France avec les éléments suivants :
1 424 m, 1 718 m, 1 886 m, 2 710 m, 3 298 m, 4 808 m ;
Bassin parisien, Bassin aquitain, Flandre, Massif armoricain, Massif central, Alpes, Jura, Vosges, Pyrénées ;
seuil de Bourgogne, seuil du Poitou, seuil du Lauragais et Sillon rhodanien.

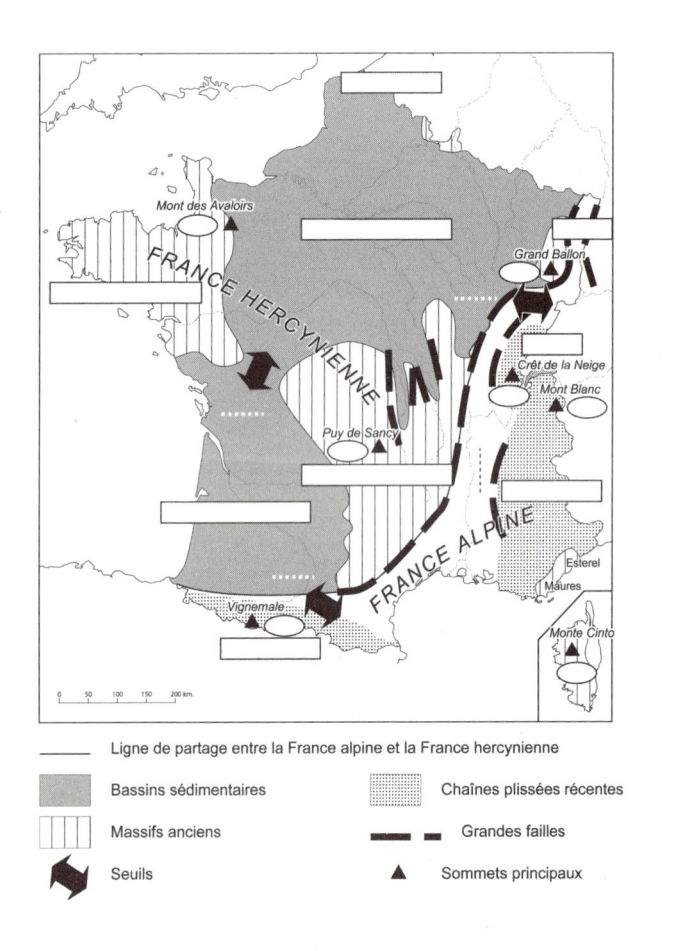

2. Le relief et le climat

5. Sur la carte de France, identifiez les quatre grands types de climat.

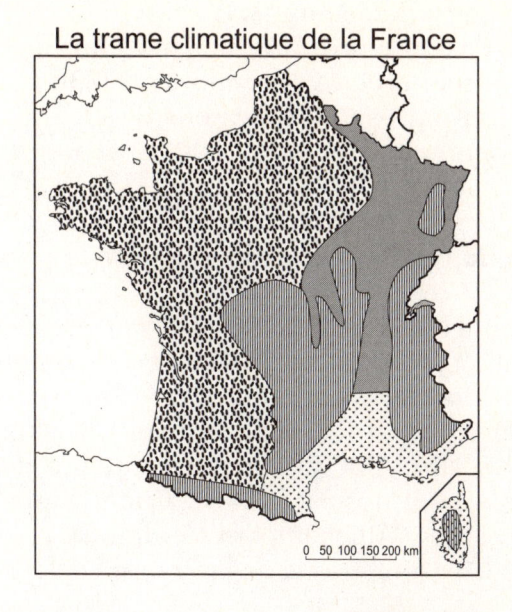

La trame climatique de la France

▨ _____   ▧ _____

▥ _____   ▨ _____

VII. LA GÉOGRAPHIE EST UN JEU

Réponses

1. 342 m (Corse non comprise).
C'est à peu de chose près l'altitude moyenne du continent européen, le moins élevé des continents (330 m). Près des deux tiers du pays sont en dessous de 250 m ; 18 % du territoire seulement dépasse 500 m et moins de 7 % 1 000 m.

2. Chacun de ces lieux est à sa manière le plus haut de France.
Le pic du Midi (Hautes-Pyrénées, 2 859 m) est le lieu habité le plus haut, Tignes (Savoie, 2 100 m) est la commune habitée la plus haute, Mont-Louis (Pyrénées-Orientales, 1 600 m) la ville fortifiée (par Vauban[1]) la plus haute et Gap (Hautes-Alpes, 750 m), la plus haute préfecture... Au moins trois communes dans le Cher (Saint-Amand-Montrond, Bruère-Allichamps et Vesdun) se revendiquent comme centre géométrique de la France continentale...

3. Jura.
Le Jura est une montagne jeune, alpine, au milieu de tous ces massifs anciens, hercyniens[2]. Pour les géomorphologues, une montagne est qualifiée de massif ancien dès lors que son « orogenèse » (période de formation d'un relief) est plus ancienne que l'ère secondaire, laquelle commence, comme vous le saviez, il y a 230 millions d'années. Les massifs anciens présentent des formes lourdes, des sommets arrondis, usés, qui contrastent avec les pentes raides et les crêtes acérées des montagnes jeunes. Cela n'exclut pourtant pas des retouches récentes : effondrements, élé-

---

1. Vauban (1633-1707). Sous le règne de Louis XIV, il est commissaire général des fortifications. Il a fait construire plus de 300 ouvrages.
2. Les massifs dits hercyniens (de *Hercynia silva*, la Forêt Noire en latin) désignent des montagnes apparues entre – 400 millions d'années et – 230 millions d'années.

2. Le relief et le climat

ments portés en altitude, englacement. On dit alors qu'ils sont des massifs anciens rajeunis...

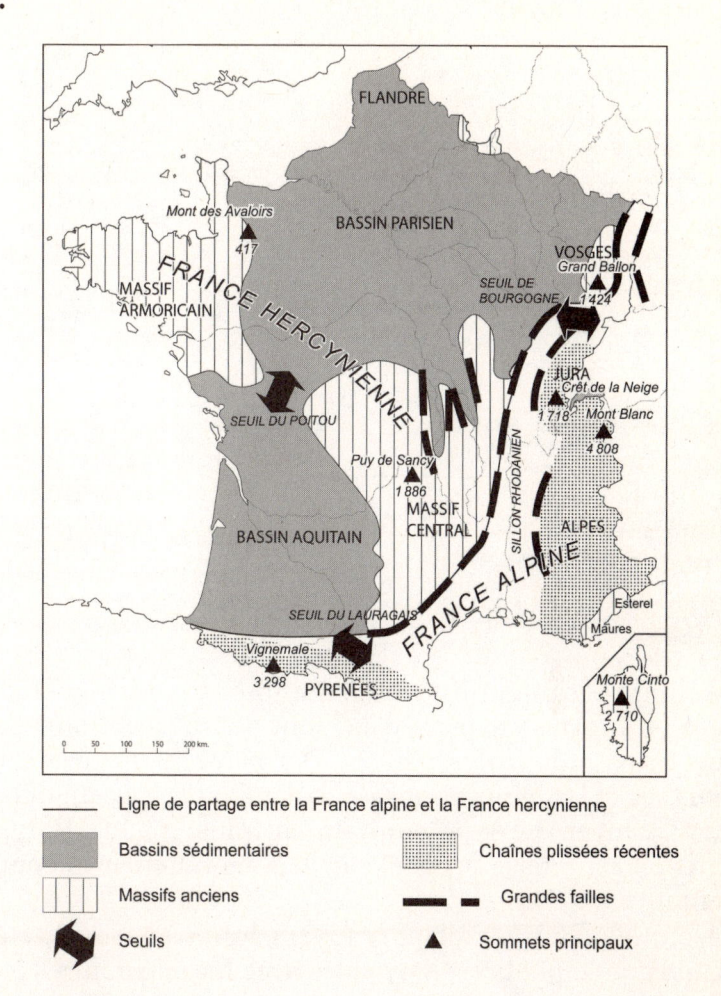

4.

Ligne de partage entre la France alpine et la France hercynienne	
Bassins sédimentaires	Chaînes plissées récentes
Massifs anciens	Grandes failles
Seuils	Sommets principaux

5.

La trame climatique de la France

BREST
10,9° 1109 mm
1 749 h
août   déc.
16,3°   140 mm
janvier juillet
6,3°   46 mm

STRASBOURG
10°   610 mm
1 637 h
juillet juin
19,1°   75 mm
janvier janvier
0,9°   33 mm

ORLEANS
10,6°   637 mm
1 804 h
juillet mai
18,5°   66 mm
janvier août
3,1°   45 mm

BOURG-ST-MAURICE
9°   971 mm
2 026 h
juillet déc.
18,2°   107 mm
janvier avril
-0,2°   61 mm

MONT-DE-MARSAN
12,9°   947 mm
1 954 h
août   janvier
20,7°   94 mm
janvier juillet
5,8°   49 mm

TOULON
15,9°   665 mm
2 899 h
juillet octobre
23,9°   94 mm
janvier juillet
9,3°   6,6 mm

température précipitations
moy. annuelle moy. annuelles
insolation
mois le   mois le
+ chaud   + arrosé
mois le   mois le
+ froid   + sec

Climat semi-continental

Climat océanique
type breton aquitain parisien

Climat montagnard

Climat méditerranéen

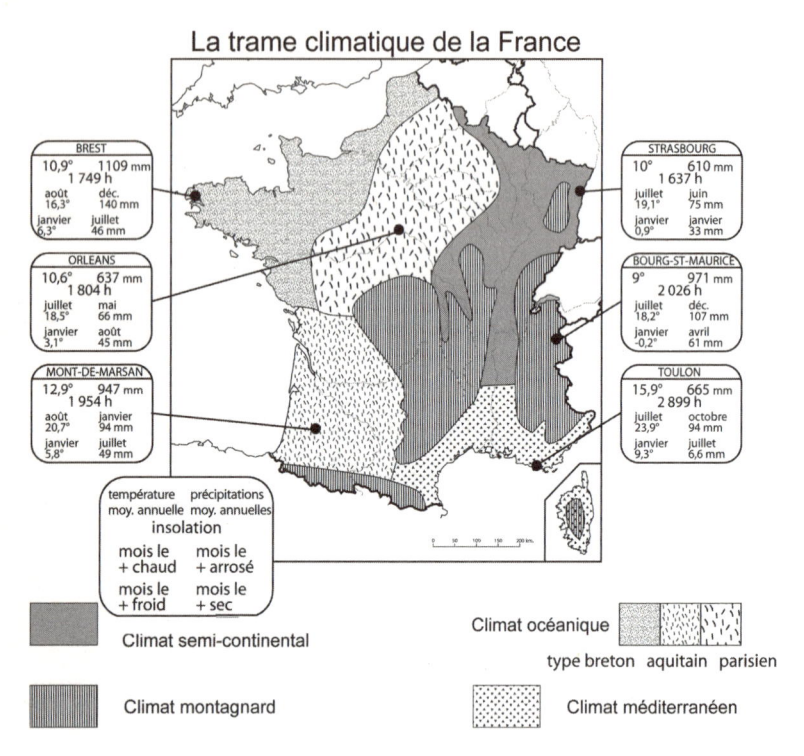

Le climat océanique est le seul qui soit véritablement tempéré : les fortes chaleurs d'été sont aussi exceptionnelles que les grands froids d'hiver. De même, il n'y a aucun mois sec et les pluies sont assez abondantes avec un maximum d'hiver. Le type aquitain est plus chaud ; le type parisien est plus contrasté, car déjà marqué par la continentalité.

Le climat continental pur, hivers longs et froids, étés chauds, précipitations moyennes avec un maximum d'été, n'existe pas en France. L'est du pays est sous l'influence d'un climat semi-continental, c'est-à-dire un climat moins rigoureux.

Le climat méditerranéen, qui fait la transition entre le tempéré et le tropical, présente un rythme saisonnier simple :

été sec et chaud, saison froide humide et douce avec un automne marqué par de violents orages.

Le climat montagnard est le plus difficile à définir car il n'est qu'une dégradation (hiver plus long et plus froid, précipitations plus abondantes) du climat des plaines environnantes.

3

Que la France se nomme diversité[1]

Les paysages

Avec Fernand Braudel, admirons la diversité des paysages français ! Les coteaux viticoles minutieusement travaillés, les bocages ombreux aux dessins complexes qui nous semblent immuables, ou les grandes plaines blondes où ondulent les épis... Aux couleurs de l'agriculture, s'ajoutent les teintes et les formes des maisons, auxquelles répondent les accents de nos compatriotes... Nos paysages doivent certes beaucoup à la nature, mais plus encore au génie des hommes et au labeur des générations passées. Des paysages sont conservés, d'autres se transforment, d'autres encore se construisent sous nos yeux.

1. France du Nord et France du Sud... À quoi correspond la limite dessinée sur la carte ?

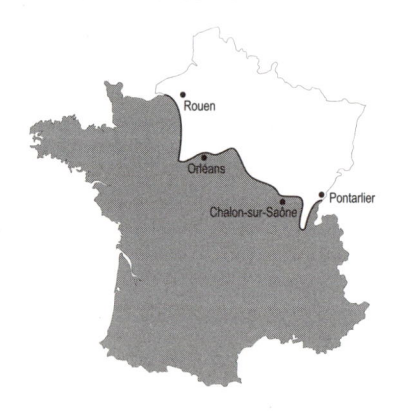

---

1. Titre du premier chapitre de *L'Identité de la France*, Fernand Braudel, Arthaud-Flammarion, 1986.

3. Les paysages

- ❏ paysages de champs ouverts/enclos
- ❏ pays de droit coutumier/pays de droit romain écrit
- ❏ pays de langue d'oïl/pays de langue d'oc

2. Autre variation dans le paysage, la forme des toits... Sauriez-vous aider le cartographe distrait à achever sa carte en légendant chacune des zones numérotées ?

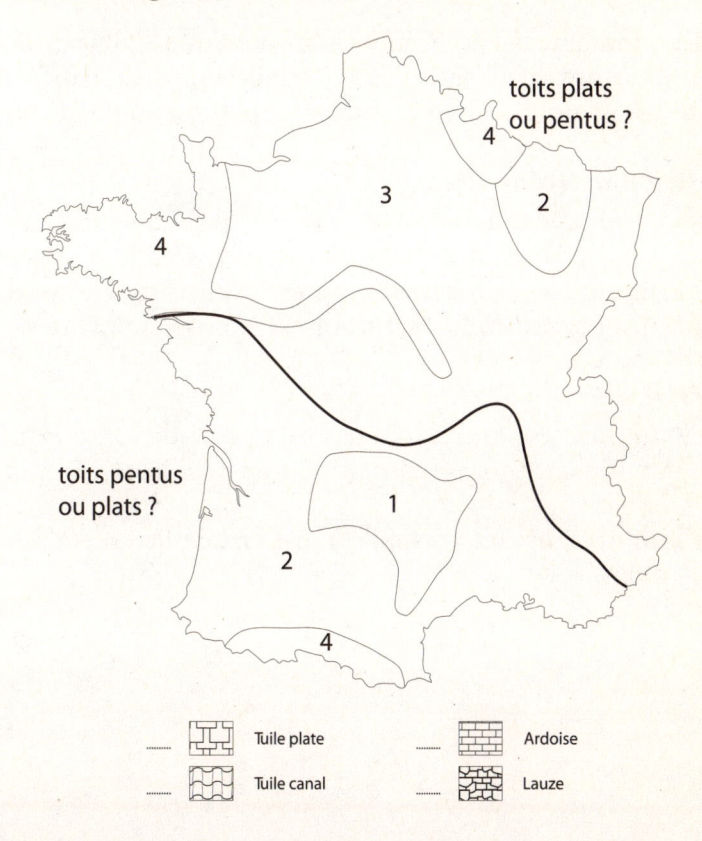

tuile canal : tuile arrondie assemblée deux par deux, une tuile dessus avec le dos en haut, une tuile dessous avec le dos en bas.

lauze : pierre plate (schiste ou calcaire), de taille irrégulière, utilisée comme couverture.

299

VII. LA GÉOGRAPHIE EST UN JEU

3. Savez-vous de quand date le premier parc naturel national en France ?
❏ 1872   ❏ 1963   ❏ 1982

4. Connaissez-vous la longueur du littoral français ?
❏ 5 533 km   ❏ 6 993 km

5. En montagne, et en France métropolitaine, l'ubac désigne un versant bien particulier. Parmi cette liste d'affirmations au sujet de l'ubac, cochez celles qui sont exactes.

Position astronomique
❏ un ubac est un versant qui est exposé au sud
❏ un ubac est un versant qui est exposé à l'est
❏ un ubac est un versant qui est exposé vers le nord
❏ un ubac est un versant qui est exposé vers l'ouest

Climat
❏ un ubac est un versant qui est ensoleillé toute l'année
❏ un ubac est un versant qui est ensoleillé en hiver seulement
❏ un ubac est un versant qui est ensoleillé en été seulement

3. Les paysages

Réponses

1. Paysages de champs ouverts/enclos.

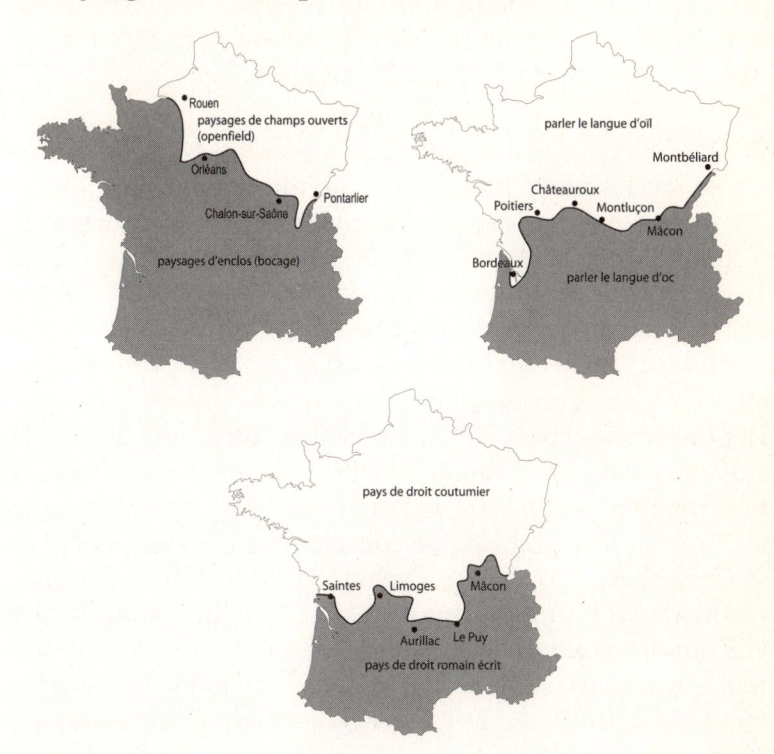

La centralisation monarchique puis républicaine a fait disparaître les contrastes anciens, comme la coupure juridique qui séparait les pays de droit écrit, introduit par la colonisation romaine, des pays de droit coutumier, d'origine germanique et transmis oralement, ou encore la division linguistique entre la façon de dire oui dans le Nord (« oc ») et dans le Sud (« oïl »). En revanche, et malgré l'arrachage des haies qui a accompagné les remembrements pendant des années dans l'Ouest, la division entre pays de champs ouverts (pays d'openfield) et pays de bocage est encore bien visible dans les paysages. Contrairement à ce qu'on pense souvent, elle n'est pas toujours très ancienne, et bien des régions ne se couvrent de haies qu'à l'époque moderne, au fur et à mesure de l'appropriation de terres jusque-là non cultivées, voire au XIXe siècle (en Vendée par exemple), sous l'effet de la multiplication des petites exploitations.

2. 1963.
La loi sur les parcs nationaux date du 22 juillet 1960 mais le premier parc, celui de la Vanoise (Savoie), voit le jour le 6 juillet 1963, quelques mois avant celui de Port-Cros, le 14 décembre de la même année. La France n'est pas en avance, puisque ce sont les États-Unis qui ont créé le premier parc naturel du monde (parc national de Yellowstone en 1872).
Depuis février-mars 2007, avec la création des parcs de Guyane et de La Réunion, la France compte neuf parcs nationaux : Vanoise (63), Port-Cros (63), Pyrénées (67), Cévennes (70), Écrins (73), Mercantour (79), Guadeloupe (89), Parc Amazonien en Guyane (février 2007), Parc des Hauts de La Réunion (mars 2007). Les débats sont encore vifs quant à l'opportunité de créer de nouveaux parcs nationaux, notamment dans des zones fortement urbanisées comme la forêt de Fontainebleau et les calanques de Marseille-Cassis...

3. 5 533 km ou 6 993 km.
Les deux réponses sont exactes : 5 533 km correspond au linéaire côtier métropolitain, auquel on ajoute les 1 460 km de côtes des **DOM-TOM** pour obtenir un total de 6 993 km. C'est du moins la mesure officielle, fondée sur la carte IGN au 1/100 000. La longueur du littoral dépend en effet beaucoup du degré de détail qu'offre la carte... Le Conservatoire du littoral assure la protection d'environ 880 km de rivages maritimes, ce qui représente 100 000 ha de littoral (situation en juin 2006), soit la moitié exactement de l'objectif

assigné au Conservatoire en 1995 : 200 000 ha et 22 % du linéaire côtier en 2050.

4.
Position astronomique
Un ubac est un versant qui est exposé vers le nord.
Tourné vers le nord, l'ubac est plus frais, plus ombragé, et cela se voit dans le paysage : on y trouve le plus souvent des forêts de conifères alors que les villages et les alpages sont plutôt sur le versant d'en face, l'adret. La mention « en France métropolitaine » est importante, car cette position astronomique de l'ubac est évidemment inverse dans les pays tempérés de l'hémisphère sud.

Climat
Un ubac est un versant qui est ensoleillé en été seulement.
La position du versant par rapport à la course du soleil fait que celui-ci n'éclaire vraiment l'ubac que durant la période estivale, lorsqu'il est très haut sur l'horizon. La mention « en France métropolitaine » est importante car l'opposition adret/ubac ne joue évidemment pas aux latitudes intertropicales, où le soleil est constamment presque au zénith.

Le terme d'ubac a été emprunté aux Alpes. On l'appelle aussi *envers* dans les Vosges, *ombret* dans les Pyrénées. L'antonyme[1] de l'ubac est l'*adret* (ou *endroit* dans les Vosges et *soulane* dans les Pyrénées).

---
1. Antonyme : mot de sens contraire.

4

La France, morceaux choisis

Le découpage administratif

Que n'a-t-on dit sur les bizarreries du découpage administratif français ! Trop de communes, des départements trop petits, des régions incongrues (un géographe, P. Estienne, a même parlé d'« injustifiables agrégats de départements »). Et un maillage impossible à réformer, où les instances se superposent au fil du temps, sans se remplacer. Et pourtant, quelle simplification depuis l'Ancien Régime !

1. Combien la France compte-t-elle de communes ?
   ❒ 30 107   ❒ 36 685   ❒ 41 301

2. En incluant les départements d'outre-mer, combien la France compte-t-elle de départements ?
   ❒ 100   ❒ 96   ❒ 83

3. De quand datent départements et régions ?
   ❒ 1700 et 1900
   ❒ 1852 et 1919
   ❒ 1790 et 1955

4. Quel est le plus petit département français (en superficie) ?
   ❒ le Territoire de Belfort   ❒ Paris   ❒ les Hauts-de-Seine

5. Vous avez trouvé le plus petit... mais quel est le plus grand (en métropole) ?
❒ Gironde ❒ Isère ❒ Calvados

6. Combien de départements comportent le nom de la Seine dans leur intitulé ?
❒ 4 ❒ 6 ❒ 8

VII. LA GÉOGRAPHIE EST UN JEU

Réponses

1. 36 685.
Au 1ᵉʳ janvier 2006… Le nombre total de communes (plus petite circonscription administrative placée sous l'autorité d'un maire, de ses adjoints et d'un conseil municipal) en France n'est en effet pas fixe et continue à évoluer, soit à la hausse par fractionnement, soit à la baisse par fusion de communes. Toujours est-il que la France détient le record d'Europe du nombre de communes. Nous avons environ la moitié des communes de l'Union européenne ! Par comparaison, l'Allemagne ne possède qu'environ 13 000 communes, l'Italie ou l'Espagne 8 000. Mais c'est le maillage du territoire le plus ancien (beaucoup de communes remontent à l'Antiquité) et les Français y sont si attachés que toutes les tentatives de réforme ont échoué. Les deux plus grandes communes de France sont Arles (759,68 km^2) et les Saintes-Maries-de-la-Mer (373,39 km^2) en Camargue. Pour briller en société, retenez enfin les communes françaises ayant le nom le plus court, Y (Somme), et le nom le plus long, Saint-Remy-en-Bouzemont-Saint-Genest-et-Isson (Marne).

2. 100.
Initialement 83 lors de leur création, les départements français ont connu beaucoup de variations dans leur nombre, au gré des annexions et des restitutions de territoires (jusqu'à 130 avec les annexions du premier Empire, 86 seulement pendant la période où l'Alsace-Lorraine est allemande). Les réorganisations de la région parisienne en 1964 et la division de la Corse en 1976 sont les dernières modifications d'envergure. Les départements français sont donc 96 en métropole et 4 outre-mer.

3. 1790 et 1955.
Les départements sont créés le 4 janvier 1790 par l'Assemblée constituante. Le découpage régional existe depuis 1955. La

« région de programme » n'est à cette date qu'un outil pour la planification et l'aménagement du territoire. Elle ne devient une collectivité territoriale, avec ressources propres et compétences transférées de l'État, qu'en 1982 (conseil régional élu au suffrage universel à partir de 1986).

4. Paris.
Paris (105 km²) est plus réduit que les Hauts-de-Seine (176 km²) et surtout que le Territoire de Belfort qui, bien que détaché du Haut-Rhin en 1871 car resté français, fait tout de même 609 km².

5. Gironde.
La Gironde (10 000 km²), l'Isère (7 431 km²) et le Calvados (5 548 km²) font tout de même pâle figure devant la Guyane et ses 83 534 km² !

6. 4.
En 1964, la Seine-et-Oise a disparu et le département de la Seine a été divisé en quatre en 1964 : outre Paris et le Val-de-Marne, sont alors créés les départements des Hauts-de-Seine et de la Seine-Saint-Denis, qui viennent s'ajouter aux déjà existants Seine-et-Marne et Seine-Maritime.

5

Françaises, Français...

La population

À l'heure où nos voisins européens se lamentent devant leurs berceaux vides, les Françaises surprennent par leur étonnante fécondité ! Ainsi s'explique l'évolution apparemment paradoxale du poids démographique du pays : la nette perte du poids de la France dans le monde s'accompagne d'une amélioration relative de la place de la France en Europe, seul continent à connaître depuis le milieu des années 1990 un « accroissement naturel négatif », doux euphémisme pour « déclin démographique ».

1. Combien sommes-nous (au 1er janvier 2007) ?
   ❏ 58 518 395   ❏ 61 538 000   ❏ 64 102 000

2. Près de 300 000 personnes ! En 2006, la France a enregistré ce nombre, qui n'avait plus été atteint depuis plus de trente ans. De quoi s'agit-il ?
   ❏ du solde naturel (les naissances moins les décès)
   ❏ de la baisse du nombre de décès sur les routes

3. Avec un indice de fécondité de 2 enfants par femme, la France est le deuxième pays européen le plus fécond derrière l'Islande (2,03). Classez ces régions françaises de la plus féconde à la moins féconde :

5. La population

Bourgogne – Corse – Guyane – Île-de-France – Limousin – Pays de la Loire.

4. Cela n'empêche pas que la population française vieillit… notamment sous l'effet de l'augmentation de l'espérance de vie. Quelle est en 2007 l'espérance de vie moyenne à la naissance des Françaises et des Français ?
- ❏ 84 ans pour les femmes ; 77,1 ans pour les hommes
- ❏ 77,1 ans pour les femmes ; 84 ans pour les hommes
- ❏ 80 ans pour les femmes ; 70,1 ans pour les hommes

Réponses

1. 64 102 000.
Il s'agit de l'estimation établie par l'Insee pour la France entière (métropole 61 538 000 + DOM 1 854 000 + Collectivités d'outre-mer 710 000). Nous avons passé le cap des 60 millions de Français au recensement de 1999 avec 60 185 831 habitants pour la France entière (dont 58 518 395 Français de métropole).

2. Du solde naturel (les naissances moins les décès).
Les naissances sont en forte augmentation en 2006 (+ 23 100 par rapport à 2005) et atteignent leur niveau le plus élevé depuis 1981. Le recul des décès (– 7 100) contribue aussi à la croissance naturelle, sans égale depuis plus de trente ans. L'excédent naturel est proche de 300 000 personnes. Le solde migratoire est estimé à 93 600 personnes. La France fait partie des pays de l'Union européenne pour lesquels le solde migratoire contribue le moins à l'accroissement de la population : les flux migratoires représentent plus d'un quart de l'accroissement contre plus des trois quarts pour l'ensemble de l'Europe des Vingt-Sept.

3. Guyane (4) – Pays de la Loire (1,98) – Île-de-France (1,95) – Bourgogne (1,78) – Limousin (1,55) et Corse (1,54).
Les deux extrêmes de la liste détiennent chacun le record parmi toutes les régions françaises. Le seuil de remplacement des générations est estimé à 2,06 enfants par femme. Parmi les onze départements français qui atteignent ou dépassent ce seuil, on trouve les départements où la population est la plus jeune. À l'inverse, les départements les plus vieillis se classent bons derniers. Au niveau des départements métropolitains, le plus fécond est la Mayenne (2,17) et le moins fécond la Haute-Vienne (1,46).

4. 84 ans pour les femmes ; 77,1 ans pour les hommes.
La progression de l'espérance de vie est continue. Elle est aujourd'hui plus rapide pour les hommes que pour les femmes. Courage, messieurs ! En mars 2007, le doyen des Français était Aimé Avignon, 110 ans, et la doyenne, Marie-Simone Capony, 113 ans. On leur souhaite d'atteindre le record mondial, toujours détenu par la célèbre Jeanne Calment, née en 1875 et décédée en 1997 à l'âge de 122 ans et 164 jours.

Au 1er janvier 2007, 10,3 millions de personnes sont âgées de 65 ans ou plus, soit 16,2 % de la population. Elles représentaient moins de 15 % de l'ensemble en 1994. À l'inverse, 15,8 millions d'habitants ont moins de 20 ans, soit exactement un quart de la population. Malgré six années consécutives de naissances nombreuses depuis le tournant du siècle, la part des plus jeunes continue de diminuer : en 1994, 26,7 % de la population était âgée de moins de 20 ans.

6
Des villes à la campagne[1] ?

Villes et campagnes

Quand on évoque les villes françaises, c'est d'abord l'hypertrophie de la région capitale qui étonne : près d'un Français sur cinq habite Paris ou sa région. Ensuite, l'attention est retenue par la difficulté même de définir ce qu'est la ville et ce qu'est la campagne. Comme disait Gide : « Les campagnes commencent là où finissent les villes… mais précisément, elles n'en finissent pas les villes[2]. » Les Anglo-Saxons parlent d'*urban sprawl* (littéralement « étalement urbain ») pour décrire l'extension des villes qui semble inexorable. Alors, sommes-nous tous un peu des citadins ?

1. Au recensement de 1999, Paris compte 2 147 857 habitants. Quelle est la deuxième commune de France en terme de population et combien de fois est-elle plus petite ?
   ❐ Lyon, 4 fois et demie plus petite
   ❐ Marseille, 2 fois et demie plus petite
   ❐ Lyon, 2 fois et demie plus petite
   ❐ Marseille, 4 fois et demie plus petite

---

1. On attribue à Alphonse Allais la boutade : « On devrait construire les villes à la campagne car l'air y est plus pur ! »
2. *Paludes* (1895).

6. Villes et campagnes

2. Mulhouse et Lorient sont deux sous-préfectures présentant la même particularité par rapport aux préfectures dont elles dépendent. Laquelle ?

3. À partir de combien d'habitants une commune est-elle appelée une ville (ou unité urbaine) en France ?
❐ 1 500 ❐ 2 000
❐ 2 500 ❐ 10 000

4. Si l'on retient donc cette définition de l'Insee, depuis quelle année la France compte-t-elle plus d'urbains que de ruraux ?
❐ 1914 ❐ 1931
❐ 1945 ❐ 1975

Réponses

1. Marseille, 2 fois et demie plus petite.
Attention, il s'agit bien ici des communes et non des agglomérations[1]. La commune de Marseille comptait au recensement de 1999 807 071 habitants, quand celle de Lyon n'enregistrait que 453 187 habitants (elle est donc bien 4 fois et demie plus petite que Paris). Même si l'on prend en compte les agglomérations, Lyon n'est plus deuxième puisque avec 1 348 832 habitants, elle se fait coiffer au poteau par l'agglomération de Marseille, forte de 1 349 772 habitants. On notera que Lille, dont l'agglomération est millionnaire et apparaît de ce fait souvent comme la « troisième ville de France », n'est en réalité qu'une ville modeste avec 219 597 habitants, soit moins qu'à Toulouse, Nice ou même Montpellier...

Vous constatez que toutes les régions n'ont pas une grande aire urbaine à leur tête...
Mais au fait, savez-vous bien ce qu'est une « aire urbaine », selon l'Insee ? Une aire urbaine est un ensemble de communes, d'un seul tenant et sans enclave, constitué par un pôle urbain, et par des communes (qu'elles soient urbaines ou rurales) dont au moins 40 % de la population résidente ayant un emploi travaille dans le pôle ou dans des communes attirées par celui-ci[2]. En 1999, la France métropolitaine comptait 354 aires urbaines regroupant 77 % de la population. Du fait d'une polarisation croissante, leur nombre diminue et leur population totale augmente.

---

[1]. Agglomération : ensemble urbain formé par une ville et sa banlieue. Une agglomération comporte donc plusieurs communes.
[2]. Pour simplifier, on peut dire que l'aire urbaine de l'Insee correspond à l'agglomération élargie aux communes rurales proches. Si l'on considère l'aire urbaine et non l'agglomération, Lyon est bien au deuxième rang.

2. Mulhouse et Lorient sont toutes deux des sous-préfectures plus peuplées que la préfecture dont elles dépendent administrativement :
Mulhouse : 112 002 habitants
Colmar, la préfecture du Haut-Rhin : 67 163 habitants
Lorient : 61 844 habitants
Vannes, la préfecture du Morbihan : 54 773 habitants

3. 2 000.
En France, le seuil est de 2 000 habitants agglomérés (moins de 200 m entre les habitations). À l'étranger, le seuil est de 250 habitants au Danemark, de 300 en Islande, de 1 000 au Canada, de 2 500 aux États-Unis, de 10 000 en Espagne, de 30 000 à 50 000 au Japon... Les Nations unies se réfèrent quant à elles au seuil de 20 000 habitants. On comprendra aisément que, dans ces conditions, toute statistique internationale sur l'« urbanisation » du monde soit à prendre avec des pincettes ! Quant à l'appellation « ville moyenne », elle peut avoir une signification variable : en France, la Fédération nationale des villes moyennes regroupe les maires de communes comprises entre 20 000 et 100 000 habitants.

4. 1931.
Par rapport à l'Angleterre ou l'Allemagne, la France a connu une urbanisation plus tardive.

7
Aux champs, compagnons et compagnes[1] !
L'agriculture

La France, forte de la diversité de ses terroirs et de ses traditions, est la première puissance agricole européenne et le deuxième pays exportateur de produits agricoles dans le monde. Et pourtant rien ne va plus dans nos campagnes : les médias ne parlent que d'OGM, de vache folle, de grippe aviaire… Mais l'essentiel est ailleurs : les agriculteurs disparaissent ! Leur déclin est-il inéluctable ?

1. Quel pourcentage du territoire français occupent les terres agricoles ?
   ❐ 36 % ❐ 56 % ❐ 76 %

2. Combien reste-t-il de « fermes » en France en 2007 ?
   ❐ moins de 550 000 ❐ 700 000 ❐ 1 000 000

3. Établie il y a tout juste cinquante ans, dans un but résolument protectionniste et productiviste, je suis aujourd'hui critiquée et réformée, qui suis-je ?

---

[1]. Victor Hugo, « Le poète bat aux champs », in *Les Chansons des rues et des bois* (1865).

7. L'agriculture

4. Quelle est la première région agricole de France ?

5. Lequel de ces sigles n'est pas un dispositif d'aide à l'agriculture ?
IVD – DJA – ESB – CAD – PHAE.

Réponses

1. 56 %.
Avec 29 557 000 ha, la surface agricole utilisée (SAU) française est la première de l'Union européenne à 27, devant l'Espagne. Pourtant, elle diminue en moyenne chaque année de 0,5 %. Mais quelle est la différence entre une surface agricole utilisée et une surface agricole utile ? La surface agricole utilisée est composée des terres labourables, des cultures permanentes ou non (y compris les terrains en préparation et en jachère), des pâturages (ou surfaces toujours en herbe, STH) et des jardins familiaux. La surface agricole utile comprend en sus les chemins et friches non productives ainsi que des sols des bâtiments et cours de ferme.

2. Moins de 550 000.
545 000 exactement en 2005. Elles étaient plus de 2 280 000 en 1955. Moins nombreuses, elles sont en revanche de plus en plus grandes (surface moyenne 14 ha en 1955, 51 ha aujourd'hui). Quant à la population active agricole totale (les chefs d'exploitations + les salariés familiaux + les employés), elle s'élève à 1 100 000 personnes mais leur nombre décroît rapidement : les agriculteurs ne représentent plus que 3,5 % de la population active.

3. La politique agricole commune (PAC).
Prévue par le traité de Rome en 1957, la PAC entre en vigueur en 1962 sur la base de quatre grands principes : des prix minimum garantis pour les producteurs, la libre circulation des produits agricoles dans le cadre d'un marché commun, la solidarité financière (c'est-à-dire que les dépenses sont prises sur le budget de la CEE) et la préférence communautaire (protège le marché européen des importations à bas prix et des fluctuations du marché mondial). La PAC a incontestablement abouti à une moderni-

sation sans précédent des agricultures européennes. Elle est toujours la plus importante des politiques communes (elle absorbe près de la moitié du budget communautaire). Victime de son succès, elle a aussi conduit à une crise de surproduction chronique dans plusieurs secteurs et suscite de nombreuses polémiques au sein de l'Union et dans les pays tiers, notamment les États-Unis. Les réformes successives de la PAC ont abouti à de nouveaux principes : le « découplage » (l'exploitant agricole n'est plus subventionné en proportion des volumes qu'il produit) et la « conditionnalité des aides » (les aides découplées ne sont versées que si l'agriculteur respecte certaines normes, notamment environnementales).

4. La Bretagne.
Passant d'une agriculture familiale semi-autarcique à une agriculture moderne de marché, la Bretagne est la région française qui sur le plan agricole a connu les plus intenses bouleversements depuis les années 1960. Elle a intensifié de manière considérable ses productions animales et ses cultures légumières. La Bretagne, c'est 56 % de la production nationale de porcs, 21 % de la production de lait, 31 % des œufs et poulets (en terme de chiffre d'affaires). Mais les problèmes environnementaux (pollution des nappes, algues vertes, etc.) et la contrainte des marchés mettent en évidence les limites de ce « modèle agricole breton » (production intensive orientée vers l'exportation).

5. ESB (encéphalite spongiforme bovine).
Cette épizootie n'a évidemment rien fait pour arranger la situation de nos éleveurs !
L'IVD (indemnité viagère de départ) est un complément de retraite versé par l'État pour encourager les agriculteurs âgés à vendre ou louer à des jeunes. La DJA (dotation jeune agriculteur) permet à tous les jeunes agriculteurs d'avoir accès à un prêt à long terme identique et à faible coût pour financer la reprise de l'exploitation et les travaux de moder-

nisation nécessaires. On voit que la question de la pérennité des exploitations agricoles est cruciale...
Les autres aides montrent que le métier d'agriculteur a changé : il ne s'agit plus seulement de produire, mais aussi d'entretenir le paysage et la nature. En signant pour cinq ans un CAD (contrat d'agriculture durable), l'agriculteur s'engage à lutter contre l'érosion, préserver la qualité des sols, la ressource en eau, la biodiversité, les paysages, etc. La PHAE (prime herbagère agroenvironnementale) cherche à inciter les agriculteurs à adopter des mesures agroenvironnementales (en faisant paître son troupeau sur de grandes surfaces, même si cela n'est pas rentable économiquement, l'agriculteur contribue à la sauvegarde des paysages, en empêchant la forêt de remplacer les prés).

8
Travailleuses, travailleurs
L'industrie et l'aménagement du territoire

« La France aura-t-elle encore des usines dans dix ans ? » La question que se posent les experts[1] a le mérite d'être claire ! La productivité industrielle de la France n'a jamais été aussi forte, mais les actualités ne cessent d'égrener les usines qui « dégraissent », qui ferment ou délocalisent. La rançon de la mondialisation semble bien être pour la France une certaine désindustrialisation. Mais n'est-ce pas plutôt l'industrie elle-même et son rapport au territoire qui changent de nature ?

1. Combien d'actifs travaillent dans l'industrie en France (hors construction) ?
   ❏ 1 sur 6   ❏ 1 sur 4   ❏ 1 sur 2

2. Quelle est la région la plus industrielle de France ? Choisissez le bon graphique.

---

1. Lionel Fontagné et Jean-Hervé Lorenzi dans leur rapport sur ce thème au Conseil d'analyse économique (La Documentation française, 2005).

VII. LA GÉOGRAPHIE EST UN JEU

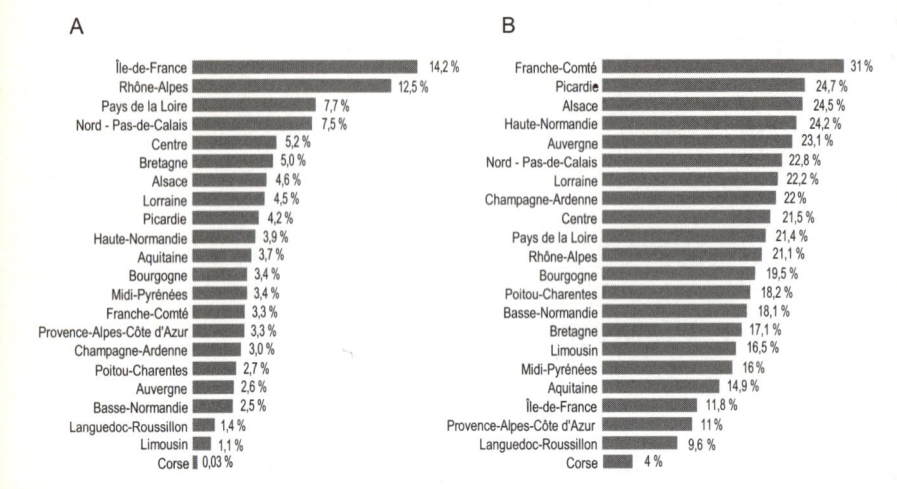

A

Île-de-France	14,2 %
Rhône-Alpes	12,5 %
Pays de la Loire	7,7 %
Nord - Pas-de-Calais	7,5 %
Centre	5,2 %
Bretagne	5,0 %
Alsace	4,6 %
Lorraine	4,5 %
Picardie	4,2 %
Haute-Normandie	3,9 %
Aquitaine	3,7 %
Bourgogne	3,4 %
Midi-Pyrénées	3,4 %
Franche-Comté	3,3 %
Provence-Alpes-Côte d'Azur	3,3 %
Champagne-Ardenne	3,0 %
Poitou-Charentes	2,7 %
Auvergne	2,6 %
Basse-Normandie	2,5 %
Languedoc-Roussillon	1,4 %
Limousin	1,1 %
Corse	0,03 %

B

Franche-Comté	31 %
Picardie	24,7 %
Alsace	24,5 %
Haute-Normandie	24,2 %
Auvergne	23,1 %
Nord - Pas-de-Calais	22,8 %
Lorraine	22,2 %
Champagne-Ardenne	22 %
Centre	21,5 %
Pays de la Loire	21,4 %
Rhône-Alpes	21,1 %
Bourgogne	19,5 %
Poitou-Charentes	18,2 %
Basse-Normandie	18,1 %
Bretagne	17,1 %
Limousin	16,5 %
Midi-Pyrénées	16 %
Aquitaine	14,9 %
Île-de-France	11,8 %
Provence-Alpes-Côte d'Azur	11 %
Languedoc-Roussillon	9,6 %
Corse	4 %

3. On n'extrait plus du tout de charbon du sous-sol français. Quand et où a fermé la dernière mine ?
  ❐ en 2004 en Lorraine
  ❐ en 2004 dans le Nord-Pas-de-Calais
  ❐ en 1990 en Lorraine
  ❐ en 1990 dans le Nord-Pas-de-Calais

4. Salsigne, près de Carcassonne, dans l'Aude, est connu pour ses mines...
  ❐ d'uranium ❐ de sel ❐ d'or ❐ de potasse

Réponses

1. 1 sur 6.

Répartition des actifs ayant un emploi en 2005

Secteur d'activité économique	en %
Agriculture, sylviculture et pêche	3,8
Industrie	16,6
dont : Industries agricoles et alimentaires	*2,7*
Industries des biens de consommation	*2,8*
Industrie automobile	*1,3*
Industries des biens d'équipement	*3,3*
Industries des biens intermédiaires	*5,6*
Énergie	*0,9*
Construction	6,4
Tertiaire	72,8
Activité indéterminée	0,3
Ensemble	**100,0**

Champ : France métropolitaine, actifs occupés de 15 ans ou plus.
Source : Insee, enquête emploi de 2005.

En fait, la question est plus délicate qu'il n'y paraît, car qu'entend-on au juste par « l'industrie » ? Un important mouvement de tertiarisation de l'emploi industriel rend toute répartition par secteurs aléatoire. Un exemple : autrefois, les personnes qui assuraient le gardiennage ou le ménage étaient des salariés de l'usine, aujourd'hui, elles sont salariées d'une entreprise de services sous-traitante et ne sont donc plus comptabilisées dans l'emploi industriel. Et il en va de même pour des pans entiers de l'activité dite « industrielle ». Peut-on dans ces conditions parler de « désindustrialisation » de la France ? En apparence oui, puisque les employés de l'industrie représentaient encore un quart des emplois dans les années 1980 (un tiers même si on inclut la construction). Il est certain que depuis la crise de 1974, l'industrie perd des emplois. Les régions les plus touchées sont les anciennes régions industrielles du Nord-Est et l'Île-de-France, mais toutes les régions sont concernées (seule la région Bretagne a un solde positif de création d'emploi industriel). Mais si la part de l'industrie dans l'emploi baisse, la part de l'industrie dans la richesse créée augmente, car les gains de productivité y sont plus rapides que dans les services.

2. A et B.
Tout dépend de ce qu'on entend par « région la plus industrielle » ! Le graphique A représente le rang des régions dans l'emploi industriel en 2002 (France métropolitaine = 100 % = 3 003 703 emplois). L'Île-de-France et Rhône-Alpes sont les « plus industrielles » puisqu'elles regroupent plus du quart de l'emploi industriel français. Le graphique B montre quant à lui le poids de l'industrie dans la valeur ajoutée régionale en 2002, donc la part de l'industrie dans l'économie de chaque région. La région Île-de-France n'est plus qu'en 19e position, car le tertiaire y joue un rôle économique grandissant et la Franche-Comté, région de tradition industrielle (horlogerie, lunetterie, jouets, agroalimentaire), apparaît comme « la plus industrielle ». Quand on vous dit qu'on peut tout faire dire aux statistiques !

3. En 2004 en Lorraine.
En avril 2004, avec la remontée des dernières tonnes de houille de la veine Albert, le siège de La Houve (Lorraine) clôt la grande épopée du charbon français. En décembre 1990 avait fermé le puits d'Oignies (Pas-de-Calais). Le charbon utilisé par l'industrie française est désormais intégralement importé. L'Australie occupe le premier rang de nos fournisseurs, suivie de l'Afrique du Sud, de la Colombie

et des États-Unis : à eux seuls, ces quatre pays assurent près de 70 % de nos importations.

4. D'or.
En 2004, la dernière mine d'or de Salsigne a fermé, après plus d'un siècle d'exploitation. Parmi les richesses du sous-sol encore exploitées en France métropolitaine, il ne reste plus guère que les hydrocarbures (en Île-de-France, Aquitaine et Alsace) et le sel (en Lorraine).

9

Vamos a la playa
Le tourisme et les transports

La France reste la première destination mondiale pour les touristes, devant l'Espagne et les États-Unis. Son patrimoine, ses paysages et son « art de vivre » lui assurent une position privilégiée sur le marché du tourisme. Notre économie s'en délecte, notre fierté nationale s'en réjouit, nos territoires en souffrent parfois. Mais que ne ferait-on pas pour être à la hauteur de notre réputation ?

1. Combien la France accueille-t-elle de touristes étrangers sur son sol chaque année ?
   ❐ 52 millions ❐ 70 millions
   ❐ 78 millions ❐ 107 millions

2. De quelle nationalité sont nos principaux visiteurs ? Sauriez-vous classer les touristes suivants des plus nombreux aux moins nombreux ?
   Allemands – Américains (États-Uniens) – Britanniques et Irlandais – Hollandais – Japonais.

3. Quel est le pourcentage de Français qui partent chaque année en vacances (au moins une nuit) ?
   ❐ les deux tiers ❐ les trois quarts
   ❐ 90 % ❐ la totalité

4. Quel est le site touristique le plus visité de France ?
- ❒ Centre Georges-Pompidou (Beaubourg)
- ❒ tour Eiffel
- ❒ Disneyland Paris
- ❒ musée du Louvre
- ❒ château de Versailles

VII. LA GÉOGRAPHIE EST UN JEU

Réponses

1. 78 millions (en 2006).
Cela fait des années que la France caracole en tête des statistiques mondiales et le nombre croît tous les ans. La présence de touristes étrangers en France métropolitaine, un jour donné, varie de 0,6 million (en décembre) à 4 millions (en août), ce qui fait une moyenne annuelle de 1,6 million. Le tourisme assure environ 4,3 % de l'emploi salarié total selon l'Insee : il y a plus de gens employés dans le tourisme que d'agriculteurs en France ! Les dépenses des touristes étrangers en France s'élevaient à 34 milliards d'euros en 2005, alors que les dépenses des Français à l'étranger n'atteignaient que 25,1 milliards d'euros. Le poste touristique représente donc un solde positif de 8,9 milliards d'euros pour la balance des paiements. C'est même souvent le premier poste excédentaire en volume. Mais attention, la Chine pourrait détrôner la France en 2020, selon l'Organisation mondiale du tourisme (OMT)...

2. Britanniques et Irlandais (19,7 %) – Allemands (17,4 %) – Hollandais (15,3 %) – Américains (États-Uniens) (3,6 %) – Japonais (0, 9 %).
Après les trois premiers, viennent d'autres Européens, dans l'ordre : les Belges et les Luxembourgeois, les Italiens, les Espagnols et les Suisses. Le tourisme en France est donc surtout une affaire d'Européens (plus de 80 % des visiteurs). Américains et Japonais n'arrivent respectivement qu'en 8e et 9e position. Le classement est tout différent si l'on considère non pas seulement les arrivées mais la part dans les recettes. Champions du shopping, les Américains se placent alors en deuxième position, juste derrière les Britanniques. Enfin, ils n'apparaissent pas encore dans le palmarès de tête mais les choses pourraient bien rapidement changer : les Chinois sont de plus en plus nombreux

à visiter la France : 400 000 en 2003, 700 000 en 2004, autour du million aujourd'hui... Il ne fait aucun doute que l'avenir du tourisme dans le monde passe par la Chine. Les Chinois deviendront ainsi la première ou la deuxième nationalité de visiteurs « long-courriers » en France devant les Américains ou les Japonais.

3. Les trois quarts.
73,8 % exactement. On est plus proche des deux tiers en revanche si on ne retient que ceux qui ont passé au moins 4 nuitées hors de leur domicile. Les Français qui partent à l'étranger (Dom-Tom compris) sont encore moins nombreux, seulement 23 %. Les vacances restent un des marqueurs forts de la fracture sociale.

4. Disneyland Paris.
Certes, notre chauvinisme en prend un coup ! Le site touristique le plus visité chaque année en France est un parc d'attractions... d'origine américaine. Avec 12,4 millions de visiteurs en 2004, il devance très nettement le musée du Louvre (6,6 M), la tour Eiffel (6,2 M), le Centre Pompidou (5,4 M) et le château de Versailles (3,3 M). Le premier parc d'attractions « gaulois », le Parc Astérix, arrive en 9e position (1,8 M). On aura noté que ce palmarès fait la part belle aux sites franciliens : les sites les plus visités en province sont le Futuroscope de Poitiers, encore un parc d'attractions ! (1,4 M), puis le zoo de Lille (1,2 M), le Puy du Fou (1,1 M) et enfin l'abbaye du Mont-Saint-Michel (1,1 M).

10

Une certaine idée de la France
La France dans le monde

Depuis qu'elle a perdu ses colonies, la France se console avec ses confettis d'empire et l'influence qu'elle conserve dans le monde grâce aux réseaux de la francophonie. Notez que c'est un géographe, Onésime Reclus, qui a inventé le concept de francophonie en 1880 dans *France, Algérie et colonies*... Il fallait bien « une certaine idée de la France » pour que de Gaulle obtînt un siège au Conseil de sécurité de l'ONU. Mais la petite France a-t-elle vraiment à rougir de sa place dans le monde, maintenant que son destin est arrimé à celui de la grande Europe ?

1. Sachant que la première ZEE[1] du monde est celle des États-Unis avec 11,3 millions de km², quelle est la taille de la ZEE française ?
   ❐ 11 M km² ❐ 9 M km² ❐ 5,4 M km² ❐ 3,8 M km²

2. Depuis 2003, les DOM-TOM ont changé de nom. Comment doit-on les appeler dorénavant ?
   ❐ les DROM, COM et POM
   ❐ les RUP et PTOM
   ❐ les PIM, PAM et POUM

---
1. La zone économique exclusive désigne la partie de la mer sur laquelle un État est souverain.

10. La France dans le monde

3. L'influence de la France dans le monde, c'est aussi le nombre de francophones. Ils sont estimés à 175 millions, sur les cinq continents. Mais savez-vous dans combien de pays le français est langue officielle ?
❏ 12 ❏ 22 ❏ 32 ❏ 42

4. Et les Français de l'étranger, tous ces expatriés temporaires ou définitifs, combien sont-ils à votre avis ?
❏ moins de 500 000 ❏ environ 1 million
❏ entre 2 et 3 millions ❏ plus de 3 millions

5. Parmi ce que l'on appelle les « frontaliers », quel groupe est le plus nombreux ?
❏ les résidents en France qui travaillent à l'étranger
❏ les résidents à l'étranger qui travaillent en France

6. La France est-elle oui ou non une grande puissance économique ? Quel rang occupe-t-elle parmi les grands exportateurs et importateurs du monde ?
❏ le 2e rang ❏ autour du 5e rang
❏ autour du 10e ❏ au-delà du 15^e

7. Quel est le premier pays client et fournisseur de la France ?
❏ le Royaume-Uni ❏ les États-Unis ❏ l'Allemagne
❏ le Japon ❏ l'Italie

> VII. LA GÉOGRAPHIE EST UN JEU

Réponses

1. 11 M km².
Par ses possessions insulaires, la France est présente dans tous les océans du globe. La ZEE (zone économique exclusive) mesure cette puissance maritime. Le droit international de la mer distingue *la mer territoriale* sur 12 milles (21,9 km) au-delà de la côte, *la zone économique exclusive* sur les 188 milles (348,2 km) suivants, soit au total 200 milles (370,1 km) de droit souverain. La France se situe juste au deuxième rang derrière les États-Unis, grâce bien sûr aux 9 M km² de ZEE que lui valent ses territoires ultramarins. Elle arrive ainsi loin devant des archipels comme l'Indonésie (5,4 M km²) ou le Japon (3,8 M km²). Pour un pays qui ne représente que 0,4 % des terres émergées, ce n'est pas mal, non ?

2. DROM, COM et POM ou **RUP et PTOM.**
Depuis la loi de 2003, on ne doit plus parler des DOM-TOM, Département et Territoire d'outre-mer, mais des DROM (Département et Région d'outre-mer : Guadeloupe, Martinique, Guyane et La Réunion) et des COM (Collectivité d'outre-mer : Corse, Mayotte et Saint-Pierre-et-Miquelon). La Polynésie française et la Nouvelle-Calédonie deviennent des POM (Pays d'outre-mer). La dénomination TOM n'est conservée que pour les terres Australes. Il s'agit bien sûr davantage que d'un simple changement de nom. C'est aussi une façon de reconnaître la particularité administrative de ces territoires, qui sont à la fois régions et départements (régions monodépartementales). La différence avec les régions de la métropole, c'est qu'il y a un seul préfet pour la région et le département dans les DROM. La loi de 2003 leur donne plus d'autonomie dans le domaine législatif (pouvoir de modifier les lois de la République dans le sens des particularités de l'île). Quant au statut de POM, il accorde

beaucoup plus d'autonomie ; c'est un statut en attente d'une réforme constitutionnelle qui pourrait éventuellement aboutir à l'indépendance. Ajoutons que Saint-Martin et Saint-Barthélemy, qui sont pour l'instant des communes de la Guadeloupe, ont demandé à devenir des COM.

Mais on peut aussi les dénommer RUP et PTOM si l'on opte pour la nomenclature de l'Union européenne ! Ces îles et territoires sont en effet des RUP (Région ultra périphérique) de l'Europe, au même titre que les Canaries et les Açores. Attention : la Nouvelle-Calédonie, la Polynésie française, Wallis-et-Futuna et Saint-Pierre-et-Miquelon ne sont pas classés dans les régions périphériques mais parmi les PTOM (Pays et Territoire d'outre-mer)…

Si vous êtes perdu, rassurez-vous : l'acronyme[1] DOM-TOM est tellement populaire que son usage durera encore longtemps !

3. 32.

Grâce à son statut de langue officielle dans 32 pays (seule ou avec une ou plusieurs autres langues), le français reste la deuxième langue du monde sur le plan de l'importance politique. Le français n'est pas la langue maternelle de tous les citoyens dans la plupart des pays concernés, mais il occupe des positions stratégiques privilégiées comme langue administrative, d'enseignement ou tout simplement du commerce. L'Organisation internationale de la francophonie regroupe 55 États et gouvernements membres et 13 observateurs. La Conférence des chefs d'État et de gouvernement des pays ayant le français en partage, communément appelée Sommet, est l'instance suprême de la Francophonie et se réunit tous les deux ans.

---

1. Acronyme : sigle que l'on prononce comme un mot ordinaire (par exemple « ovni »).

4. Entre 2 et 3 millions.

Les données ne sont pas très fiables car tous les Français vivant à l'étranger ne s'inscrivent pas aux ambassades ou consulats. 1 268 524 Français sont inscrits au registre des Français établis hors de France et presque autant de Français ne seraient pas inscrits (chiffres de l'association ADFE – Français du monde).

5. Les résidents en France qui travaillent à l'étranger.

On estime le nombre de sorties de travailleurs frontaliers à 272 000 personnes, pour seulement 11 000 entrées. Les hauts niveaux de salaires et d'emplois au Luxembourg attirent par exemple beaucoup de Mosellans, tandis que les Luxembourgeois qui restent habiter dans le grand-duché et prennent un emploi en France sont rares.

6. Autour du 5e rang.

En matière d'exportations et d'importations de marchandises, la France vient après l'Allemagne, les États-Unis, la Chine et le Japon. Pour les services, elle se classe derrière les États-Unis, le Royaume-Uni, l'Allemagne et le Japon.

7. L'Allemagne.

Notre premier partenaire commercial est de loin l'Allemagne, avec 51 milliards d'euros d'exportations et 61,1 milliards d'importations en 2006. L'Espagne, qui arrive en deuxième position pour les exportations, ne représente que 34,4 milliards, et l'Italie, en deuxième position pour les importations, seulement 32,5, soit presque deux fois moins que les importations allemandes. Il faut noter que les cinq premiers partenaires de la France sont des pays européens ; les États-Unis n'arrivent qu'en 6e position (24,3 milliards d'euros d'exportations, 23,5 milliards d'importations). Alors, laissez tomber le chinois et mettez-vous à l'allemand !

Carte des régions, départements et préfectures

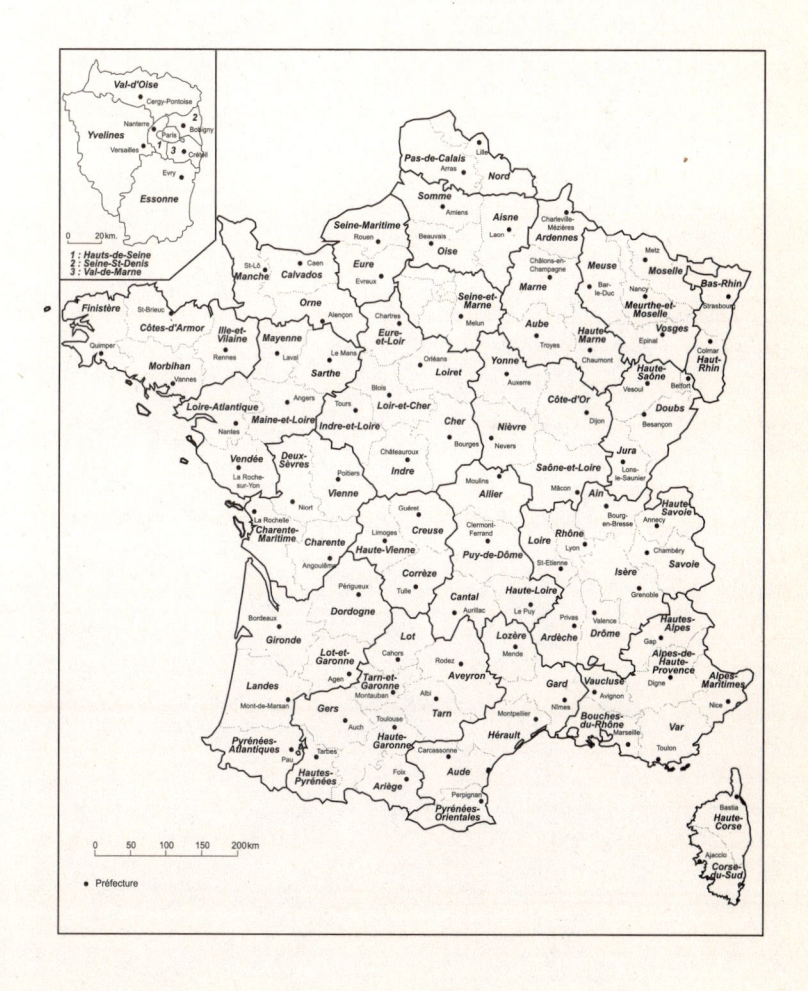

Huitième partie
L'histoire de France est un jeu
(Extraits)

par Jean-Michel Dequeker-Fergon

Jean-Michel Dequeker-Fergon

Jean-Michel Dequeker-Fergon est professeur agrégé d'histoire. Il est également l'auteur de plusieurs ouvrages, parmi lesquels *Paris est un jeu* (Librio n° 876).

Introduction

Une histoire de France en moins de cent pages...

Les plus tristes s'indigneront en pensant à une supercherie ; les esprits moins chagrins souriront en croyant à une plaisanterie. Mais ceci n'est qu'un jeu. Et l'on sait que les jeux les plus longs ne sont pas forcément les plus captivants.

Tout jeu a néanmoins ses règles. On a privilégié ici l'ordonnancement chronologique des faits et le court récit des grands « événements », en cherchant à offrir au lecteur ce qui – il n'y a pas si longtemps – était présenté dans les écoles comme les temps forts d'une mémoire « nationale ».

Gardons-nous de croire que nos grands-parents ou nos arrière-grands-parents maîtrisaient beaucoup mieux les grandes dates de leur histoire que ne le font aujourd'hui nos jeunes contemporains. Ne pleurons pas sur le niveau qui baisserait : nos aïeux aussi « séchaient » souvent sur « 1515, Marignan », ou sur les différentes assemblées qui se sont succédé pendant la Révolution... Au moins leurs livres de classe cherchaient-ils à scander le temps, à leur offrir des points de repère sans lesquels les informations se superposent dans la plus grande anarchie.

Le temps a passé de la remise en question de la chronologie au nom d'une pédagogie refusant le « par cœur », la récitation. L'histoire ne saurait certes se résumer à une succession de dates ; inversement, sans une certaine maîtrise de celles-ci, comment mettre un peu d'ordre dans ses idées ?

On a voulu ici prioritairement évoquer les grandes figures de notre histoire, de Vercingétorix à de Gaulle ; on a porté l'accent sur les principales étapes de la naissance de la nation, de la genèse et de l'affirmation de l'État, de l'enracinement de la République. Certes, privilégier ainsi l'histoire politique conduit à laisser de côté les aspects économiques et sociaux. Le choix est sans doute discutable, mais le format du livre l'exigeait.

Au moins chacun pourra-t-il retrouver dans ce très court ouvrage, au gré de son vagabondage, des événements dont il a connu jadis l'existence avant de les enfouir dans les recoins les plus cachés de sa mémoire, des hommes et des femmes dont le nom lui évoque plus ou moins quelque chose sans savoir exactement pourquoi.

Laissez-vous guider par le caractère ludique de ces quelques chapitres. Oubliez les sueurs froides qui vous guettaient à l'heure de la récitation de la sacro-sainte et terrifiante leçon d'histoire ; ne craignez plus le trou de mémoire pendant le « contrôle ». Vous peiniez à apprendre ? Eh bien, jouez maintenant...

Pour ceux qui veulent en savoir plus, beaucoup plus, voici quelques ouvrages de référence :

Histoire de France Hachette en 5 volumes, de Georges Duby, Emmanuel Le Roy Ladurie, François Furet et Maurice Agulhon, Hachette, 1987-1997.

Dictionnaire de l'histoire de France, sous la direction de Jean-François Sirinelli, Larousse, 2006.

Introduction

1515 et les grandes dates de l'histoire de France revisitées par les grands historiens d'aujourd'hui, sous la direction d'Alain Corbin, Seuil, 2005.

Jean-Michel DEQUEKER-FERGON

1

Nos ancêtres les Gaulois

Les origines de la France

On connaît la célèbre formule du général de Gaulle : « Je me suis toujours fait une certaine idée de la France. » Mais quelle idée au juste se faisait-il des *origines* de la France ? Où le chef de la France libre plaçait-il le point d'ancrage de notre histoire, lui qui déclarait à quelques semaines de distance : « Français ! Ah, Français ! *il y a quinze cents ans* que la patrie demeure vivante dans ses douleurs et dans ses gloires » (Alger, le 14 juillet 1943) ; puis, « *vingt siècles* peuvent attester qu'on a toujours raison d'avoir foi en la France » (Alger, 3 novembre 1943). Devenu président de la République, il s'est expliqué sur ces flottements chronologiques. Dans notre premier jeu, retrouvez les mots du Général, puis lancez-vous sur les traces de « nos ancêtres les Gaulois ».

1. Prenez des accents gaulliens ! Complétez ces mises au point du général de Gaulle en écrivant le nom des deux grandes figures historiques qui sont à ses yeux les héros fondateurs de la France : « Vingt siècles, c'est............. : il a été le premier résistant de notre race. Quinze siècles, c'est…….. , en mariant la Gaule romaine et le christianisme, le roi des Francs a vraiment créé la France. »

1. Les origines de la France

2. L'histoire de France commencerait par une défaite militaire. Cette défaite porte le nom de :
❏ Gergovie ❏ Alésia ❏ Bibracte

3. En quelle année cet événement « fondateur » s'est-il déroulé ?
❏ 58 avant J.-C. ❏ 52 avant J.-C. ❏ 46 avant J.-C.

4. Les Gaulois doivent subir la loi du conquérant en même temps qu'ils se coulent dans la civilisation romaine. Mais plusieurs siècles auparavant, les Grecs avaient eux aussi laissé leur marque en fondant un port en Gaule. Il s'agit de :
❏ Marseille ❏ Toulon ❏ Bordeaux

5. Voici quatre événements à relier à la bonne date :

31 décembre 406 •   • Les Huns sont battus par l'armée romaine

451 •   • Clovis vainc le général romain Syagrius, à Soissons

476 •   • Fin de l'Empire romain en Occident

486 •   • Des bandes de Suèves, d'Alains et de Vandales passent le Rhin et ravagent la Gaule

6. Indiquez le mot qui manque dans cette célèbre formule historique : « Souviens-toi du... de Soissons. »
❏ crâne ❏ vase ❏ piège

7. « Le bon roi Dagobert
Avait sa culotte à l'envers ;
Le grand saint Éloi lui dit :
"Ô mon roi,
Votre Majesté
Est mal culottée.
– C'est vrai, lui dit le roi,
Je vais la remettre à l'endroit." »

Ainsi commence une chanson fameuse. Mais Dagobert et saint Éloi ont-ils réellement existé ?
a. Oui, les deux ont existé.
b. Un seul a existé.
c. Non, aucun n'a existé.

Réponses

1. Vercingétorix ; Clovis.

2. Alésia (aujourd'hui Alise-Sainte-Reine, en Bourgogne). Jules César a organisé une formidable circonvallation[1] autour du plateau où s'est retranchée l'armée gauloise. À Gergovie, quelques mois plus tôt, Vercingétorix avait remporté une belle victoire. Bibracte, capitale des Éduens, est, quant à elle, l'une des villes gauloises fortifiées (*oppida*) les plus importantes.

3. 52 avant J.-C.
58 avant J.-C. marque le début de la guerre des Gaules entreprise par Jules César. On sait que le général, à des fins de propagande personnelle, a choisi d'en raconter l'histoire. 46 est la date de la célébration de son triomphe à Rome : lors de cette cérémonie, Vercingétorix est exhibé derrière le char de son vainqueur, avant d'être étranglé dans sa cellule.

4. Marseille (Massilia).
Des colons grecs de Phocée (Asie Mineure) ont fondé le comptoir de Marseille vers 600 avant J.-C. La prospérité de ce centre commercial est indéniable, mais la ville est davantage tournée sur la Méditerranée que vers l'intérieur des terres. L'influence grecque en Gaule ne saurait rivaliser avec celle de Rome.

---

[1]. Cette ligne de fortification était double, destinée d'une part à empêcher les Gaulois de tenter une sortie, de l'autre à briser toute offensive entreprise par une armée de secours.

5.

31 décembre 406	Les Huns sont battus par l'armée romaine
451	Clovis vainc le général romain Syagrius, à Soissons
476	Fin de l'Empire romain en Occident
486	Des bandes de Suèves, d'Alains et de Vandales passent le Rhin et ravagent la Gaule

Le 31 décembre 406, des bandes de Suèves, d'Alains et d'autres peuples franchissent le Rhin et parcourent la Gaule pendant trois ans avant de se diriger pour certains vers l'Espagne.

En 451, le chef hun Attila est vaincu non loin de Châlons-en-Champagne (champs Catalauniques) par l'armée romaine d'Aetius, épaulée par des contingents barbares. Les Huns repassent le Rhin.

En 476, le dernier empereur romain en Occident, Romulus Augustule, est déposé, mais l'importance de l'événement est toute relative tant l'autorité impériale était affaiblie. La fin de l'empereur ne signifie pas, du reste, la fin de la romanité : dans le Bassin parisien, subsiste ainsi l'armée du général Syagrius. Jusqu'à ce qu'en 486 elle soit défaite par Clovis et ses Francs, à Soissons.

6. Vase.

Cette affaire est censée se dérouler vers 486, près de Soissons, après la victoire des Francs contre l'armée romaine de Syagrius. Clovis n'est pas encore converti au christianisme mais il accepte de restituer à un évêque l'un des vases liturgiques confisqués dans le butin des Francs. D'après la légende, rapportée par Grégoire de Tours, le roi des Francs se serait alors heurté au refus de l'un de ses hommes qui aurait brisé le vase. Pour se venger, l'année suivante, Clovis lui fracasse la tête de sa hache en s'écriant : « C'est ainsi que tu as fait à Soissons avec le vase. » La valeur symbolique de cet événement, souvent rapporté avec ces mots (« Souviens-toi du vase de Soissons »), renseigne à la fois sur la coutume franque (partage égal du butin, droit de vie et de mort sur les guerriers) et sur la volonté du roi des Francs de se concilier l'Église.

7. a. Oui, les deux ont existé.
Dans l'histoire des Mérovingiens, Dagobert (629-639) et son père Clotaire II (584-629) occupent une place privilégiée. Tous deux ont régné sur l'ensemble de la Gaule, après une longue période de divisions, de guerre civile et d'assassinats. La tradition imposait, en effet, le partage du *regnum Francorum* (royaume franc) entre les fils du souverain défunt. On imagine les rivalités familiales qui pouvaient naître de cette conception patrimoniale du royaume... Les règnes de Clotaire II et de Dagobert marquent un temps de pause dans cette histoire ponctuée de meurtres. Dagobert est, par ailleurs, le premier roi qui décide d'être enseveli dans l'abbaye de Saint-Denis, appelée à devenir l'un des hauts lieux de la monarchie française. La présence, aux côtés de Dagobert, de saint Éloi, à la fois ministre et évangélisateur, témoigne, quant à elle, des liens étroits tissés entre le pouvoir royal et l'Église.

2

Le premier « grand Charles »

Des Carolingiens aux Capétiens

La barbe fleurie relève de la légende mais l'homme est une sorte de force de la nature : 1, 90 mètre environ, une charpente solide, un ventre un peu proéminent mais de la robustesse et une santé de fer. Charlemagne reste dans les mémoires pour avoir construit un Empire, à cheval sur le Rhin, une sorte de préfiguration de l'Europe à venir. Cette construction politique est certes bien fragile ; elle se disloque bientôt sous l'effet des partages, des invasions et des ambitions des grands. Partez en campagne contre les Saxons aux côtés de l'empereur et servez-le ; peut-être fera-t-il de vous l'un de ses comtes ou l'un de ses *missi dominici* chargés de les surveiller.

1. Tous les écoliers l'ont appris : en 732, Charles Martel défait les Arabes à Poitiers et stoppe leur progression en Gaule.
a. La bataille de Poitiers ne s'est pas déroulée à Poitiers.
❏ vrai ❏ faux
b. Les Arabes voulaient conquérir l'Aquitaine.
❏ vrai ❏ faux

2. Qui est le premier roi carolingien ?
❏ Charlemagne ❏ Pépin le Bref ❏ Charles Martel

2. Des Carolingiens aux Capétiens

3. Le 25 décembre 800, dans la basilique Saint-Pierre à Rome, Charlemagne est couronné empereur par le pape. Il a choisi de faire de la capitale de la chrétienté celle de son Empire. Vrai ou faux ?
❏ vrai ❏ faux

4. Le 11 septembre 909, est fondée une abbaye dont le renom sera extraordinaire. Il s'agit de :
❏ Cluny ❏ Cîteaux

5. En 987, Hugues Capet devient roi.
a. Son surnom donnera l'expression « de cape et d'épée ».
❏ vrai ❏ faux
b. Pour devenir roi, il a éliminé le dernier souverain carolingien.
❏ vrai ❏ faux
c. Son règne a duré quarante-trois ans.
❏ vrai ❏ faux

6. Y a-t-il eu une peur de l'an mille ?
❏ oui ❏ non

Réponses

1. a. vrai. b. faux.
La bataille s'est déroulée entre Poitiers et Tours, ville dont les troupes arabes voulaient piller le riche monastère de Saint-Martin. Contrairement à ce qui fut écrit plus tard, les Arabes ne sont pas entrés en Gaule avec femmes et enfants dans le but de prendre possession du territoire ; leur raid ne saurait être identifié à une invasion. Les Carolingiens comprendront vite ce qu'ils ont à gagner à célébrer l'événement et à lui donner un fort retentissement : Charles Martel se trouvait manifestement investi de la faveur divine...

2. Pépin le Bref.
Charles Martel ne fut jamais roi mais il a exercé la réalité du pouvoir en tant que maire du palais. Son fils Pépin (dit le Bref, sans doute à cause de sa petite taille) décide de déposer le roi mérovingien Childéric qui est envoyé dans un monastère. Et il se fait élire « roi des Francs » par une assemblée de grands du royaume à Soissons ; alors « les évêques présents l'oignirent du saint chrême ». Trois ans plus tard, nouvelle cérémonie : c'est le pape Étienne lui-même qui sacre cette fois Pépin. Cette nouvelle pratique, qui puise ses racines dans l'Ancien Testament, marque que le roi se trouve investi d'un pouvoir surnaturel, qu'il tient directement de Dieu. Il n'est plus un simple laïc.

3. Faux. (Il a fixé sa capitale à Aix-la-Chapelle.)
Selon le chroniqueur Éginhard, Charles « ne serait pas entré ce jour-là dans l'église s'il avait pu prévoir les intentions du souverain pontife ». Serait-il devenu empereur malgré lui ? C'est tout à fait improbable. Mais Éginhard se souvient de la tradition qui voulait que les nouveaux empereurs romains affectent de refuser la dignité impériale. Un refus simulé, mais qui répétait le geste d'Octave feignant

de ne pas vouloir accepter les pouvoirs extraordinaires que le Sénat lui accordait. En outre, prétendre que Charles était irrité revient à ménager la cour byzantine : n'est-ce pas en Orient que se trouve en principe le seul empereur, l'héritier de cet Empire romain que Charles entend à présent restaurer en Occident ?

4. Cluny.
Fondée, près de Mâcon, en Bourgogne, l'abbaye de Cluny s'impose comme l'un des foyers de renouveau du monachisme, non seulement en France mais dans tout l'Occident. Les moines, qui suivent la règle de saint Benoît, mettent l'accent sur l'office divin et l'intercession pour les défunts : l'abbé Odilon décide ainsi que le 2 novembre « tous les fidèles défunts qui ont vécu depuis l'origine du monde » seront commémorés. Cette fête est bientôt célébrée dans toute la chrétienté.
Cîteaux est fondée beaucoup plus tard, en 1098. L'établissement, qui s'élève près de Dijon, réunit alors des moines qui entendent vivre la règle de saint Benoît de manière plus rigoriste. Face au luxe clunisien, ils prônent l'austérité et l'ascèse. Très vite se constitue autour de Cîteaux une vaste congrégation dont le succès tient pour une grande part à l'autorité et à l'immense prestige de saint Bernard.

5. a. faux ; b. faux ; c. faux.
Le surnom d'Hugues Capet vient peut-être de la *capa*, la chape de saint Martin (Hugues était abbé laïque de l'abbaye Saint-Martin de Tours). Quoi qu'il en soit, il désignera la dynastie appelée à régner sur la France jusqu'au XIXe siècle : les Capétiens. Avant Hugues, d'autres membres de sa famille ont porté le titre royal (Eudes, Robert). Mais la couronne finissait par revenir aux Carolingiens. Le dernier d'entre eux, Louis V, meurt en 987, dans un accident de chasse. À l'instigation de l'archevêque de Reims Adalbéron, Hugues est élu par les grands réunis en assemblée, et il est sacré. Quelques mois plus tard, pour renforcer sa position,

il décide d'associer son fils Robert le Pieux au trône. Une façon de donner droit au principe successoral dans un contexte où le roi n'est guère encore qu'un grand parmi les grands. Hugues meurt en 996 mais son fils règne jusqu'en 1031.

6. Non.
Un moine comme Raoul Glaber souligne les maux qui frappent l'humanité, afin de rappeler qu'il s'agit de signes que Dieu adresse aux hommes pour leur donner à voir leurs fautes. Il n'annonce pas pour autant la fin du monde. L'inquiétude étreint sans doute les hommes, mais il n'y a pas de terreur, pas de peur panique aux alentours de l'an mille. Le temps est bien plutôt à la construction d'églises, au rassemblement des hommes dans les villages ainsi qu'autour des nouveaux châteaux qui s'édifient dans tout l'Occident.

3

Le sceptre, l'épée et la croix

La construction capétienne

Partout se dressent des châteaux, à l'origine de simples mottes ceintes de palissades et de fossés. Turbulence de ce monde cloisonné : la guerre est la raison d'être des chevaliers. L'Église comme la monarchie capétienne travaillent à canaliser cette violence, à établir un peu d'ordre. Guerroyez, tournoyez, festoyez ; partez délivrer le tombeau du Christ, tombé aux mains des Infidèles. Mais peut-être préférerez-vous le calme du cloître d'un monastère ? À moins que vous ne preniez l'habit de l'un de ces nouveaux ordres religieux qui éclosent en Occident ? Quel que soit votre choix, souvenez-vous que sonnera l'heure du Jugement.

1. Ces cinq indices doivent vous aider à identifier un célèbre personnage. Lequel ?
   Une broderie – le Val-ès-Dunes – Hastings – falaise – Manche.

2. À Clermont, le 27 novembre 1095, le pape Urbain II lance cet appel : « Je vous prie et exhorte, comme hérauts du Christ, les pauvres comme les riches, de vous hâter de chasser cette vile engeance[1] des régions habi-

---
1. Il désigne ainsi les Turcs Seldjoukides.

tées par nos frères et d'apporter une aide opportune aux adorateurs du Christ. » D'où veut-il chasser les Turcs ?
❐ Constantinople ❐ Jérusalem

3. En 1215, dans le Sud de la France, un chanoine décide de créer un nouvel ordre religieux, très rapidement approuvé par le pape. De quel ordre s'agit-il ?
❐ les franciscains ❐ les dominicains

4. Reliez les faits suivants aux dates qui leur correspondent :

1226 •   • Grande ordonnance de réforme
1242 •   • Mort de Louis VIII
1248 •   • Embarquement pour la croisade à Aigues-Mortes
1254 •   • Batailles de Taillebourg et de Saintes
1259 •   • Huitième croisade
1270 •   • Canonisation de Louis IX
1297 •   • Traité de paix avec l'Angleterre

Réponses

1. Guillaume le Conquérant.
Né à Falaise, Guillaume est un fils bâtard du duc de Normandie Robert le Magnifique, ce qui explique qu'il ait dû guerroyer pour s'imposer à la tête du duché. Avec l'aide du roi de France Henri Ier, il parvient à l'emporter à la bataille du Val-ès-Dunes et peut s'employer désormais à consolider son pouvoir. Le roi d'Angleterre Édouard le Confesseur l'ayant désigné comme son héritier, il décide en 1066 de traverser la Manche et de conquérir ce royaume qu'Harold lui dispute. Le 14 octobre, la victoire d'Hastings lui ouvre la route de Westminster, où il est couronné le jour de Noël. Le récit de cette expédition en Angleterre est raconté par une célèbre broderie (la fameuse « tapisserie de la reine Mathilde ») que l'on peut voir au centre Guillaume-le-Conquérant, à Bayeux.

2. Jérusalem.
Parmi les nombreuses troupes de croisés qui répondent à l'appel du pape, celles qu'emmène Pierre l'Ermite sont restées dans les mémoires car elles mêlaient des gens désarmés et des guerriers : cette croisade « populaire » s'achève tragiquement à Constantinople, sous les coups des Turcs. Mais les armées organisées qui vont suivre prendront Jérusalem le 14 juillet 1099. D'autres croisades se succèdent. Ainsi en 1146 : lancée par le pape Eugène III, elle est prêchée par saint Bernard à Vézelay. Le roi Louis VII prend la croix. En 1189, il s'agit de reprendre Jérusalem tombée cette fois entre les mains de Saladin. Trois grands souverains d'Occident participent à l'entreprise : le roi d'Angleterre Richard Cœur de Lion, l'empereur Frédéric Barberousse et le roi de France Philippe Auguste.

3. Les dominicains.

Le futur saint Dominique, castillan d'origine, découvre l'hérésie cathare en traversant le Languedoc. Il décide alors de renouer avec la vie des apôtres : il mène une inlassable prédication, organise des controverses publiques pour ramener les hérétiques dans l'orthodoxie religieuse, offre avec ses compagnons l'exemple d'une vie de dénuement bien éloignée du luxe de certains hommes d'Église. Afin d'élargir son action, il crée bientôt un nouvel ordre et envoie ses frères dans toute l'Europe : « Allez, comme les disciples du Christ, sans porter ni or, ni argent, confiez-vous dans le Seigneur : rien ne manquera à qui craint Dieu. » Les ordres mendiants (dominicains, franciscains, carmes ou augustins) apparaissent en un temps où l'essor urbain suppose de nouvelles formes d'encadrement des fidèles : les frères ne choisissent pas la clôture du monastère, ils ouvrent leurs maisons dans les villes ; ils y prêchent, ils y enseignent.

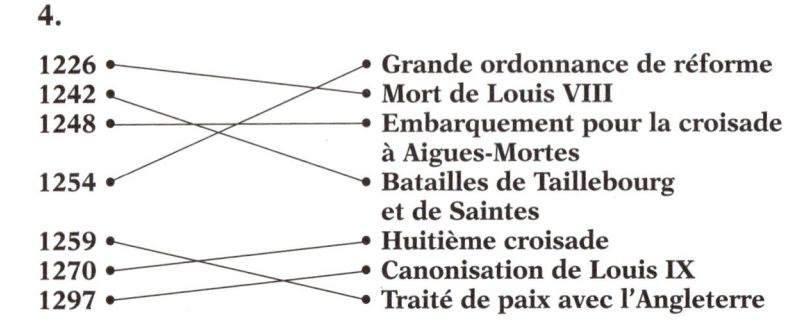

4.

1226	Mort de Louis VIII
1242	Batailles de Taillebourg et de Saintes
1248	Embarquement pour la croisade à Aigues-Mortes
1254	Grande ordonnance de réforme
1259	Traité de paix avec l'Angleterre
1270	Huitième croisade
1297	Canonisation de Louis IX

Fils de Louis VIII et de la reine Blanche de Castille, Louis IX devient roi alors qu'il n'a que douze ans, en 1226. Aussitôt sacré à Reims, il lui faut, sous la régence de sa mère, domestiquer les grands du royaume. Par la suite encore, le roi devra prendre les armes contre une coalition de féodaux épaulés par le roi d'Angleterre : les uns et les autres sont défaits en 1242, lors des batailles de Taillebourg et de Saintes. Et le souverain parvient en 1259, par le traité de Paris, à établir la paix avec l'Angleterre. Louis IX poursuit simultanément une importante œuvre de réforme. En témoigne, parmi d'autres, la grande ordonnance de 1254 qui vise à instaurer une moralisation de l'administration du royaume : désormais, baillis et sénéchaux, prévôts et vicomtes devront assurer aux sujets une justice équitable, n'accepter aucun présent et se soumettre au contrôle des enquêteurs royaux. Le roi modernise la justice, décrète que sa monnaie seule aura cours dans tout le royaume, affirme avec éclat la souveraineté royale. Pour l'essentiel, cette grande entreprise de construction de l'État s'enchâsse entre deux croisades. Louis IX s'est embarqué une première fois à Aigues-Mortes, en 1248, pour l'Égypte et la Terre sainte ; en 1270, il gagne Tunis mais y meurt de la dysenterie. Il laisse la mémoire d'un roi pieux dont les vertus s'approchent du modèle de sainteté tel que les ordres mendiants le définissent alors. Et de fait, il est canonisé vingt-sept ans seulement après sa mort.

4

La France déchirée

Cent ans de guerre (XIVe-XVe siècles)

Tous les maux paraissent fondre sur le royaume de France : la disette et l'épidémie, la guerre étrangère et la guerre civile. Cheminant sur les routes françaises, le poète Pétrarque se désole : « [...] régnaient partout une solitude misérable, la tristesse, la dévastation ». L'État mobilise ce qui reste des forces du royaume et poursuit sa modernisation ; la France finit par gagner son long duel avec l'Angleterre. La prospérité de la reconstruction prélude alors à la floraison de la Renaissance. Que d'épreuves aura-t-il fallu surmonter pour jouir de ce renouveau !

1. Petit-fils de Louis IX dont il obtint la canonisation en 1297, ce roi de France fut lui-même père de trois rois. Son règne est marqué par un long duel avec le pape, par l'arrestation et le procès des Templiers, et par un renforcement des structures de l'État. Qui est-il ?

2. « De la faim, de la guerre, de ...., délivre-nous, Seigneur. » Quel est donc ce troisième mal que l'homme du XIVe siècle espère conjurer par la prière ?
   ❏ la variole ❏ la peste ❏ le choléra

4. Cent ans de guerre (XIVe-XVe siècles)

3. En 1392, le roi Charles VI sombre dans la folie. Comment le ramener à la raison ? On eut recours à toutes les solutions suivantes sauf une. Laquelle ?
a. La multiplication des processions.
b. L'interdiction du blasphème, de la prostitution, des jeux d'argent.
c. L'expulsion des Juifs hors de France.
d. La construction d'une nouvelle cathédrale à Paris

4. L'étonnante aventure de Jeanne d'Arc passe par les villes suivantes. Dans quel ordre ?
Compiègne → Reims → Chinon → Paris → Rouen → Orléans.

5. Ses ennemis l'appellent « l'universelle araigne » (araignée), tant il apparaît tout contrôler depuis le centre de sa toile. Il traîne une réputation de roi fourbe, cruel, enfermant ses adversaires dans des cages de bois ou de métal. On le crédite en même temps d'un grand sens de l'État. Qui est-il ?

VIII. L'HISTOIRE DE FRANCE EST UN JEU

Réponses

1. Philippe IV le Bel, roi de 1285 à 1314.
Face au pape Boniface VIII, qui proclame la prééminence du pouvoir spirituel et manie la menace de l'excommunication, Philippe défend avec vigueur la prérogative royale : il entend montrer que l'Église de France lui est soumise pour ce qui concerne les affaires temporelles[1]. Philippe le Bel s'entoure pour gouverner de légistes, ce qui suscite le mécontentement des grands vassaux. L'administration centrale coûte cher, mais la guerre menée en Flandre plus cher encore. Le roi doit en conséquence multiplier les expédients (augmentation des impôts, manipulations de la monnaie, spoliation des biens juifs). L'arrestation et le procès des Templiers ne sont pas non plus exempts d'arrière-pensée financière, même si le roi ne conservera finalement rien des biens du Temple.
Ses trois fils règnent successivement après sa mort. Mais en 1328, la lignée des Capétiens directs s'éteint. C'est alors à un neveu de Philippe le Bel, Philippe VI, qu'échoit le pouvoir. Avec ce dernier commence la dynastie des Valois.

2. La peste.
Elle avait disparu d'Occident depuis plusieurs siècles. Venue des rivages de la mer Noire, elle resurgit à Marseille le 1er novembre 1347. En quelques mois, l'épidémie se propage dans le royaume, progressant le long des grandes voies de communication, tuant riches et pauvres, semant partout l'effroi. Et désormais le fléau frappe à intervalles réguliers. Les uns se réfugient dans la prière, les autres dans la fuite. On cherche parfois des boucs émissaires : les juifs sont ainsi accusés d'avoir empoisonné l'eau des puits. Le chroniqueur Froissart estime que le tiers de la popula-

---

[1]. Les « affaires temporelles » concernent le domaine séculier – ce qui est de cette terre –, par opposition au domaine spirituel.

tion du royaume périt de cette terrible maladie. Les chiffres furent peut-être inférieurs, mais indéniablement la ponction fut terrible.

3. d. La construction d'une nouvelle cathédrale à Paris.
En août 1392, dans la forêt du Mans, Charles VI est pris d'un subit accès de folie. Il charge sur son escorte et tue quatre hommes. Jusqu'à sa mort, en 1422, le roi sera en proie à pareilles crises où la prostration suit la violence. Le mal de son chef affaiblit le royaume. Il attriste aussi les sujets, preuve qu'existe dans le royaume un réel attachement à la personne sacrée du souverain.

4. Chinon → Orléans → Reims → Paris → Compiègne → Rouen.
La jeune fille de Domrémy, après avoir obtenu audience du « gentil dauphin » à Chinon, a forcé les Anglais à lever le siège d'Orléans et conduit Charles VII jusqu'à Reims pour qu'il y soit sacré. Elle échoue devant Paris, et les Anglais la font bientôt prisonnière aux portes de Compiègne. Elle est jugée et condamnée comme idolâtre, superstitieuse, schismatique et hérétique, et brûlée le 30 mai 1431 à Rouen.

5. Il s'agit de Louis XI que toute une tradition historiographique et romanesque a dépeint comme un roi retors, machiavélique avant l'heure, et cruel. On ne niera pas que le souverain savait se sortir de tous les mauvais pas. Après avoir comploté avec les princes contre le roi, alors qu'il n'était encore que dauphin, il a su briser les ligues féodales dressées contre lui (guerre du Bien public) avant d'engager une lutte sans merci contre Charles le Téméraire, duc de Bourgogne. Sous son règne autoritaire, la modernisation de l'État s'accélère, cependant que la reconstruction du pays se poursuit, marquée par un indéniable essor économique.

5

Mirage et ravages

Les déchirures du XVIe siècle

Un siècle de fer, de feu et de sang : telle est la face sombre du XVIe siècle. Mais ce siècle de guerres est aussi celui de la Renaissance, des poètes de la Pléiade, des châteaux de la Loire, des embellissements de Fontainebleau où le roi de France reçoit avec faste son adversaire l'empereur Charles Quint. Partez à la conquête de la gloire en Italie. Apprenez à vous jouer des intrigues, à négocier des paix sans cesse remises en cause. Mais surtout, veillez à ne pas succomber dans les guerres intestines et, suivant le conseil de Ronsard, « cueillez dès aujourd'hui les roses de la vie ».

1. Trois batailles célèbres ponctuent en ce début du XVIe siècle les guerres d'Italie. Saurez-vous relier chaque nom de bataille aux ennemis des Français ?

Ravenne (1512)   •   • Soldats des cantons suisses
Marignan (1515) •   • Armée de Charles Quint
Pavie (1525)   •   • Troupes espagnoles et pontificales

2. Qu'est-ce que l'affaire des Placards ?
❏ un scandale religieux
❏ un spectacle théâtral
❏ un changement ministériel

5. Les déchirures du XVIe siècle

3. Savez-vous dater le massacre de la Saint-Barthélemy ?
❏ 1er mars 1562 ❏ 29 septembre 1567 ❏ 24 août 1572

4. Le 1er août 1589, le roi Henri III est assassiné par un moine : Frère Jacques ……… Pour compléter son nom, aidez-vous de cette anagramme restée célèbre : « C'est l'enfer qui m'a créé » (attention : le « j » n'existe pas au XVIe siècle, il faut le remplacer par un « i »).

5. Lequel de ces deux textes met un terme aux guerres de Religion ?
❏ la paix de Vervins
❏ l'édit de Nantes

Réponses

1.

Ravenne (1512) — Troupes espagnoles et pontificales
Marignan (1515) — Soldats des cantons suisses
Pavie (1525) — Armée de Charles Quint

La mort prématurée de Charles VIII en 1498 laisse le trône à son cousin Louis d'Orléans qui devient Louis XII. Le souverain revendique à la fois le duché de Milan et le royaume de Naples : le mirage italien continue... Contre la France, le pape Jules II met bientôt en place une vaste coalition, la Sainte Ligue. Le jeune neveu de Louis XII, Gaston de Foix, remporte de beaux succès contre les armées adverses mais il périt lors de la bataille de Ravenne (1512), sa plus éclatante victoire. Les revers se succèdent alors et le duché de Milan est perdu. À l'aube de son règne, François Ier entend renouer avec la politique italienne de ses prédécesseurs. Les 13 et 14 septembre 1515, il rencontre les alliés suisses de la Sainte Ligue : la bataille de Marignan devait rester dans la mémoire française comme la date emblématique de ces guerres outre-monts. Le duché de Milan est reconquis et les Suisses signent bientôt une « paix perpétuelle » avec la France. Succès bien éphémère toutefois, puisqu'en 1525 l'armée de Charles Quint vainc celle de François Ier à Pavie. Prisonnier en Espagne, François Ier doit signer le traité de Madrid par lequel il renonce à ses prétentions italiennes et cède la Bourgogne. Mais le roi n'a pas l'intention de respecter ses engagements : la paix est donc bien fragile.

2. Un scandale religieux.
Dans la nuit du 17 au 18 octobre 1534, à Paris, à Orléans et à Amboise jusque sur la porte du roi sont affichés des « placards » au titre volontairement provocateur : « Arti-

cles véritables sur les horribles, grands et insupportables abus de la messe papale. » Jusqu'alors avait régné en France une certaine tolérance vis-à-vis des idées religieuses nouvelles qui se diffusent en Europe, celles de Luther, de Calvin et d'autres réformateurs. Mais cette fois le souverain ne saurait accepter un acte qui fronde à la fois l'Église et le pouvoir royal. Des processions expiatoires sont organisées dans la capitale et bientôt sont allumés les premiers bûchers où périssent des protestants. L'heure des guerres de Religion n'a pas encore sonné, mais désormais les questions de foi interviennent dans le débat politique et diplomatique, car toute l'Europe tend à se diviser entre les tenants de la Réforme protestante et ceux d'un catholicisme lui-même en mutation.

3. 24 août 1572.
À Vassy, le 1er mars 1562, le duc de Guise ordonne la mise à mort de protestants qui célébraient leur culte dans la cité alors qu'un édit récent ne l'autorisait qu'à l'extérieur des villes. C'est véritablement le début des guerres de Religion. Le 29 septembre 1567, à Nîmes, se déroule cette fois un massacre de catholiques par les protestants. Mais l'événement qui a laissé le plus de traces dans les mémoires est bien sûr la Saint-Barthélemy. C'est entre 1 heure et 4 heures du matin, au son des cloches de la capitale, que se déclenche le massacre qui vise d'abord les capitaines protestants puis les populations civiles. Deux à quatre mille personnes périssent ainsi, femmes et enfants compris. Événement trouble, dont on ne sait toujours pas exactement aujourd'hui quand ni par qui il fut décidé. S'agissait-il d'un piège prémédité ? Nombre de huguenots se trouvaient à Paris pour célébrer le mariage de Henri de Navarre et de Marguerite de Valois. Faut-il croire à un crime improvisé ? Par les Guise ? Par la reine Catherine de Médicis ?

4. Frère Jacques Clément.

Ce dominicain assassine Henri III dans un contexte particulièrement troublé. Une partie de la noblesse, notamment les Guise, a noué une alliance politique et religieuse : la Ligue ; elle défend la cause du catholicisme et s'est trouvé des relais dans la capitale en état d'insurrection. En conséquence, le souverain, allié au roi de Navarre, futur Henri IV, assiège Paris pour remettre la ville au pas. Mais le 1er août 1589, il est assassiné à Saint-Cloud. À peine a-t-il poignardé le roi que Jacques Clément est mis à mort. Il se trouve cependant des membres du clergé pour exalter sa mémoire et justifier par leurs écrits le « tyrannicide » (l'assassinat du tyran).

5. L'édit de Nantes.

En 1598, l'édit de Nantes clôt les guerres de Religion. Désormais, les protestants sont « tolérés » dans le royaume : ils peuvent, sous certaines conditions, exercer leur culte, se voient reconnaître les droits civils et obtiennent des places fortes. Pour Henri IV, qui s'était converti au catholicisme, il s'agit là d'un compromis indispensable mais conjoncturel, dans l'attente d'un retour éventuel à l'unité religieuse. Surtout, le souverain rappelle au parlement de Paris qui est le maître : « Ne m'alléguez point la religion catholique, je l'aime plus que vous, je suis catholique plus que vous […] Je suis roi maintenant et je parle en roi. Je veux être obéi. » La monarchie absolue s'impose peu à peu.

Quant à la paix de Vervins, elle met un terme au conflit avec l'Espagne, dont les troupes étaient intervenues en France à l'appel de la Ligue, dix ans plus tôt, en 1588.

6

Un siècle pourpre et or

L'affirmation absolutiste au XVIIe siècle

La pourpre cardinalice et l'or du Roi-Soleil : le siècle a deux visages. Une certaine démesure d'un côté : le culte du héros, la rébellion, les coups fourrés et le cliquetis des armes des duellistes ; de l'autre, l'affirmation de la raison d'État, le rituel savamment ordonné de l'étiquette de Versailles, une certaine domestication des grands comme des mœurs. À vous de choisir entre passion et raison, entre révolte et soumission. Serez-vous bretteur ou courtisan ?

1. Les hommes d'État qui suivent ont tous servi un monarque. Rendez à chacun son roi !

Mazarin •
Sully •   • Henri IV
Richelieu •   • Louis XIII
Colbert •   • Louis XIV
Fouquet •

2. L'incroyable faste de la réception donnée par le surintendant Fouquet en l'honneur du roi en son château de Vaux a irrité Louis XIV.
C'est alors que le roi a décidé de faire arrêter ce grand commis de l'État. Vrai ou faux ?
❏ vrai ❏ faux

3. Que savez-vous au juste de l'illustre château de Versailles ? Rayez les affirmations fausses.

a. Louis XIV a été le premier roi à faire élever un château à Versailles.
b. Le musicien Lully et le dramaturge Racine ont contribué à la grande fête de 1664, intitulée *Plaisirs de l'île enchantée*.
c. Louis XIV fixe la cour à Versailles en 1682.
d. Les jardins du palais comprenaient une orangerie et une ménagerie.
e. L'« étiquette », qui désigne le cérémonial en usage à la cour, participe à la domestication de la noblesse.

4. À quel événement se rapportent les indices suivants ? Dragonnades – 1685 – édit de Fontainebleau – galères.

6. L'affirmation absolutiste au XVIIe siècle

Réponses

1.

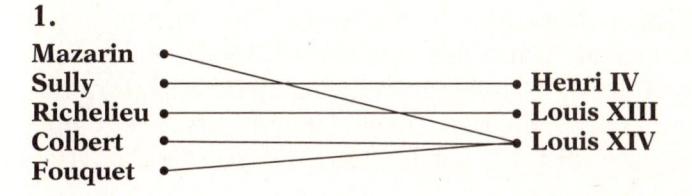

Mazarin — Louis XIV
Sully — Henri IV
Richelieu — Louis XIII
Colbert — Louis XIV
Fouquet — Louis XIV

Sully est surintendant des Finances pendant le règne de Henri IV et le reste quelques mois encore après la mort de son maître. Richelieu sert Louis XIII. Sur son lit de mort, en décembre 1642, il recommande Mazarin au roi. Ce dernier obtient de la régente Anne d'Autriche de continuer à servir le jeune Louis XIV, et il poursuit sa tâche jusqu'à son décès en 1661. Louis XIV n'entend pas conserver de « principal ministre ». Il fait arrêter Fouquet, le surintendant des Finances qui, depuis plusieurs années, travaillait auprès de Mazarin. Colbert, qui a contribué à la chute du grand argentier du royaume, est nommé contrôleur général des Finances, charge qu'il garde jusqu'à sa disparition en 1683.

2. Faux.
La décision d'évincer Fouquet est déjà prise par le roi, trois mois avant cette fête. Pourquoi alors cette arrestation ? L'ambition de Nicolas Fouquet et son importance dans l'organisation financière du royaume risquent de faire de l'ombre au jeune Louis XIV qui entend, après la mort de Mazarin, exercer le pouvoir sans partage. Le surintendant a peut-être eu aussi le tort de s'intéresser de trop près aux affaires maritimes (achat de Belle-Île, constitution d'une flotte personnelle). Il se heurte à l'hostilité d'un Colbert, qui a beau jeu de suggérer que cette puissance représente une menace pour l'État. Louis XIV charge d'Artagnan d'arrêter Fouquet qui passera les dernières années de sa vie dans la prison de Pignerol.

3. Il fallait rayer les affirmations **a** et **b** qui sont fausses.
À la demande de Louis XIV, le petit château édifié par Louis XIII est agrandi dans un premier temps par les constructions de Le Vau. Viendront plus tard les deux grandes ailes ajoutées par Hardouin-Mansart et la galerie des Glaces unissant le salon de la Paix et le salon de la Guerre. Le parc, dessiné par Le Nôtre, s'orne d'une orangerie et d'une ménagerie. Le roi y fait également édifier le Grand Trianon.
Avant que la cour ne s'y fixe définitivement en 1682, Versailles avait été le lieu de grandes fêtes qui contribuent à l'éclat du règne. L'une d'entre elles, *Les Plaisirs de l'île enchantée*, est restée célèbre par la musique de Lully et les pièces de Molière.
La vie à la cour se déroule suivant l'« étiquette », c'est-à-dire l'organisation rigoureuse de la journée du roi réglée comme une horloge. Logé dans le palais ou dans la ville, le courtisan, qui dépense une fortune pour tenir son rang, vit comme un honneur sa présence au lever du roi, et comme une disgrâce l'impossibilité d'y paraître.

4. La révocation de l'édit de Nantes.
Par l'édit de Nantes, Henri IV avait « toléré » le protestantisme. Dès le début du règne de Louis XIV, la politique religieuse marque un retour à la rigueur : les temples construits en dehors des endroits autorisés sont détruits, les obsèques des membres de la « religion prétendument réformée » ne peuvent se dérouler que de nuit ; les conversions sont encouragées. Les soldats logés chez les réformés sèment la terreur (brimades, violences, déprédations) : c'est l'heure des « dragonnades ». C'est dans ce contexte que s'inscrit l'édit signé à Fontainebleau, en octobre 1685, qui révoque l'édit de Nantes : désormais le culte protestant est interdit. Les enfants seront baptisés et élevés dans la religion catholique. Malgré l'interdiction faite aux réformés de quitter le royaume, sous peine de condamnation aux galères,

beaucoup choisissent l'exil. D'autres irréductibles choisissent de se réunir clandestinement dans des endroits reculés : peu à peu s'organise ainsi l'église du « Désert ».

7

Philosopher et réformer

La France des Lumières

Prospérité économique, croissance démographique, foisonnement intellectuel des Lumières : la France du XVIIIe siècle, au-delà de ses défaites militaires, garde en Europe un rayonnement considérable. L'esprit critique y prévaut, qui remet en cause l'absolutisme.

Comment auriez-vous vécu à cette époque ? Vous imaginez-vous collaborant à la rédaction de l'*Encyclopédie*, épiant les secrets d'alcôve de Louis XV, embarquant aux côtés de La Pérouse pour un voyage scientifique autour du monde ? Et si vous deviez échouer dans quelque île du Pacifique peuplée de « bons sauvages » (qui sont aussi parfois de féroces cannibales), que sortiriez-vous de votre malle : *Le Mariage de Figaro* de Beaumarchais, les *Lettres persanes* de Montesquieu, ou le *Contrat social* de Rousseau ?

1. Lorsque Louis XIV meurt en septembre 1715, le nouveau roi, son arrière-petit-fils, n'a que cinq ans. Une régence est donc nécessaire. Qui l'exerce ?
  ❐ la mère de Louis XV
  ❐ le duc d'Orléans
  ❐ le duc du Maine

7. La France des Lumières

2. Comment a-t-on surnommé Louis XV ?
   ❏ « Louis le Bien-Aimé »
   ❏ le roi « Mal-Aimé »
   ❏ il a eu successivement les deux surnoms

3. Tous les auteurs qui suivent ont contribué à l'*Encyclopédie*, mais deux seulement sont les maîtres d'œuvre de ce gigantesque projet. Lesquels ?
Rousseau – Montesquieu – Diderot – Buffon – d'Alembert – Voltaire – Turgot.

4. La guerre dite de Sept Ans se déroule de 1756 à 1763.
   a. Une fois de plus la France affronte son grand ennemi : les Habsbourg. Vrai ou faux ?
   b. Dans cette guerre, la France perd le Canada et la Louisiane. Vrai ou faux ?

5. En août 1788, Louis XVI convoque les États généraux : ils se réuniront à Versailles au printemps suivant. Mais de quoi s'agit-il exactement ?
   ❏ d'une assemblée réunissant des délégués des trois ordres (clergé, noblesse et tiers état), nommés par le roi
   ❏ d'une assemblée de députés élus par les trois ordres

Réponses

1. Le duc d'Orléans.
Le jeune Louis XV est orphelin de mère. La régence est donc confiée au premier prince du sang, le duc d'Orléans Philippe, fils du frère de Louis XIV. À vrai dire, le roi défunt avait rédigé un testament qui plaçait le futur régent sous la tutelle d'un Conseil de régence. Mais le roi ne saurait ainsi engager l'avenir ; il ne peut exercer le pouvoir que de son vivant. Le testament est donc cassé et le duc d'Orléans décide dans un premier temps de se concilier les grands noms du royaume en organisant la « polysynodie » : il s'agit de substituer aux ministres jugés despotiques des conseils dans lesquels siègent les membres de la vieille noblesse – une manière de revanche pour ceux que Louis XIV avait jugé bon d'écarter du pouvoir... Ce système révèle vite son impéritie. Et le Régent en reviendra à des méthodes plus classiques, en faisant de son protégé, l'abbé Dubois, le « principal ministre ». Plus lourde de conséquence est sans doute la décision prise au début de la Régence de restituer au Parlement le droit de remontrance qui permettait aux magistrats de la cour souveraine de marquer leur opposition aux édits et ordonnances du roi. Ils sauront utiliser ce droit...

2. Il a eu successivement les deux surnoms.
Pendant le ministériat de Fleury, qui ne prendra fin qu'en 1746, le roi est indéniablement populaire. Il règne, les ministres gouvernent : unification du droit, réformes fiscales dans un contexte d'équilibre financier et d'indéniable prospérité... Le bilan diplomatique est plus contrasté : si la guerre de Succession de Pologne garantit à terme la Lorraine à la France, celle de Succession d'Autriche, malgré la belle victoire de Fontenoy en 1745, n'offre rien au royaume que le poids d'un long conflit. Louis XV aura beau dire qu'il ne fait pas la guerre « en marchand », l'opinion retient sur-

tout que le pays a « travaillé pour le roi de Prusse ». La seconde moitié du règne s'avère plus difficile : opposition répétée des parlementaires, intrigues de cour nouées autour de la marquise de Pompadour ou contre elle, guerre de Sept Ans. Louis XV croit pouvoir imposer sa volonté en réaffirmant avec force les principes de l'absolutisme ou en substituant aux parlements existants de nouvelles cours constituées de membres nommés par le roi. Mais son impopularité, attisée par des relations adultères jugées indignes du rang royal (avec la Du Barry), s'accroît dans les dernières années du règne. Louis XV meurt le 10 mai 1774.

3. Diderot et d'Alembert.
Il aura fallu plus de vingt ans pour mener à bien cette gigantesque entreprise (dix-sept volumes de textes, onze de planches) visant à faire le point de toutes les connaissances. Si, en matière de sciences et de techniques, l'œuvre peut apparaître dès l'origine comme dépassée, elle s'impose comme une formidable machine de guerre contre l'absolutisme, tout en ne remettant pas en cause les fondements monarchiques de l'État. À la tradition elle oppose la pensée nouvelle, critique, rationnelle, pétrie des idées des Lumières. L'*Encyclopédie* s'offre bien comme l'emblème de son siècle.

4. a. faux ; b. vrai.
La France procède à un renversement des alliances : avec l'Autriche et la Russie, elle combat l'Angleterre et la Prusse, traditionnellement son alliée.
Les enjeux coloniaux sont décisifs dans cette guerre : la France et l'Angleterre se disputent la suprématie sur les océans. Dans ce bras de fer, c'est l'Angleterre qui l'emporte. Le traité de Paris enlève à la France le Canada, la Louisiane et ses possessions en Inde (où lui restent seulement cinq comptoirs). Au moins le ministre Choiseul aura-t-il pré-

servé les îles à sucre, et notamment Saint-Domingue, la « perle des Antilles ».

5. D'une assemblée de députés élus par les trois ordres. Les membres de la noblesse et du clergé élisent directement leurs députés ; pour ce qui concerne le tiers état (tous ceux qui n'appartiennent ni à la noblesse ni au clergé : paysans, artisans, bourgeois...), infiniment plus nombreux, les élections ont lieu à deux ou trois degrés : tous les hommes de plus de vingt-cinq ans, à condition d'être imposés, votent pour des représentants qui, à leur tour, voteront pour des députés envoyés à Versailles. En décembre 1788, il a été décidé de doubler la représentation du tiers qui a donc deux fois plus de députés que la noblesse ou le clergé. Mais dans le pays, le tiers état représente plus de 9/10e de la population. La division en ordres suffit à rappeler que l'armature de la société d'Ancien Régime repose sur le privilège. Le doublement du tiers témoigne, cependant, du lent progrès de l'idée d'une représentation plus équitablement démocratique.

8

Liberté, Égalité, Fraternité

Une décennie révolutionnaire

L'effervescence est grande en ce printemps 1789. En quelques semaines, ce que l'on appelle désormais l'Ancien Régime est balayé. En trois ans, la monarchie va s'effondrer. Citoyen, seras-tu l'un des neuf cent cinquante-quatre vainqueurs de la Bastille honorés par l'Assemblée ? T'enthousiasmeras-tu à l'appel lancé par Danton : « de l'audace, encore de l'audace, toujours de l'audace » ? Citoyen, que tu sois un ci-devant ou un sans-culotte, n'oublie pas que beaucoup de têtes vont tomber. Alors garde la tienne froide.

1. Saurez-vous récrire ce texte fameux de l'abbé Sieyès en remettant les mots dans l'ordre ?
« Qu'est-ce que le tiers état ? Que demande-t-il ? Tout. Qu'a-t-il été jusqu'à présent ? Rien. À devenir quelque chose. »

2. Reliez les événements à la date à laquelle ils se sont tenus :

17 juin 1789 •   • Refus de l'Assemblée de se disperser
20 juin 1789 •   • Serment du Jeu de paume
23 juin 1789 •   • Les députés se proclament Assemblée nationale

3. Construite sous Charles V pour protéger Paris, haute de 30 mètres, je m'élève à la jonction du Marais et du faubourg Saint-Antoine. J'ai logé des hommes célèbres : Fouquet, Voltaire ou Sade. Mon hospitalité pourtant ne séduit guère, alors que je reçois sur simple lettre. À la fois emblème de l'Ancien Régime et de la Révolution, je suis destinée à une exceptionnelle renommée posthume. Qui suis-je ?

4. À quelle date se sont tenus les événements suivants ?

4 août 1789 •   • Fête de la Fédération
14 juillet 1790 •   • Prise des Tuileries
10 août 1792 •   • Abolition des privilèges
21 janvier 1793 •   • Exécution de Louis XVI

5. À la fin de l'année 1795, la carrière de Bonaparte connaît une soudaine accélération. Quelle en est la raison ?
   ❏ son mariage avec Joséphine, ancienne maîtresse de Barras
   ❏ la mise au pas d'un soulèvement royaliste à Paris
   ❏ une campagne militaire en Égypte

Réponses

1. « Qu'est-ce que le tiers état ? Tout. Qu'a-t-il été jusqu'à présent ? Rien. Que demande-t-il ? À devenir quelque chose. »

Concision, art de la formule : *Qu'est-ce que le tiers état ?* publié en janvier 1789 assure à l'abbé Sieyès une solide popularité. Il avait déjà publié auparavant un court pamphlet, *Essai sur les privilèges*, qui témoignait clairement de sa haine de l'aristocratie.

2.

17 juin 1789	Refus de l'Assemblée de se disperser
20 juin 1789	Serment du Jeu de paume
23 juin 1789	Les députés se proclament Assemblée nationale

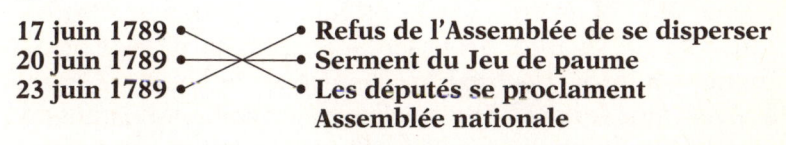

Ces trois dates marquent bien le premier acte de la Révolution. Le 17 juin, considérant, comme l'affirme Sieyès, que le tiers incarne les « quatre-vingt-seize centièmes au moins de la Nation », les députés se proclament Assemblée nationale, ce qui revient à opposer une autre souveraineté à la souveraineté royale. Trois jours plus tard, ils prêtent dans la salle du Jeu de paume le serment de ne pas se séparer sans avoir doté la France d'une constitution. Et le 23, lorsque le marquis de Dreux-Brézé, à l'issue d'une séance royale qui avait pour objet d'annuler les initiatives du tiers, intime aux députés l'ordre de se séparer, c'est le refus, immortalisé par l'apostrophe de Mirabeau : « Allez dire à votre maître que nous sommes ici par la volonté du peuple, et qu'on ne nous en arrachera que par la puissance des baïonnettes. »

3. La Bastille.
Avant même la Révolution, la vieille forteresse avait fini par symboliser le régime en place. Sa destruction était

envisagée : certains songeaient à lui substituer une vaste place royale en l'honneur du souverain... Elle est prise d'assaut par les Parisiens le 14 juillet et les travaux de démantèlement commencent aussitôt.

4.

4 août 1789	Fête de la Fédération
14 juillet 1790	Prise des Tuileries
10 août 1792	Abolition des privilèges
21 janvier 1793	Exécution de Louis XVI

La nuit du 4 août 1789, lors de laquelle ont été abolis les privilèges, représente un événement considérable. Les privilèges étaient en effet la clef de voûte de l'Ancien Régime, fondé sur l'inégalité. Trois semaines plus tard, les Constituants votent la Déclaration des droits de l'homme et du citoyen, qui inscrit l'égalité comme principe fondamental, ainsi qu'en atteste l'article premier : « Les hommes naissent et demeurent libres et égaux en droit. »

Pour célébrer l'anniversaire de la prise de la Bastille est organisée à Paris la première grande fête révolutionnaire. Cette fête de la Fédération rassemble sur le Champ-de-Mars des délégués des Gardes nationales et des troupes venus de tout le pays : elle entend mettre en scène l'unité de la nation et de son roi.

Le 10 août 1792, alors que les armées ennemies menacent la capitale, des milliers de Parisiens prennent d'assaut les Tuileries. Le roi et sa famille se réfugient à l'Assemblée, qui vote la suspension de la monarchie.

Après débat, il a été décidé que ce serait l'Assemblée elle-même qui jugerait le roi. Louis XVI est condamné à mort, et guillotiné place de la Révolution, le 21 janvier 1793.

5. La mise au pas d'un soulèvement royaliste à Paris.
La France vient de se doter d'une nouvelle Constitution qui instaure un nouveau régime (le Directoire), et des élections doivent se tenir à partir du 12 octobre. C'est le moment

que choisissent les royalistes pour se soulever. L'homme fort du moment, Barras, qui connaît Bonaparte – Joséphine fut sa maîtresse avant de devenir celle de son protégé –, propose au jeune général de rétablir l'ordre. Celui-ci accepte, fait chercher par Murat des canons au camp des Sablons et mitraille les insurgés aux alentours de l'église Saint-Roch (5 octobre ou 13 vendémiaire). Cette action lui vaut le commandement en second de l'armée de l'intérieur, puis le commandement en chef de l'armée d'Italie. Avant son départ, il épouse Joséphine. La campagne d'Italie (1796-1797) offre la gloire à Bonaparte. En 1798-1799, il dirige l'expédition d'Égypte.

9

L'épopée napoléonienne

Le Consulat et l'Empire

Pendant quinze ans Napoléon Bonaparte gouverne la France, comme Premier consul d'abord, puis comme Empereur. Mais la pacification annoncée tourne à la guerre permanente. Dans l'Europe qui subit le joug français, les nationalismes s'exaspèrent, la résistance prend forme, les souverains redressent la tête. Dix ans après Austerlitz, c'est Waterloo : le rêve de Napoléon vient s'échouer au cœur de l'Atlantique sur la petite île de Sainte-Hélène. En sept questions, revivez l'épopée.

1. Quand on évoque Brumaire, à quel événement pensez-vous ?
   ❏ à une vague de froid s'étant abattue sur la France en novembre 1799
   ❏ au coup de force d'un général pour s'emparer du pouvoir
   ❏ à un complot royaliste

2. Rayez l'intrus.
   Sous le Consulat et l'Empire ont été créés :
   la Banque de France – le franc germinal – les lycées – le Code civil – le Code pénal – les départements – les préfets.

9. Le Consulat et l'Empire

3. Le 15 juillet 1801 est signé le Concordat. De quoi s'agit-il ?
   ❏ du rétablissement de la paix civile après les guerres de Vendée
   ❏ d'une trêve avec l'Angleterre
   ❏ d'une paix religieuse signée avec le pape

4. Le 2 décembre 1804, la cérémonie du sacre de Napoléon est célébrée :
   ❏ au Champ-de-Mars   ❏ à Notre-Dame
   ❏ dans la cathédrale de Reims   ❏ aux Invalides

5. « Cette malheureuse guerre m'a perdu, elle a divisé mes forces, attaqué ma moralité en Europe. J'embarquai fort mal l'affaire, je le confesse… » Une fois n'est pas coutume, Napoléon admet avoir commis une erreur. Mais de quelle guerre s'agit-il ?
   ❏ l'éternel conflit avec l'Angleterre
   ❏ la guerre d'Espagne
   ❏ la campagne de Russie

6. Les Adieux de Fontainebleau, lors desquels Napoléon prend congé de ses soldats dans la cour d'honneur du château, ont eu lieu (attention, plusieurs réponses sont possibles) :
   ❏ après la campagne de France
   ❏ avant son départ pour l'île d'Elbe
   ❏ avant les Cent-Jours

7. « Vivant, il a manqué le monde, mort, il le possède. » Ce jugement sur Napoléon est de :
   ❏ Chateaubriand   ❏ Talleyrand

Réponses

1. Au coup de force d'un général pour s'emparer du pouvoir.
Depuis qu'il est né, le Directoire est instable. Les complots jacobins se succèdent tandis que les royalistes tissent leurs réseaux et veulent croire à une restauration monarchique. Il ne se trouve plus grand monde pour soutenir le régime. C'est dans ce contexte qu'autour de Sieyès se noue un coup d'État. Il s'agit de mettre en place un exécutif fort et l'on cherche un bras armé susceptible d'accomplir l'opération. Ce sera Bonaparte, revenu à point nommé d'Égypte. Non sans difficultés, le général renverse le Directoire, les 18 et 19 Brumaire de l'an VIII. Le Consulat est instauré.

2. L'intrus : les départements.
Ils ont été créés en 1789. Cependant, c'est bien Bonaparte qui crée en 1800, pour les administrer, les préfets et les sous-préfets. Parce qu'il sait qu'il lui faut une élite de fonctionnaires pour diriger l'administration, le Premier consul met en place les lycées, à la discipline toute militaire. Il redresse aussi les finances de l'État en fondant la Banque de France (qui reçoit le monopole d'émission des billets) et en instituant le franc germinal dont la valeur est fixée à 322,5 mg d'or. On sait enfin que le Code civil (qui encadre les relations sociales et familiales de la naissance à la mort) et le Code pénal (qui définit infractions – crimes et délits – et peines) sont un héritage du Consulat et de l'Empire.

3. D'une paix religieuse signée avec le pape.
La confiscation des biens du clergé et l'organisation de celui-ci en service public (Constitution civile du clergé) avaient brouillé la France avec la papauté. Le pays se trouvait religieusement déchiré : au clergé constitutionnel s'opposait un clergé réfractaire ; les fidèles ne savaient pas

toujours qui suivre et que croire. La nécessité d'un apaisement, indispensable pour panser les plaies de la guerre civile, conduit Bonaparte à négocier un Concordat avec le pape Pie VII. Cet accord, qui définit la religion catholique comme « la religion de la grande majorité des Français », réorganise l'Église et définit ses relations avec l'État. Signé le 15 juillet 1801, il restera en vigueur jusqu'à la séparation des Églises et de l'État, en 1905.

Les guerres vendéennes sont achevées pour l'essentiel lorsque Bonaparte prend le pouvoir. Mais il revient au Premier consul d'avoir signé dès novembre 1799 une trêve avec les chefs de la chouannerie et réussi, dans les mois qui ont suivi, la pacification presque totale de l'Ouest de la France, fief des royalistes.

Pour ce qui concerne l'Angleterre, Bonaparte peut se prévaloir d'avoir signé avec elle la paix d'Amiens, le 25 mars 1802. On sait qu'elle fut bien éphémère.

4. À Notre-Dame.

Si une cérémonie à Reims, lieu du sacre des rois, était impossible, les Invalides aussi bien que le Champ-de-Mars auraient pu convenir. Mais Napoléon préfère Notre-Dame et s'en explique : « On a songé au Champ-de-Mars par réminiscence de la Fédération, mais les temps sont bien changés : le peuple alors était souverain, tout devait se faire devant lui ; gardons-nous de lui donner à penser qu'il en est toujours ainsi. » David a immortalisé cette cérémonie dans un tableau célèbre qui met en scène le moment où Napoléon, après avoir reçu l'onction du pape Pie VII et posé lui-même sur sa tête un cercle de lauriers, s'apprête à couronner Joséphine. On oublie parfois que la cérémonie à Notre-Dame se partagea en deux temps et deux lieux : le moment proprement religieux du sacre et du couronnement dans le chœur, le moment laïque, dans la nef, de la prestation de serment constitutionnel.

5. La guerre d'Espagne.
Si l'Empereur s'exprime ainsi à propos du « guêpier » espagnol, son commentaire pourrait à vrai dire convenir pour la campagne de Russie. L'une et l'autre de ces aventures auront à coup sûr prouvé la démesure du projet impérial et montré que Napoléon n'était pas invincible. Mais le blocus continental conduit nécessairement l'Empereur à une expansion infinie puisqu'il entend fermer à l'Angleterre toute possibilité de commerce avec le continent. Pour ce faire, il lui faut contrôler le Portugal comme l'Espagne où éclate la révolte ; de même, lorsqu'il comprend que le tsar ne respecte pas l'alliance contractée avec la France, il décide de lui faire la guerre. On connaît la suite, une débâcle à la mesure de la légende impériale : l'incendie de Moscou qui conduit la Grande Armée à faire retraite ; le froid, la neige et la faim, le passage héroïque mais meurtrier de la Berezina. À vouloir abattre l'Angleterre, Napoléon aura ainsi usé ses forces et celles de son pays.

6. Après la campagne de France ; avant son départ pour l'île d'Elbe ; avant les Cent-Jours.
Depuis le désastre de la retraite de Russie, l'Empire se lézarde ; l'Europe entière relève la tête. Napoléon est battu à Leipzig en octobre 1813. Pour la première fois depuis qu'il a pris le pouvoir, c'est en France que vont désormais se dérouler les opérations militaires. Malgré quelques victoires, l'Empereur doit abdiquer le 6 avril 1814. Après ses Adieux de Fontainebleau, il part pour l'île d'Elbe dont les Anglais lui ont accordé la souveraineté. L'île est bien petite, mais grande encore est l'ambition de l'Empereur déchu qui décide de franchir la Méditerranée. Le 1er mars 1815, il débarque à Golfe-Juan. Commence une aventure d'un peu plus de trois mois (les « Cent-Jours ») : de retour à Paris, Napoléon procède à une réforme constitutionnelle mais doit immédiatement lever une armée car les puissances ne veulent plus de celui qu'elles désignent comme « l'ennemi et perturbateur du repos du monde ». L'armée anglaise de

Wellington et les troupes prussiennes de Blücher l'emportent à Waterloo (18 juin 1815). Napoléon est exilé à Sainte-Hélène où il meurt le 5 mai 1821.

7. Chateaubriand.
L'écrivain qui, par la seule force de sa plume, s'est voulu le grand adversaire de Napoléon, ne se trompe pas. Sainte-Hélène a métamorphosé l'Empereur déchu en héros. Le proscrit a su mettre à profit ses années d'exil pour tisser lui-même sa légende en dictant ses Mémoires à Las Cases. Ce dernier les publie en 1823 sous le titre de *Mémorial de Sainte-Hélène*.

10

La liberté ou l'autorité

Monarchie, République ou Empire ?

Les Français n'en finissent plus de s'entre-déchirer sur le régime susceptible de leur convenir le mieux. Le temps est aux barricades, à l'affrontement entre apologistes de l'ordre et partisans de la liberté. C'est ainsi peut-être que se fait le lent apprentissage de la citoyenneté, avec toujours la grande Révolution pour toile de fond, que l'on rejette l'événement ou que l'on cherche à en apprivoiser l'héritage. Revivez cette histoire, rythmée par les soubresauts politiques, vibrant de toutes les espérances et d'une inaltérable foi dans le progrès.

1. En 1815, après plus de vingt ans d'exil, les Bourbons retrouvent leur trône. Comment appelle-t-on la période qui commence alors ?
❒ la Reconstruction ❒ la Restauration ❒ la Revanche

2. Le retour pur et simple à la monarchie absolue d'Ancien Régime est impossible. Il faut un texte qui définisse et donc limite les pouvoirs du roi : la Charte constitutionnelle organise deux Chambres, la Chambre des pairs et celle des députés. Les premiers sont nommés par le roi, les seconds sont élus. Par qui ?

❏ par tous les citoyens, c'est-à-dire au suffrage universel
❏ par un corps électoral de 500 000 électeurs
❏ par un corps électoral limité à 90 000 électeurs

3. On peut dire que la Révolution de 1830 marque une rupture :
   ❏ parce que désormais il n'y a plus de roi de France
   ❏ parce que la République est proclamée

4. Louis-Philippe déclare, le 1er février 1848 : « Deux choses sont désormais impossibles en France : la révolution et la guerre. » Pourtant l'une des deux est imminente. Laquelle ?

5. Qui fut le premier président de la République de l'histoire française ?
   ❏ Lamartine ❏ Louis Napoléon Bonaparte ❏ Cavaignac

VIII. L'HISTOIRE DE FRANCE EST UN JEU

Réponses

1. La Restauration.
La Restauration de la monarchie s'est accompagnée d'une volonté de revanche : les royalistes, surtout dans le Midi, s'en prennent violemment aux jacobins et aux bonapartistes. De son côté, sous la pression des ultras de la Chambre, le nouveau régime se livre à une épuration politique et administrative. Cette « Terreur blanche » fait de nombreuses victimes. Certains aristocrates se mettent à rêver : et si le retour du roi signifiait celui de l'Ancien Régime ?

2. Par un corps électoral limité à 90 000 électeurs.
Il faut avoir trente ans pour voter et le cens est fixé à 300 francs, ce qui revient à dire que seuls ceux qui paient un impôt égal ou supérieur à ce montant peuvent voter. Le pays légal – celui qui vote – reste donc bien étroit : 90 000 électeurs seulement, ce qui correspond alors à environ 1 % des Français majeurs.

3. Parce que désormais il n'y a plus de roi de France.
« Il nous faut cette république déguisée sous une monarchie » (31 juillet), écrit Thiers dans son journal *Le National* à l'issue des trois journées révolutionnaires qui contraignent Charles X à l'exil. Son raisonnement est clair : puisque la République, assimilée au désordre et à la Terreur, fait peur, il faut choisir un nouveau roi, susceptible de réussir la synthèse entre la monarchie et la Révolution. Comme Louis XVI à l'heure de la monarchie constitutionnelle, il sera *roi des Français*, et pour marquer la filiation avec les temps révolutionnaires, il régnera sous le drapeau tricolore.

4. La révolution.
Louis-Philippe croit qu'il lui suffit de respecter la Charte pour être inexpugnable. Mais aux difficultés économiques

– de mauvaises récoltes pèsent sur la consommation industrielle – s'ajoutent les revendications politiques : elles ont pour principal objet l'obtention du suffrage universel refusé obstinément par le roi vieillissant. En février 1848 éclate une nouvelle révolution, dite « les Trois nouvelles Glorieuses ».

5. Louis Napoléon Bonaparte.

Cinq candidats se sont affrontés pour la première élection à la présidence de la République de l'histoire française (outre le vainqueur, Cavaignac, Lamartine, Ledru-Rollin et Changarnier). La création de cette institution avait suscité d'âpres débats à l'Assemblée constituante, car certains voyaient là un prélude à une possible dictature. On avait donc décidé que le mandat serait de quatre ans et non renouvelable. L'élection se fait au suffrage universel direct. Cavaignac obtient un score honorable : ce républicain convaincu avait réprimé sévèrement l'insurrection de juin 1848 qui avait suivi à Paris l'abolition des ateliers nationaux et il exerçait depuis lors le pouvoir exécutif. Mais Louis Napoléon Bonaparte, neveu de Napoléon Ier, écrase tous ses rivaux. Inconnu des Français avant février, cet éternel aventurier, échappé de la forteresse de Ham où il croupissait après deux tentatives de coup d'État, doit à son nom une élection triomphale. Faute de pouvoir se présenter pour un second mandat présidentiel, Louis Napoléon Bonaparte organisera un coup d'État le 2 décembre 1851.

11

Les pères de la République

L'enracinement d'un régime

C'est en 1880 que la France célèbre pour la première fois, et en grande pompe, le 14 Juillet, désormais déclaré fête nationale. Après dix ans de luttes politiques et d'incertitudes, la République apparaît enfin bien assise. Dans ce chapitre, vous allez apprendre *La Marseillaise* sur les bancs de l'école laïque, gratuite et obligatoire, vibrer à la lecture par l'instituteur des plus belles pages de l'histoire de France. Peut-être même aurez-vous la chance de visiter l'une de ces expositions universelles qui font l'orgueil de la nation et de découvrir l'immense tour de métal de M. Eiffel…

1. Waterloo avait mis un terme définitif au Premier Empire. Quelle est la raison de la chute du Second Empire en septembre 1870 ?
❐ une révolution ❐ une défaite militaire

2. Dans la semaine du 21 au 28 mai 1871, se dénoue tragiquement l'un des épisodes les plus marquants de l'histoire du monde ouvrier et du socialisme français. Comment se nomme-t-il ?

3. Il dirige la France de 1871 à 1873 et négocie la paix avec la Prusse. Qui est-il ?

11. L'enracinement d'un régime

❏ Jules Ferry ❏ Adolphe Thiers ❏ Léon Gambetta

4. Le général Boulanger, en tant que ministre de la Guerre, a fait peindre les guérites des soldats en bleu, blanc, rouge. Vrai ou faux ?
❏ vrai ❏ faux

5. Une de ces deux grandes réalisations a provoqué un scandale retentissant, laquelle ?
❏ le canal de Suez ❏ le canal de Panamá

6. Ces trois indices doivent vous permettre d'identifier une affaire qui a profondément divisé le pays à la fin du XIXe siècle :
Espionnage – « J'accuse » – intellectuels.

Réponses

1. Une défaite militaire (Sedan).
La Ire République était née dans l'euphorie de la victoire de Valmy, la IIIe naît dans la défaite : les troupes françaises ont été vaincues à Sedan (dans les Ardennes) le 2 septembre et Napoléon III est prisonnier des Prussiens. Le 4 septembre, la République est proclamée à l'Hôtel de Ville de Paris. Est mis en place un gouvernement de la Défense nationale qui en appelle à l'« union intime de l'armée et du peuple » afin de continuer le combat. Les mois qui suivent sont difficiles : il faut signer un armistice, organiser un scrutin pour élire l'Assemblée qui devra à la fois signer la paix et donner de nouvelles institutions au pays. Or ce sont les monarchistes qui l'emportent : la République naissante paraît bien fragile...

2. La Commune.
Les Parisiens, qui ont soutenu contre les Prussiens un siège long et difficile, refusent la défaite ; ils se défient de l'Assemblée, majoritairement monarchiste, qui a décidé de siéger à Versailles. Lorsque Thiers envoie des troupes récupérer les canons disposés sur la butte Montmartre éclate l'insurrection (18 mars). Des élections municipales sont organisées, marquées par une forte abstention : la Commune se met en place ; elle a un programme (laïcité, séparation des Églises et de l'État, abolition de la conscription, etc.) mais n'a guère le temps de le mettre en œuvre, car sa priorité est de préparer le combat contre les « Versaillais ». La « semaine sanglante » commence le 21 mai, marquée d'un côté par les exécutions d'otages et l'incendie des bâtiments publics (ainsi de l'Hôtel de Ville), de l'autre par la répression la plus implacable : les derniers insurgés sont exécutés devant le mur des Fédérés, dans le cimetière du Père-Lachaise.

Marx voulut voir dans cet événement une aurore libératrice, la première révolution socialiste authentiquement prolétarienne. La Commune apparaît cependant plutôt comme la dernière des grandes insurrections du Paris révolutionnaire qui, depuis quatre décennies, se hérisse régulièrement de barricades.

3. Adolphe Thiers.

Thiers doit le pouvoir à sa longue expérience politique et à sa lucidité qui lui a fait refuser – seul parlementaire contre tous – l'aventure de la guerre contre la Prusse. Il lui revient de négocier le traité de Francfort qui ampute la France de l'Alsace et de la Moselle. L'Assemblée élue au début de l'année 1871 est divisée entre monarchistes et républicains. Thiers s'est engagé à rester neutre sur la question du régime, mais il comprend vite qu'un nouvel essai de la république est « inévitable ». Mis en minorité en mai 1873, il démissionne. À la tête du gouvernement lui succède Albert de Broglie ; à la tête de l'État le maréchal Mac-Mahon, qui déclare vouloir travailler au « rétablissement de *l'ordre moral* dans notre pays ». Cet ordre moral doit passer par un raffermissement du catholicisme. Mais les élections de 1876 marquent une victoire des républicains. Et si, l'année suivante, le président Mac-Mahon tente un dernier coup en dissolvant l'Assemblée, de nouvelles élections, dont le grand orchestrateur est Gambetta, confirment l'enracinement de la République dans le pays.

4. Vrai.

Boulanger s'est construit un solide renom en tant que ministre de la Guerre. Surnommé le « général Revanche », il apparaît comme l'homme susceptible de préparer le pays à une nouvelle guerre contre l'Allemagne, jugée inévitable. Autour de lui se rassemblent les mécontents de la République, et Boulanger se présente avec succès à des élections partielles qui consacrent sa popularité. Pour autant, il refuse de recourir au coup d'État. Les républicains réagissent, modifient la loi électorale et le menacent d'arrestation. Boulanger quitte la France et se suicide sur la tombe de sa maîtresse.

5. Le canal de Panamá.

Le scandale de Panamá fragilise indéniablement la IIIe République. En proie à des difficultés financières, la Compagnie qui travaille au creusement du canal a besoin d'une loi pour lever de nouveaux fonds. Pour ce faire, elle n'hésite pas à soudoyer des députés et des journalistes. L'antiparlementarisme s'en trouve renforcé. Et nombre de carrières – dont celle de Clemenceau – sont affectées ou brisées, ce qui se traduit par un renouvellement du personnel politique.

6. L'affaire Dreyfus.

À l'origine, une erreur judiciaire : un capitaine de l'état-major accusé à tort d'espionnage. L'affaire naît vraiment lorsque à la suite de l'acquittement d'Estherhazy, le vrai coupable, Émile Zola décide de publier son célèbre « J'accuse... ! » dans *L'Aurore*, dont Clemenceau est l'un des rédacteurs (13 janvier 1898). L'heure de l'affrontement a sonné entre les antidreyfusards (patriotes et nationalistes acharnés à défendre l'honneur de l'armée, antisémites...) et les dreyfusards dont les porte-parole sont la Ligue française pour la défense des droits de l'homme et du citoyen, et ceux, hommes de culture, écrivains, que l'on désigne désormais comme les « intellectuels ». En 1899, Dreyfus est gracié, mais il faut attendre 1906 pour qu'il soit enfin réhabilité.

12

Du feu, du sang et des larmes

D'une guerre mondiale à l'autre

28 juin 1914 : l'assassinat de l'archiduc François-Ferdinand à Sarajevo enclenche la mécanique implacable des alliances diplomatiques. Le conflit qui s'ouvre va durer plus de quatre ans. Les « poilus » apprennent la vie des tranchées : le froid, les déluges d'obus et les corps déchiquetés, l'asphyxie par le gaz moutarde, les longues attentes avant les folles offensives, l'espoir d'une lettre, le rêve d'une permission à l'arrière, loin du front et de la mort. Tous voudront croire, la paix revenue, que cette guerre totale était la « der des ders ». Elle n'était en réalité que la première d'un siècle de feu, de sang et de larmes.

1. Testez vos connaissances sur la Première Guerre mondiale : rétablissez les événements suivants dans l'ordre chronologique.
Verdun – Chemin des Dames – Taxis de la Marne – Course à la mer.

2. Reliez les événements au lieu et à la date correspondants :

Traité de paix •	• Rethondes •	• 1918
Création du parti communiste •	• Tours •	• 1919
Armistice •	• Versailles •	• 1920

3. Le Front populaire remporte les élections de 1936. Parmi les conquêtes sociales qui suivent la formation du ministère Blum, figurent les fameux congés payés. Leur durée est de :
❒ une semaine ❒ deux semaines ❒ trois semaines

4. Qui a dit quoi ?
a. « C'est le cœur serré que je vous dis aujourd'hui qu'il faut cesser le combat. »
b. « Quoi qu'il arrive, la flamme de la résistance française ne doit pas s'éteindre et ne s'éteindra pas. »

5. Pétain, à la tête de l'« État français », entend imposer :
❒ le « sursaut national »
❒ la « Révolution nationale »
❒ le « redressement national »

6. Voici le nom de quelques résistants célèbres. Deux d'entre eux dirigèrent le Conseil national de la résistance. Lesquels ?
❒ Henri Frenay ❒ Vercors ❒ Pierre-Henri Teitgen
❒ Jean Moulin ❒ Georges Bidault

12. D'une guerre mondiale à l'autre

Réponses

1. Taxis de la Marne, septembre 1914 – Course à la mer, automne 1914 – Verdun, 1916 – Chemin des Dames, 1917.

L'offensive allemande a failli réussir pendant l'été 1914 : Paris est menacé. C'est donc dans des circonstances difficiles que Joffre mène une contre-attaque : la bataille de la Marne contient et refoule l'adversaire. Les deux camps cherchent alors à doubler l'ennemi dans une course à la mer qui étire le front. Avec le creusement des tranchées, commence la guerre d'usure. Mais les états-majors restent prisonniers de la culture de l'offensive. Elle se traduit par des saignées tragiques en 1915, sans que le front ne bouge sensiblement. L'année 1916 est celle de Verdun, l'une des plus spectaculaires boucheries de l'histoire. Pétain, organisateur de la défense (« Ils ne passeront pas Verdun »), y gagne une popularité qui pèsera lourd en 1940. L'état-major pourtant ne renonce pas à rompre les lignes ennemies. L'offensive de Nivelle au Chemin des Dames en avril 1917 coûte près de trois cent mille morts pour un « grignotage » de quelques centaines de mètres. L'incompétence du commandement finit par entraîner des mutineries. En novembre, Georges Clemenceau devient président du Conseil. Il lui revient de conduire le pays à la victoire.

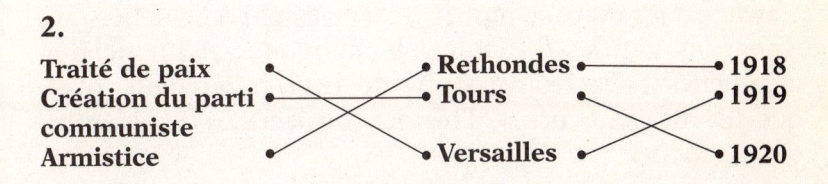

2.

Traité de paix	Rethondes	1918
Création du parti communiste	Tours	1919
Armistice	Versailles	1920

L'armistice du 11 novembre 1918, à Rethondes (forêt de Compiègne) met enfin un terme aux combats. Après plusieurs mois de négociations, le traité de Versailles est signé le 28 juin 1919 (galerie des Glaces du château de Versailles). Il restitue l'Alsace et la Lorraine à la France et déclare l'Allemagne unique responsable du conflit. À ce titre, elle devra verser des réparations. L'Europe, territorialement redessinée, doit désormais compter avec l'existence en Russie du régime bolchevique. En France, au sein du parti socialiste (SFIO), un débat s'organise pour savoir s'il convient ou non d'adhérer à la IIIe Internationale et d'accepter les vingt et une conditions posées par Moscou. Lors du congrès de Tours (25-30 décembre 1920), une forte majorité se dégage en faveur de l'adhésion : la Section française de l'Internationale communiste (SFIC) est créée.

3. Deux semaines.
Aux élections d'avril-mai 1936, communistes, socialistes, radicaux, qui ont présenté leurs candidats sous les couleurs du Front populaire, remportent la majorité. Un gigantesque mouvement social gagne l'ensemble du pays. Le ministère Blum, à peine constitué, réunit à l'hôtel Matignon les délégués du patronat et de la CGT. La négociation aboutit dans la nuit du 7 au 8 juin : augmentation des salaires de 7 à 15 %, contrats collectifs de travail, élections de délégués du personnel dans les entreprises, liberté syndicale ; les usines devront être évacuées par les ouvriers qui les avaient occupées. Suit très vite le vote de lois qui ancreront pour longtemps 1936 dans la mémoire collective, comme la limitation à quarante heures de la semaine de travail ou les deux semaines de congés payés. Quelles que soient les lourdes difficultés économiques et financières auxquelles il s'est trouvé confronté, le Front populaire marque un moment fort de l'histoire ouvrière et de l'histoire de la gauche.

4. a. Pétain (17 juin 1940) ; b. De Gaulle (18 juin 1940).
À Munich (30 septembre 1938), la France et la Grande-Bretagne avaient entériné le dépeçage de la Tchécoslovaquie. Lorsque Hitler envahit la Pologne, elles se décident à

déclarer la guerre à l'Allemagne le 3 septembre 1939. Pendant plusieurs mois, c'est la drôle de guerre : pas de combats, seulement une longue attente qui a raison du moral des troupes. Vient mai 1940 et la débâcle. Le 17 juin, Pétain annonce qu'il fait « à la France le don de [sa] personne pour atténuer son malheur » et appelle à « cesser le combat ». L'armistice interviendra le 22. Dès le 18 juin, à Londres, le général de Gaulle a lancé son célèbre appel, que peu de Français ont pu entendre ce jour-là – c'est alors l'exode – mais que chacun pourra découvrir dans les jours et les semaines qui suivront.

5. La « Révolution nationale ».

La République cède la place à l'« État français » ; à la devise Liberté, Égalité, Fraternité est substituée la formule « Travail, Famille, Patrie », socle de la « Révolution nationale ». Pétain affirme que celle-ci assurera le redressement d'un pays voué dans les malheurs présents à expier les fautes d'hier. Vichy a ses ennemis déclarés : les juifs (les deux statuts d'octobre 1940 et juin 1941 les définissent à la fois racialement et religieusement et les excluent de nombreuses professions), les francs-maçons, les étrangers, les parlementaires. Une idéologie réactionnaire, pour ne pas dire passéiste, oppose au monde de la ville et de l'usine celui de la terre et de l'artisanat.

6. Jean Moulin et Georges Bidault.

La Résistance est infiniment diverse. Diverse dans ses modalités d'action (propagande, sabotage, organisation de filières d'évasion) comme dans les orientations politiques des hommes et des femmes qui composent cette « armée des ombres » : les uns sont démocrates-chrétiens, d'autres sont communistes ou socialistes, tandis qu'à Londres se constitue un premier noyau de gaullistes. Il apparaît nécessaire de fédérer les différents mouvements, de coordonner l'action des réseaux. Telle est la mission assignée par le général de Gaulle à un ancien préfet radical, Jean Moulin.

À la fin du mois de mai 1943, il présidera à la fondation du Conseil national de la Résistance (CNR), qui rassemble à la fois les principaux mouvements de Résistance, les différentes « tendances politiques » et deux syndicats (CFTC et CGT). Après l'arrestation de Jean Moulin, la présidence du CNR échoit à Georges Bidault.

13

Libération, refondation, expansion

La France contemporaine (de 1944 à nos jours)

Nous sommes nombreux, à présent, à pouvoir nous souvenir… Nous souvenir de la 4 CV et de la DS, du verre de lait à l'école et du salon des Arts ménagers ; du « Je vous ai compris » du général de Gaulle ou de son « Vive le Québec libre » ; d'un mois de mai agité, d'un autre mois de mai à la Bastille ; du tournant de la « rigueur », de la « cohabitation », de la « fracture sociale ». La Ve République a bientôt cinquante ans ; elle a d'ores et déjà connu cinq présidents. Tous ont cherché à assumer, avec plus ou moins de bonheur, cette délicate exigence : faire exister la France sur le plan international, en évitant que le discours sur la grandeur ne tourne à l'incantation.

1. « Paris ! Paris outragé ! Paris brisé ! Paris martyrisé ! mais Paris libéré ! » Ce fameux discours du général de Gaulle, le 25 août 1944, a été prononcé :
❐ sur les Champs-Élysées
❐ à l'Hôtel de Ville
❐ sur le parvis de Notre-Dame

2. « Le premier des Français est désormais le premier en France. » Ces mots ont été prononcés par le président

de la République sortant pour saluer l'entrée du général de Gaulle à l'Élysée en janvier 1959. Il s'agit de :
❏ Vincent Auriol ❏ René Coty

3. Voici quatre slogans de mai 1968 restés dans les mémoires. Saurez-vous, dans les propositions suivantes, retrouver le bon mot ?
   a. « Il est interdit d'obéir/d'interdire. »
   b. « Le rêve est réalité/désir. »
   c. « Soyons réalistes, demandons tout/l'impossible. »
   d. « Cours/marche, camarade, le vieux monde est derrière toi. »

4. Avant de devenir président de la République, il écrivit une anthologie de la poésie française et fut banquier. Il s'agit de :
❏ Georges Pompidou ❏ Valéry Giscard d'Estaing

5. Saurez-vous remettre dans l'ordre chronologique les gouvernements qui se sont succédé lors des deux mandats de François Mitterrand ?
Michel Rocard – Laurent Fabius – Édouard Balladur – Pierre Mauroy – Jacques Chirac – Édith Cresson – Pierre Bérégovoy.

6. Jacques Chirac est élu président de la République en 1995.
   a. En 1997, il dissout l'Assemblée : est-ce la première fois qu'une dissolution intervient sous la Ve République ?
   b. Lors du référendum du 29 mai 2005, les Français doivent répondre à cette question : « Approuvez-vous le projet de loi qui autorise la ratification du traité établissant une Constitution pour l'Europe ? » Vous rappelez-vous les résultats de cette consultation ? Tracez les bons liens :

Oui •	• 30,66 %
Non •	• 45,32 %
Abstention •	• 54,68 %

13. La France contemporaine (de 1944 à nos jours)

Réponses

1. À l'Hôtel de Ville.

En deux jours, de Gaulle s'impose comme le chef naturel de la France libérée. La descente des Champs-Élysées s'offre en effet comme une manière de sacre, au lendemain du discours de l'Hôtel de Ville (25 et 26 août). Pour le chef du Gouvernement provisoire, la tâche est lourde. Il faut restaurer l'autorité de l'État, maintenir l'ordre en empêchant tout débordement révolutionnaire et orchestrer l'épuration ; il faut aussi procéder aux réformes de structure (nationalisations, création de la Sécurité sociale). Les élections législatives d'octobre 1945 donnent les trois quarts des suffrages à trois partis politiques : le PCF, la SFIO et le MRP (Mouvement républicain populaire, démocrate-chrétien). Quelques mois plus tard, le général de Gaulle, dans l'impossibilité de faire prévaloir sa conception du pouvoir, préfère démissionner (janvier 1946).

2. René Coty.

C'est la question algérienne qui permet au général de Gaulle d'effectuer son retour sur la scène politique. Dans les jours qui suivent la manifestation du 13 mai 1958 à Alger, il témoigne d'un grand sens tactique : le 1er juin, il est investi de la présidence du Conseil. Le 3 juin, il se voit reconnaître les pleins pouvoirs pour six mois ; lui est simultanément confiée la tâche d'élaborer une nouvelle Constitution. Quelques mois suffisent à jeter les bases du nouveau régime voté par 80 % des Français et, en janvier 1959, le général de Gaulle entre à l'Élysée. Il faudra beaucoup plus de temps pour que cessent les équivoques sur la question algérienne et que la guerre trouve une issue.

3. « Il est interdit d'interdire » ; « Le rêve est réalité » ; « Soyons réalistes, demandons l'impossible » ; « Cours, camarade, le vieux monde est derrière toi ».
La crise de mai-juin 1968 est d'abord une révolte étudiante, ponctuée de moments forts (« nuit des barricades », occupation de la Sorbonne et du théâtre de l'Odéon, manifestation du 13 mai depuis la République jusqu'à Denfert-Rochereau), un « marathon de la parole » (Raymond Aron) avec ses slogans percutants. Mai-juin 1968 est ensuite un gigantesque mouvement social qui tourne à la grève générale. Le Premier ministre Georges Pompidou tente de résoudre ce conflit par la négociation, mais les accords de Grenelle, qui accordent de substantielles augmentations de salaires, sont repoussés par la base. Le pouvoir politique reprend la main le 30 mai 1968, avec l'allocution radiophonique du général de Gaulle. Elle est aussitôt suivie par ce qui fut en définitive la plus grande manifestation du mois de mai : de la Concorde à l'Étoile marchent les partisans du retour à l'ordre. Les 23 et 30 juin, la droite emporte les élections législatives. L'épilogue ne viendra que quelques mois plus tard : le général de Gaulle démissionne après le rejet d'un référendum sur la création des régions et la réforme du Sénat.

4. Georges Pompidou.
Georges Pompidou est bien l'homme de la modernisation industrielle ; il l'a lancée comme Premier ministre (1962-1968), il la poursuit comme président à partir de 1969. Le Concorde a orné sa campagne électorale, il travaille à l'équipement du pays en infrastructures routières et autoroutières, tout en engageant une politique pétrolière et en encourageant la recherche technologique ou les fusions d'entreprises. Il crée un secrétariat d'État aux petites et moyennes entreprises, mène une politique d'aménagement du territoire, multiplie les grands chantiers.
Valéry Giscard d'Estaing, longtemps ministre de l'Économie et des Finances, lui succède à la présidence de la Répu-

blique en 1974. L'homme est jeune (quarante-huit ans) ; il appartient à la droite libérale non gaulliste. Et il entend marquer un changement en phase avec les aspirations d'une bonne partie du corps social : la majorité légale est abaissée à dix-huit ans ; le divorce par consentement mutuel est admis ; la loi Veil rend licite l'interruption volontaire de grossesse, cependant qu'une loi supprime l'autorisation parentale pour les mineures désirant prendre la pilule. Mais le septennat de Valéry Giscard d'Estaing coïncide avec les conséquences des deux chocs pétroliers. La France découvre la stagflation (conjugaison du ralentissement de la croissance – stagnation – et de l'inflation).

5. Pierre Mauroy (1981-1984) ; Laurent Fabius (1984-1986) ; Jacques Chirac (1986-1988) ; Michel Rocard (1988-1991) ; Édith Cresson (1991-1992) ; Pierre Bérégovoy (1992-1993) ; Édouard Balladur (1993-1995).
La gauche a dû attendre vingt-trois ans pour accéder au pouvoir en 1981. L'artisan de cette lente conquête est François Mitterrand. En 1971, il s'empare de la direction du Parti socialiste à l'occasion du congrès d'Épinay : sa stratégie consiste à définir avec le Parti communiste un programme commun de gouvernement, qui est signé l'année suivante. Avec l'élection de François Mitterrand à la présidence, les Français découvrent l'alternance sous la Ve République. De nombreuses réformes sont engagées : outre la mise en œuvre du programme de nationalisations, la semaine de 39 heures, la cinquième semaine de congés payés, les lois Auroux sur le droit du travail, la retraite à soixante ans, les lois Defferre sur la décentralisation ou bien l'abolition de la peine de mort à l'instigation de Robert Badinter. L'aggravation de la balance commerciale impose cependant bientôt le tournant de la « rigueur ». Demeure surtout la question majeure et obsédante : celle du chômage à laquelle se heurtent désormais tous les gouvernements, de gauche ou de droite. Nul doute que leur échec à la résoudre, en trahissant une certaine impuissance des partis de

gouvernement, n'ait fortifié les populismes, singulièrement celui du Front national : lors de l'élection présidentielle de 2002, Jean-Marie Le Pen obtient plus de voix que Lionel Jospin et accède au second tour.

6. a. Non, la cinquième fois (1962, 1968, 1981, 1988 et 1997).
   b. Les résultats du référendum sont :

Oui	30,66 %
Non	45,32 %
Abstention	54,68 %

(Oui → 45,32 % ; Non → 30,66 % ; Abstention → 54,68 %)

Jacques Chirac a inauguré les années de cohabitation en devenant le Premier ministre de François Mitterrand en 1986. Il revit ensuite cette expérience politique comme président de la République, à l'occasion d'une dissolution ratée qui offre à la gauche les clés du gouvernement (gouvernement Jospin, 1997-2002). Un septennat puis un quinquennat : de ces douze années, le bilan est sans doute contrasté. Les déclarations fortes de la France à l'occasion de la guerre en Irak auront peut-être suscité des sympathies dans le monde à l'égard du « vieux pays », mais il n'est pas certain que ce dernier en retire de substantiels bénéfices en termes d'influence ; l'« eurosceptique » transfiguré en européen résolu aura pour sa part échoué à convaincre l'électorat, en mai 2005, de voter la Constitution préparée par Valéry Giscard d'Estaing.

CATALOGUE LIBRIO (extraits)
MÉMO

Nathalie Baccus
Conjugaison française - n° 470
Grammaire française - n° 534
Orthographe française - n° 596

Axelle Beth, Elsa Marpeau
Figures de style - n° 710

Mathilde Brindel, Frédéric Hatchondo
Jeux de cartes, jeux de dés - n° 705

Anne-Marie Bonnerot
Conjugaison anglaise - n° 558
Grammaire anglaise - n° 601

Jean-Pierre Colignon
Difficultés du français - n° 642

Philippe Dupuis
En coédition avec le journal Le Monde
Mots croisés–1 - *50 grilles et leurs solutions* - n° 699
Mots croisés–2 - *50 grilles et leurs solutions* - n° 700
Mots croisés–3 - *50 grilles et leurs solutions* - n° 706
Mots croisés–4 - *50 grilles et leurs solutions* - n° 707

Pierre-Valéry Archassal
La généalogie, mode d'emploi - n° 606

Bettane et Desseauve
Guide du vin - *Connaître, déguster et conserver le vin* - n° 620

Sophie Chautard
Guerres et conflits du XXe siècle - n° 651

David Cobbold
Le vin et ses plaisirs - *Petit guide à l'usage des néophytes* - n° 603

Clarisse Fabre
Les élections, mode d'emploi - n° 522

Daniel Ichbiah
Dictionnaire des instruments de musique - n° 620

Jérôme Jacobs
Fêtes et célébrations - *Petite histoire de nos coutumes et traditions* - n° 594

Bernard Klein
Histoire romaine - n° 720

Claire Lalouette
Dieux et pharaons de l'Égypte ancienne - n° 652

Gérard Dhôtel
Le dico de l'info - n° 743

Frédéric Eusèbe
Conjugaison espagnole - n° 644

Daniel Ichbiah
Solfège - *Nouvelle méthode simple et amusante en 13 leçons* - n° 602

Pierre Jaskarzec
Le français est un jeu - n° 672

Maria Dolores Jennepin
Grammaire espagnole - n° 712

Mélanie Lamarre
Dictées pour progresser - n° 653

Micheline Moreau
Latin pour débutants - n° 713

Irène Nouailhac, Carole Narteau
Mouvements littéraires - n° 711

Damien Panerai
Dictionnaire de rimes - n° 671

Jean-Bernard Piat
Vocabulaire anglais courant - n° 643

Mathieu Scavannec
Le calcul - *Précis d'algèbre et d'arithmétique* - n° 595

Orlando de Rudder
Bréviaire de la gueule de bois - n° 232

Jean-Marc Schiappa
La Révolution française 1789-1799 - n° 696

Jérôme Schmidt
Génération manga - *Petit guide du manga et de la japanimation* - n° 619

Gilles Van Heems
Dieux et héros de la mythologie grecque - n° 593

Patrick Weber
Les rois de France - *Biographie et généalogie des 69 rois de France* - n° 650

Abrégé d'histoire de l'art - *Peinture, sculpture, architecture de l'Antiquité à nos jours* - n° 714

Martin Winckler
Séries télé - *De Zorro à Friends, 60 ans de téléfictions américaines* - n° 670

DOCUMENTS

Éric Anceau
Napoléon (1769-1821) - n° 669

Adrien Barrot
L'enseignement mis à mort - n° 427

Jacques Chaboud
La franc-maçonnerie - *Histoire, mythes et réalités* - n° 660

Adrien Le Bihan
Auschwitz Graffiti - n° 394

Jean-Jacques Marie
Staline - n° 572

Françoise Martinetti
Les droits de l'enfant - n° 560
La Constitution de la Ve République - n° 609

Karl Marx et Friedrich Engels
Manifeste du parti communiste - n° 210

Claude Moisy
John F. Kennedy - n° 607

Bruno Perreau
Homosexualité - n° 690

Hubert Prolongeau
La cage aux fous - n° 510

Pierre-André Taguieff
Du progrès - n° 428

Jules Verne
Christophe Colomb - n° 577

Patrick Weber
L'amour couronné - *Silvia de Suède, Grace de Monaco, Mme de Maintenon* - n° 531

ANTHOLOGIES

Présentée par Jean-Jacques Gandini
Les droits de l'homme
Textes et documents - n° 250

Présentée par Philippe Oriol
J'accuse! de Zola et autres documents - n° 201

Présentée par Jean-Pierre Guéno
Mon papa en guerre
Lettres de Poilus, mots d'enfants (1914-1918) - n° 654

EN COÉDITION AVEC AMNESTY INTERNATIONAL

Violences, féminin pluriel - *Les violences envers les femmes dans le monde contemporain* - n° 680

EN COÉDITION AVEC LE JOURNAL LE MONDE

Sous la direction de Yves Marc Ajchenbaum
La peine de mort - n° 491
Les présidents de la Ve République - n° 521
Irak - n° 742
Israël – Palestine - n° 546
Jean Paul II - n° 565
Les maladies d'aujourd'hui - n° 567
Les États-Unis, gendarmes du monde - n° 578
Voyage dans le système solaire - n° 588
La guerre d'Algérie - n° 608
Indochine - *1946-1954 : de la paix manquée à la « sale guerre »* - n° 629
L'Europe : 25 pays, une histoire - n° 645
Il était une fois la France - *Chronique d'une société en mutation 1950-2000* - n° 658
La Corse - n° 673
La paix armée - n° 689
François Mitterrand - n° 731

EN COÉDITION AVEC RADIO FRANCE

Sous la direction de Jean-Pierre Guéno
Paroles de Poilus - *Lettres du front (1914-1918)* - n° 245
Paroles de détenus - n° 409
Mémoire de maîtres, paroles d'élèves - n° 492
Paroles d'étoiles - *Mémoires d'enfants cachés (1939-1945)* - n° 549
Premières fois - *Le livre des instants qui ont changé nos vies* - n° 612
Paroles du jour J - *Lettres et carnets du débarquement, 1944* - n° 634
Cher pays de mon enfance - n° 726

LITTÉRATURE

Hans-Christian Andersen
La petite sirène et autres contes - n° 682

Anonyme
Tristan et Iseut - n° 357
Roman de Renart - n° 576
Les Mille et Une Nuits :
Sindbad le marin - n° 147
Aladdin ou la lampe merveilleuse - n° 191
Ali Baba et les quarante voleurs *suivi de* Histoire du cheval enchanté - n° 298

Guillaume Apollinaire
Les onze mille verges - n° 737

Fernando Arrabal
Lettre à Fidel Castro - n° 656

Isaac Asimov
La pierre parlante *et autres nouvelles* - n° 129

Richard Bach
Jonathan Livingston le goéland - n° 2
Le messie récalcitrant (Illusions) - n° 315

Honoré de Balzac
Le colonel Chabert - n° 28
Ferragus, chef des Dévorants - n° 226
La vendetta *suivi de* La bourse - n° 302

Jules Barbey d'Aurevilly
Le bonheur dans le crime *suivi de* La vengeance d'une femme - n° 196

René Barjavel
Béni soit l'atome *et autres nouvelles* - n° 261

James M. Barrie
Peter Pan - n° 591

Frank L. Baum
Le magicien d'Oz - n° 592

Nina Berberova
L'accompagnatrice - n° 198

Bernardin de Saint-Pierre
Paul et Virginie - n° 65

Patrick Besson
Lettre à un ami perdu - n° 218
28, boulevard Aristide-Briand *suivi de* Vacances en Botnie - n° 605

Pierre Bordage
Les derniers hommes :
1. Le peuple de l'eau - n° 332
2. Le cinquième ange - n° 333
3. Les légions de l'Apocalypse - n° 334
4. Les chemins du secret - n° 335
5. Les douze tribus - n° 336
6. Le dernier jugement - n° 337
Nuits-lumière - n° 564

Ray Bradbury
Celui qui attend *et autres nouvelles* - n° 59

Lewis Carroll
Les aventures d'Alice au pays des merveilles - n° 389
Alice à travers le miroir - n° 507

Jacques Cazotte
Le diable amoureux - n° 20

Adelbert de Chamisso
L'étrange histoire de Peter Schlemihl - n° 615

Andrée Chedid
Le sixième jour - n° 47
L'enfant multiple - n° 107
L'autre - n° 203
L'artiste *et autres nouvelles* - n° 281
La maison sans racines - n° 350

Arthur C. Clarke
Les neuf milliards de noms de Dieu *et autres nouvelles* - n° 145

Colette
Le blé en herbe - n° 7

Joseph Conrad
Typhon - n° 718

Benjamin Constant
Adolphe - n° 489

Savinien de Cyrano de Bergerac
Lettres d'amour et d'humeur - n° 630

Maurice G. Dantec
Dieu porte-t-il des lunettes noires ? *et autres nouvelles* - n° 613

Alphonse Daudet
Lettres de mon moulin - n° 12
Tartarin de Tarascon - n° 164

Philippe Delerm
L'envol *suivi de* Panier de fruits - n° 280

Virginie Despentes
Mordre au travers - n° 308
(pour lecteurs avertis)

Philip K. Dick
Les braconniers du cosmos *et autres nouvelles* - n° 92

Denis Diderot
Le neveu de Rameau - n° 61
La religieuse - n° 311

Fiodor Dostoïevski
L'éternel mari - n° 112
Le joueur - n° 155

Alexandre Dumas
La femme au collier de velours - n° 58

Francis Scott Fitzgerald
Le pirate de haute mer *et autres nouvelles* - n° 636

Gustave Flaubert
Trois contes - n° 45
Passion et vertu *et autres textes de jeunesse* - n° 556

Cyrille Fleischman
Retour au métro Saint-Paul - n° 482

Théophile Gautier
Le roman de la momie - n° 81
La morte amoureuse *suivi de* Une nuit de Cléopâtre - n° 263

J.W. von Goethe
Faust - n° 82

Nicolas Gogol
Le journal d'un fou *suivi de* Le portrait *et de* La perspective Nevsky - n° 120
Le manteau *suivi de* Le nez - n° 691

Jacob Grimm
Blanche-Neige *et autres contes* - n° 248

Pavel Hak
Sniper - n° 648

Homère
L'Odyssée *(extraits)* - n° 300
L'Iliade *(extraits)* - n° 587

Michel Houellebecq
Rester vivant *et autres textes* - n° 274
Lanzarote *et autres textes* - n° 519 *(pour lecteurs avertis)*

Victor Hugo
Le dernier jour d'un condamné - n° 70
La légende des siècles *(extraits)* - n° 341

Henry James
Le tour d'écrou - n° 200

Franz Kafka
La métamorphose *suivi de* Dans la colonie pénitentiaire - n° 3

Stephen King
Le singe *suivi de* Le chenal - n° 4
Danse macabre :
Celui qui garde le ver *et autres nouvelles* - n° 193
Cours, Jimmy, cours *et autres nouvelles* - n° 214
L'homme qu'il vous faut *et autres nouvelles* - n° 233
Les enfants du maïs *et autres nouvelles* - n° 249

Rudyard Kipling
Les frères de Mowgli *et autres nouvelles de la jungle* - n° 717

Madame de La Fayette
La princesse de Clèves - n° 57

Jean de La Fontaine
Contes libertins - n° 622

Howard P. Lovecraft
Les autres dieux *et autres nouvelles* - n° 68

Marco Polo
Le Livre des merveilles du monde - n° 727

Richard Matheson
La maison enragée *et autres nouvelles fantastiques* - n° 355

Guy de Maupassant
Le Horla - n° 1
Boule de Suif *et autres nouvelles* - n° 27
Une partie de campagne *et autres nouvelles* - n° 29
Une vie - n° 109
Pierre et Jean - n° 151
Contes noirs - La petite Roque *et autres nouvelles* - n° 217
Le Dr Héraclius Gloss *et autres histoires de fous* - n° 282
Miss Harriet *et autres nouvelles* - n° 318

Prosper Mérimée
Carmen *suivi de* Les âmes du purgatoire - n° 13
Mateo Falcone *et autres nouvelles* - n° 98
Colomba - n° 167
La Vénus d'Ille *et autres nouvelles* - n° 236

Alberto Moravia
Le mépris - n° 87
Histoires d'amour - n° 471 (...)

Gérard de Nerval
Aurélia *suivi de* Pandora - n° 23
Sylvie *suivi de* Les chimères *et de* Odelettes - n° 436

Charles Perrault
Contes de ma mère l'Oye - n° 32

Edgar Allan Poe
Double assassinat dans la rue Morgue *suivi de* Le mystère de Marie Roget - n° 26
Le scarabée d'or *suivi de* La lettre volée - n° 93
Le chat noir *et autres nouvelles* -

n° 213
La chute de la maison Usher
et autres nouvelles - n° 293
Ligeia *suivi de* Aventure sans pareille d'un certain Hans Pfaall - n° 490

Alexandre Pouchkine
La fille du capitaine - n° 24
La dame de pique *suivi de* Doubrovsky - n° 74

Abbé Antoine-François Prévost
Manon Lescaut - n° 94

Marcel Proust
Sur la lecture - n° 375
La confession d'une jeune fille - n° 542

Raymond Radiguet
Le diable au corps - n° 8

Vincent Ravalec
Les clés du bonheur, Du pain pour les pauvres *et autres nouvelles* - n° 111
Pour une nouvelle sorcellerie artistique - n° 502
Ma fille a 14 ans - n° 681

Jules Renard
Poil de Carotte - n° 25
Histoires naturelles - n° 134

Marquis de Sade
Les infortunes de la vertu - n° 172

George Sand
La mare au diable - n° 78

Ann Scott
Poussières d'anges - n° 524

Comtesse de Ségur
Les malheurs de Sophie - n° 410

Robert Louis Stevenson
L'étrange cas du Dr Jekyll et de Mr Hyde - n° 113

Jonathan Swift
Le voyage à Lilliput - n° 378

Anton Tchekhov
La cigale *et autres nouvelles* - n° 520
Histoire de rire *et autres nouvelles* - n° 698

Léon Tolstoï
La mort d'Ivan Ilitch - n° 287
Enfance - n° 628

Ivan Tourgueniev
Premier amour - n° 17
Les eaux printanières - n° 371

Henri Troyat
La neige en deuil - n° 6
Viou - n° 284

François Truffaut
L'homme qui aimait les femmes - n° 655

Zoé Valdés
Un trafiquant d'ivoire, quelques pastèques *et autres nouvelles* - n° 548

Fred Vargas
Petit traité de toutes vérités sur l'existence - n° 586

Jules Verne
Les forceurs de blocus - n°66
Le château des Carpathes - n° 171
Les Indes noires - n° 227
Une ville flottante - n° 346

Villiers de l'Isle-Adam
Contes au fer rouge - n° 597

Voltaire
Candide - n° 31
Zadig ou la Destinée *suivi de* Micromégas - n° 77
L'Ingénu *suivi de* L'homme aux quarante écus - n° 180
La princesse de Babylone - n° 356
Jeannot et Colin *et autres contes philosophiques* - n° 664

Oscar Wilde
Le fantôme de Canterville *suivi de* Le prince heureux, Le géant égoïste *et autres nouvelles* - n° 600

Émile Zola
La mort d'Olivier Bécaille *et autres nouvelles* - n° 42
Naïs Micoulin *suivi de* Pour une nuit d'amour - n° 127
L'attaque du moulin *suivi de* Jacques Damour - n° 182

ANTHOLOGIES
Le haschich
De Rabelais à Jarry, 7 écrivains parlent du haschich - n° 582

Inventons la paix
8 écrivains racontent... - n° 338
Amour, désir, jalousie - n° 617
Pouvoir, ambition, succès - n° 657

Toutes les femmes sont fatales
*De Sparkle Hayter à Val McDermid,
7 histoires de sexe et de vengeance* - n° 632

Présenté par Estelle Doudet
L'amour courtois et la chevalerie
Des troubadours à Chrétien de Troyes - n° 641

Présenté par Estelle Doudet
Les Chevaliers de la Table ronde - n° 709

Présenté par Irène Frain
Je vous aime

Anthologie des plus belles lettres d'amour - n° 374

Présenté par Jean-Jacques Gandini
Les droits de l'homme
Textes et documents - n° 250

Présenté par Gaël Gauvin
Montaigne - n° 523

Présentés par Sébastien Lapaque
Rabelais - n° 483
Malheur aux riches ! - n° 504

Françoise Morvan
Lutins et lutines - n° 528
J'ai vu passer dans mon rêve
Anthologie de la poésie française - n° 530
Les sept péchés capitaux :
Orgueil - n° 414
Envie - n° 415
Avarice - n° 416
Colère - n° 418
Gourmandise - n° 420

Présenté par Jérôme Leroy
L'école de *Chateaubriand à Proust* - n° 380

Présentés par Roger Martin
La dimension policière - *9 nouvelles de Hérodote à Vautrin* - n° 349

Présentée par Philippe Oriol
J'accuse ! de Zola et autres documents - n° 201

Présentés par Jean d'Ormesson
Une autre histoire de la littérature française :
Le Moyen Âge et le XVIe siècle - n° 387
Le théâtre classique - n° 388
Les écrivains du grand siècle - n° 407
Les Lumières - n° 408
Le romantisme - n° 439
Le roman au XIXe siècle - n° 440
La poésie au XIXe siècle - n° 453
La poésie à l'aube du XXe siècle - n° 454
Le roman au XXe siècle : Gide, Proust, Céline, Giono - n° 459
Écrivains et romanciers du XXe siècle - n° 460

Présenté par Guillaume Pigeard de Gurbert
Si la philosophie m'était contée
De Platon à Gilles Deleuze - n° 403

En coédition avec le Printemps des Poètes
Lettres à la jeunesse
10 poètes parlent de l'espoir - n° 571

Présentés par Barbara Sadoul
La dimension fantastique – 1
13 nouvelles fantastiques de Hoffmann à Seignolle - n° 150
La dimension fantastique – 2
6 nouvelles fantastiques de Balzac à Sturgeon - n° 234

La dimension fantastique – 3
10 nouvelles fantastiques de Flaubert à Jodorowsky - n° 271

Les cent ans de Dracula
8 histoires de vampires de Goethe à Lovecraft - n° 160
Un bouquet de fantômes - n° 362
Gare au garou !
8 histoires de loups-garous - n° 372

Fées, sorcières et diablesses
13 textes de Homère à Andersen - n° 544
La solitude du vampire - n° 611

Présentés par Jacques Sadoul
Une histoire de la science-fiction :
1901-1937 : Les premiers maîtres - n° 345
La science-fiction française (1950-2000) - n° 485

Présenté par Tiphaine Samoyault
Le chant des sirènes
De Homère à H.G. Wells - n° 666

Présenté par Bernard Vargaftig
La poésie des romantiques - n° 262

Présentée par Anne-France Hubau et Roger Lenglet
Le dernier mot - n° 722

Présentée par Marianne Goeury et Sophie Bardin
La littérature nord-américaine - n° 734

POÉSIE

Charles Baudelaire
Les fleurs du mal - n° 48
Le spleen de Paris - *Petits poèmes en prose* - n° 179
Les paradis artificiels - n° 212

Marie de France
Le lai du Rossignol
et autres lais courtois - n° 508

Michel Houellebecq
La poursuite du bonheur - n° 354

Jean-Claude Izzo
Loin de tous rivages - n° 426
L'aride des jours - n° 434

Jean de La Fontaine
Le lièvre et la tortue *et autres fables* - n° 131

Taslima Nasreen
Femmes
Poèmes d'amour et de combat - n° 514

Arthur Rimbaud
Le Bateau ivre *et autres poèmes* - n° 18
Les Illuminations *suivi de* Une saison en enfer - n° 385

Saint Jean de la Croix
Dans une nuit obscure - *Poésie mystique complète* - n° 448

(édition bilingue français-espagnol)

Yves Simon
Le souffle du monde - n° 481

Paul Verlaine
Poèmes saturniens
suivi de Fêtes galantes - n° 62
Poèmes érotiques - n° 257

ANTHOLOGIES

Présenté par Sébastien Lapaque
J'ai vu passer dans mon rêve
Anthologie de la poésie française - n° 530

En coédition avec le Printemps des Poètes
Lettres à la jeunesse
10 poètes parlent de l'espoir - n° 571

Présenté par Bernard Vargaftig
La poésie des romantiques - n° 262

Présenté par Marie-Anne Jost
Les plus beaux poèmes d'amour - n° 695

THÉÂTRE

Anonyme
La farce de maître Pathelin *suivi de* La farce du cuvier - n° 580

Beaumarchais
Le barbier de Séville - n° 139
Le mariage de Figaro - n° 464

Jean Cocteau
Orphée - n° 75

Pierre Corneille
Le Cid - n° 21
L'illusion comique - n° 570

Euripide
Médée - n° 527

Victor Hugo
Lucrèce Borgia - n° 204
Ruy Blas - n° 719

Alfred Jarry
Ubu roi - n° 377

Eugène Labiche
Le voyage de M. Perrichon - n° 270

Marivaux
La dispute *suivi de* L'île des esclaves - n° 477
Le jeu de l'amour et du hasard - n° 604

Molière
Dom Juan ou le festin de pierre - n° 14
Les fourberies de Scapin - n° 181
Le bourgeois gentilhomme - n° 235
L'école des femmes - n° 277
L'avare - n° 339
Tartuffe - n° 476
Le malade imaginaire - n° 536
Les femmes savantes - n° 585
Le médecin malgré lui - n° 598
Le misanthrope - n° 647

Alfred de Musset
Les caprices de Marianne *suivi de* On ne badine pas avec l'amour - n° 39
À quoi rêvent les jeunes filles - n° 621

Jean Racine
Phèdre - n° 301
Britannicus - n° 390
Andromaque - n° 469

Edmond Rostand
Cyrano de Bergerac - n° 116

William Shakespeare
Roméo et Juliette - n° 9
Hamlet - n° 54
Othello - n° 108
Macbeth - n° 178
Le roi Lear - n° 351
Richard III - n° 478

Sophocle
Œdipe roi - n° 30
Antigone - n° 692

Librio

881

Composition PCA / Nord Compo
Achevé d'imprimer en France par Aubin
en juin 2008 pour le compte de E.J.L.
87, quai Panhard-et-Levassor, 75013 Paris
Dépôt légal juin 2008.
EAN 9782290009307

Diffusion France et étranger : Flammarion